PHILIPP MATTHEIS
Der chinesische (Alb)Traum

GOLDMANN

PHILIPP MATTHEIS

Der chinesische (Alb)Traum

Wie aus Chinas Aufstieg
die größte geopolitische Herausforderung
für den Westen wurde

GOLDMANN

Wir haben uns bemüht, alle Rechteinhaber ausfindig zu machen, verlagsüblich zu nennen und zu honorieren. Sollte uns dies im Einzelfall aufgrund der schlechten Quellenlage bedauerlicherweise einmal nicht möglich gewesen sein, werden wir begründete Ansprüche selbstverständlich erfüllen.

Der Verlag behält sich die Verwertung der urheberrechtlich geschützten Inhalte dieses Werkes für Zwecke des Text- und Data-Minings nach § 44 b UrhG ausdrücklich vor.
Jegliche unbefugte Nutzung ist hiermit ausgeschlossen.

Penguin Random House Verlagsgruppe FSC® N001967

1. Auflage
Originalausgabe November 2024
Copyright © 2024: Wilhelm Goldmann Verlag, München,
in der Penguin Random House Verlagsgruppe GmbH,
Neumarkter Straße 28, 81673 München
Redaktion: Volker Kühn
Karten: Sabine Timmann
Umschlag: Uno Werbeagentur, München
Umschlagmotiv: FinePic®, München
Satz: GGP Media GmbH, Pößneck
Druck und Bindung: CPI books GmbH, Leck
Printed in the EU
IJ · CF
ISBN 978-3-442-31750-9

www.goldmann-verlag.de

INHALT

Vorwort: Boheme und Überwachungskameras . .   9
Als Xi Jinping 2012 die Macht in China übernimmt, wächst die Welt noch zusammen.

1. **Zeit der Hoffnung** 19
   Die chinesische Mittelschicht ist die Hoffnung des Westens, dass auf die wirtschaftliche Liberalisierung auch die Demokratisierung folgt.

2. **Der chinesische Traum** 37
   2014 taucht erstmals der Begriff »chinesischer Traum« in der chinesischen Staatspropaganda auf. Seitdem tritt China immer aggressiver auf.

3. **Aufstieg oder Renaissance?** 57
   Die meiste Zeit der Geschichte spielte China eine weitaus größere Rolle in der Welt als heute. Über die chinesische Perspektive und das »Jahrhundert der Demütigung«.

4. **Wie Hongkong seine Freiheit verlor** 73
   Noch im Dezember 2019 waren die Demokraten in Hongkong siegessicher. Wie die einst lebendige, weltoffene Metropole zur chinesischen Provinzstadt degradiert wurde.

5. **Das Virus** 85
   Was wirklich in Wuhan geschah und wie die KP die Ereignisse um das Corona-Virus für sich zu nutzen versuchte.

6. **Die wichtigste Insel der Welt** 99
   Am demokratischen Taiwan, das Peking für
   eine abtrünnige Provinz hält, könnte sich der
   dritte Weltkrieg entzünden.

7. **Zwischen Pazifismus und Weltmachtstreben** 115
   Die viertgrößte Volkswirtschaft der Welt profitierte
   jahrelang vom Aufstieg Chinas und fürchtete ihn
   gleichzeitig.

8. **Die dreckige Seidenstraße** 131
   Im Schatten der 2010er-Jahre baut Peking
   seinen Einfluss mittels der Belt&Road-Initiative
   immer weiter aus.

9. **Grünes, graues China** 143
   Immer wieder wird China wegen seiner Investitionen
   in regenerative Energien gelobt. Die Realität ist weit
   komplexer.

10. **Nicht so Seltene Erden**............. 157
    Wie China das »Erdöl des 21. Jahrhunderts« und
    somit die Lieferketten für die Energiewende dominiert.

11. **Wie Deutschland seine Autoindustrie verlor** 169
    Als China nach drei Jahren Pandemie das Land
    wieder öffnet, ist es plötzlich Champion
    bei Elektroautos. Wie konnte das passieren?

12. **Die dunkle Seite der Energiewende** 181
    In Indonesien wird ein Drittel des globalen
    Nickels abgebaut. Chinesische Staatsunternehmen
    dominieren das Geschäft.

13. **Wettlauf um Rohstoffe in Afrika** 193
    In Sambia wollen USA und EU die chinesische
    Marktdominanz brechen.

14. Kampf um die Weltwährung 205
Zusammen mit den BRICS-Staaten sägt Peking am Status des US-Dollars als globale Leitwährung.

15. CBDCs – Überwachungsgeld aus China für die Welt 219
Digitale Währungen in Verbindung mit einem Sozialkreditsystem sind Stoff für Dystopien. In China könnte dies bald zur Realität werden.

16. Kissinger und die Falle des Thukydides 235
Schon oft in der Geschichte führten Konflikte zwischen Hegemon und aufstrebender Macht zu Kriegen. Es muss aber nicht so kommen.

17. Das japanische Schicksal 251
Löst sich der chinesische Albtraum von alleine in Luft auf?

18. Das Ende vom Traum einer unipolaren Welt 267
Chinas Rolle im Ukrainekrieg – und die eigentliche Herausforderung des liberalen Westens.

Dank 281
Quellenverzeichnis 283

VORWORT: BOHEME UND ÜBERWACHUNGSKAMERAS

Als ich 2011 nach Shanghai zog, verbrachte ich die ersten Monate fast jeden Tag in einer Bar namens »YY«. Ich war auf der Suche nach Kontakten, Bekanntschaften und Freunden. Das Holz dort war dunkel, die Luft dick. An den Wänden hingen Porträts von Mao Zedong und andere, halbwegs ironisch gebrochene Propaganda-Kunst aus der jüngeren Geschichte Chinas: meist Arbeiter und Soldaten, die eine rote Fahne hissten. Gleichzeitig verströmte der Ort etwas vom Flair des alten Shanghai der Zwanziger- und Dreißigerjahre, als die Stadt wegen ihrer Bordelle, Opiumhöhlen und Freizügigkeit berüchtigt war.

Während seiner besten Tage konnte man im YY die Zeit vergessen, denn der Laden schloss nie. So spülte die Stadt zu jeder möglichen und unmöglichen Tages- und Nachtzeit Menschen in die Bar und wieder hinaus. Manchmal platzte die Bar um Mitternacht aus allen Nähten, zwei Stunden später saßen nur noch zwei besoffene Franzosen darin, und um fünf Uhr tanzten auf einmal Russinnen auf den Tischen. Das YY war wie Shanghai selbst: die Versicherung, an einem Ort zu sein, an dem die Welt sich schneller drehte als irgendwo anders. Nur, wo alles in Bewegung ist, ist auch alles möglich: Großes, Unvorstellbares, Magisches.

Ich kam als freier Journalist nach Shanghai, ich hatte vage Hoffnungen und die Mischung aus Optimismus und Naivität, ohne die ein solcher Schritt niemals möglich gewesen wäre. Im YY traf ich Lazar, einen Bulgaren aus Wien, der einen bulgarischen Kung-Fu-Film als Kunstprojekt in China vermarkten wollte. Da war Jean-Baptiste, kurz JB, der sein Geld als Zauberer verdiente und im YY ganze Tische unterhielt. Jeden Abend um 19 Uhr kam Bradley, ein hagerer Amerikaner, und trank immer genau drei Jameson-Whiskeys. Oft war da Kathryn, eine Künstlerin aus Texas, die Gehirne berühmter Personen malte, manchmal Paul, der immer betrunken war, und Eddy und Linda, das vielleicht schönste Ehepaar Shanghais.

Von den großen Glasfenstern blickte man auf die Platanen der Nanchang Lu hinab, einer kleinen, vergessenen Straße in der ehemaligen Französischen Konzession. Am schönsten war es in den schwülen Sommermonaten, als die Dächer der Bäume dicht waren und die Luft zum Schneiden dick. Das Leben draußen auf der Nanchang Lu hörte nie auf. Irgendwo schlürfte immer jemand eine Nudelsuppe oder kaufte eine Packung »Double Happiness«-Zigaretten.

Drinnen schildkrötete der Besitzer Kenny zwischen den Tischen hindurch, ließ sich von seinen Gästen auf die Schulter klopfen und Joints anbieten. Er stammte aus Hongkong und hatte das YY Mitte der Neunzigerjahre eröffnet – in Shanghai war das damals schon eine Ewigkeit her. Unterhaltungen mit Kenny glichen oft dem Anhören eines Orakels. Im Winter trug Kenny schwarze Rollkragenpullover, im Sommer weiße Hüte. Seine Sätze klangen wirr zu Beginn, doch mit der Zeit erschloss sich ein komplexes, manchmal bizarres Gedankengebäude. In lichten Momenten erzählte er von der Flucht seiner Familie 1949 nach Hongkong und von der Niederschlagung der Tiananmen-Proteste 1989. Das war es, was wir, die Künstler aus Texas, die Glücksritter aus Bulgarien und Bonvivants aus Frankreich, gern hörten. Kennys Geschichten gaben uns das Gefühl, Teil eines historischen Prozesses zu sein, vielleicht sogar des größten, den es je gegeben hatte: der Öffnung Chinas.

Was wir damals nicht wussten: Wir waren 2011 bereits die letzten Ausläufer der Boheme Shanghais. Es war etwa in diesen Jahren, in denen es in China begann zu kippen. Die Bohemiens, oder diejenigen, die sich dafür hielten, waren in den vielleicht freiesten Jahren, die dieses Land je kannte, nach Shanghai gekommen. Alles schien neu, alles schien möglich, alles schien auf charmante Weise wahnsinnig. Als die große Finanzkrise 2009 Tausende von Jobs vernichtete und die Chancen einer ganzen Generation im Westen trübte, war Shanghai für viele junge Amerikaner und Europäer eine der besten Optionen. Auf der anderen Flussseite, in Pudong, wurde gerade der dritte und höchste Turm der Stadt gebaut. Jede Woche eröffnete eine neue Bar, ein neues Restaurant, ein neuer Club. Das Lebensgefühl schwankte jeden Tag aufs Neue: Mal fühlte man sich am Puls der Zeit, mal am Ende der Welt.

Damals lebten in Shanghai 23 Millionen Chinesen und 150 000 Ausländer, von denen wiederum die meisten Koreaner und Japaner waren. Viele der rund 50 000 Europäer waren von großen internationalen Firmen hierhergeschickt worden, gelockt mit einem dicken Expat-Paket: eine Villa am Stadtrand, Auslandszuschlag, Fahrer, Hausangestellte.

Die chinesische Wirtschaft wuchs damals um zehn Prozent im Jahr – während der Westen vor einem selbst verursachten Scherbenhaufen stand. Die Auswüchse des amerikanischen Finanzkapitalismus hatten eine ganze Generation desillusioniert.

Wer in der Statistik nicht auftauchte, sind Tausende moderner Glücksritter, jung, abenteuerlustig und auf der Suche nach Erfolg, Freiheit und sich selbst: Designer, Schriftsteller, Künstler, Musiker, freie Journalisten. Die meisten von ihnen besaßen ein Touristenvisum, das sie alle drei Monate erneuerten. Dafür genügte damals ein Flug nach Hongkong. Man gab seinen Pass gleich noch am Flughafen einer darauf spezialisierten Agentur, soff sich zwei Tage durch die Bars von Soho und holte den Pass eine Stunde vor dem Rückflug wieder am Flughafen ab.

Das Leben in Shanghai war günstig. Jede Boheme braucht ein Fundament, auf dem sie gedeihen kann, sei es wohlgelitten oder parasitär. Alte, baufällige, aber charmante Wohnungen gab es in der ehemaligen Französischen Konzession für einige Hundert Euro im Monat. Im Winter pfiff der oft beißende Wind Shanghais durch die Ritzen der 100 Jahre alten Häuser, im Sommer plagten Schimmel und Kakerlaken die Bewohner. Dafür lebte man in den besten Tagen aber auch einen ostasiatischen Traum aus vielversprechenden Begegnungen, die einem suggerierten, Glück und Reichtum, Abenteuer und Liebe seien immer nur eine Straßenecke weit entfernt.

Über Politik wurde selten gesprochen, denn die wundersamen Sitten und Eigenheiten des chinesischen Alltags absorbierten die meisten Gedanken. Und selbst wenn man sich darüber einig war, dass eine kommunistische Kaderpartei nicht die ideale Regierungsform für das 21. Jahrhundert war, so war ein anderer Gedanke viel wichtiger: Die Welt war gerade dabei zusammenzuwachsen. Diese Erkenntnis war weniger geopolitischen und sozioökonomischen Analysen geschuldet als praktischer Erfahrung: Entfernungen schrumpften, weil Flugverbindungen entstanden. Und auch wenn man sich damals die Flugtickets vielleicht nur zweimal im Jahr leisten konnte, so war es doch kaum zehn Jahre her, dass das Internet globale Kommunikation ermöglicht hatte.

Nur wenige achteten damals, Anfang 2012, auf die Ereignisse in der Stadt Chongqing, wo Bo Xilai, heißester Anwärter auf das höchste Staatsamt, innerhalb weniger Wochen entmachtet und verhaftet wurde.

Einige Monate später schloss das YY, zumindest die Bar im Erdgeschoss. Kenny hatte sich mit den Vermietern gestritten. Auch gab es Gerüchte, wonach der Polizeichef, der von Kenny monatliche »Geschenke« erhielt, die Preise erhöht hatte, die Kenny nicht zu zahlen bereit war.

Das YY zog eine Etage tiefer in den Keller. Die Einrichtung dort war noch immer stilvoll, trotzdem war die Atmosphäre nicht die alte. Wenige Monate später kam es zu einer Drogenrazzia. Ein paar ausländische Gäste wurden festgenommen, aber bald wieder auf freien Fuß gesetzt. Das YY blieb zwar nur ein paar Tage geschlossen, doch der Imageschaden war groß. Viele der alten Gäste mieden die Bar nun. Nur noch selten landete ich selbst im YY, auch weil ich inzwischen gefunden hatte, wonach ich suchte: ein kleines, wenn auch flüchtiges Netzwerk, Kollegen und eine Aufgabe. Meist bot sich mir ein morbides Bild. Da saß Kenny, nicht nur von seiner alten Bar, sondern auch von seiner Frau getrennt, mit vier, fünf Freunden in einem sonst menschenleeren Keller, und orakelte vor sich hin.

Die Boheme trocknete nun langsam aus. Zu teuer wurde die Stadt, um für eine längere Zeit mal nichts oder alles zu probieren. Die charmant-kaputten Wohnungen wurden renoviert und möbliert. Bald kostete Shanghai zwar noch nicht so viel wie Paris, war aber schon teurer als München.

Kurze Zeit später musste die Stadt verlassen, wer keine Festanstellung bei einem Unternehmen hatte. China hatte die Visa-Regelungen verschärft. Bald hatten selbst Praktikanten Schwierigkeiten, eines zu bekommen. Der französische Zauberer kehrte in seine Heimat zurück, die amerikanische Künstlerin zog nach Leipzig, Paul starb am Alkohol, von bulgarischen Kung-Fu-Filmen weiß die Welt noch immer nichts. Die Hälfte der Gäste des YY waren weitergezogen in eine andere »In-Stadt«: New York, Berlin, Barcelona. China war noch immer angesagt, aber nicht mehr bei Künstlern und Bohemiens, sondern bei Autokonzernen, Unternehmensberatern und Digitalisierungsspezialisten. In dieser Zwischenphase von 2012 bis 2016 verbrachte ich die meiste Zeit in Shanghai. Ich war inzwischen als Korrespondent eines deutschen Wirtschaftsmagazins mit einem Journalistenvisum ausgestattet. Die Zeit der Öffnung war noch zu spüren, und sie nährte die Gegenwart. Es war doch immer besser geworden, erzählten die, die schon seit 20 oder 30 Jahren im Land lebten. Zwei Schritte vorwärts, einer zurück. Die neue Zeit, die der Kontrolle und aggressiven Außenpolitik, hatte noch nicht begonnen. Shanghai lebte von seinem Ruf und hatte genug davon auf Lager.

Anfang 2012, als sich die Boheme Shanghais im YY traf, war der Untergang der Sowjetunion schon Geschichte und gefühlt weit weg. »Globalisierung« war zwar ein geflügeltes Wort, der Begriff »unipolare Weltordnung« allerdings noch nicht in Mode. Sie alle aber wussten und spürten, dass die Welt zusammenwuchs. Ein Flugticket Frankfurt–Shanghai war für 500 Euro zu haben, wenn man etwas Glück und nichts dagegen hatte, mit Aeroflot über Moskau zu fliegen. Nahezu wöchentlich öffneten im Umkreis von Shanghai Unternehmen aus Deutschland, Frankreich, Italien und den USA eine Zweigstelle. Wer als Ausländer halbwegs Mandarin sprach, war selten länger als zwei Wochen auf der Suche nach einem Job. Ob es wirklich stimmte, dass chinesische Unternehmen gegen ein stattliches Gehalt Westler fürs Nichtstun anheuerten, nur um der Firma internationales Flair einzuhauchen, konnte ich nie herausfinden. Geschichten über solche Engagements kursierten aber ständig.

Aus heutiger Sicht erscheint es unwirklich, dass das Ende des Kalten Krieges und damit auch der multipolaren Welt, in der sich zwei Supermächte gegenübergestanden hatten, »erst« 22 Jahre her waren. In China wirkten die Ereignisse vom 4. Juni 1989 auf dem Platz des Himmlischen Friedens noch nach, aber die Kommunistische Partei Chinas gab sich alle Mühe, die Erinnerungen daran auszulöschen und nach vorn zu blicken. Es funktionierte scheinbar.

Das definitive Ende der sorglosen Zeit kam mit der Covid-Politik 2021. Wer einmal eine »Quarantäne-Einrichtung« für Tausende von Menschen von innen gesehen hatte, war traumatisiert für Monate. Im Frühjahr 2022 begann der Lockdown in Shanghai. Zunächst sollte er nur wenige Tage gelten, aber daraus wurden drei Monate. Ich hatte China Ende 2020 verlassen, auch weil ich befürchtet hatte, dass ein halb totalitärer Staat früher oder später so auf ein Virus reagieren würde.

In diesen Jahren kippte auch im Westen das Verhältnis zu China, in erster Linie davon handelt dieses Buch. China war lange verklärt worden. In den Jahren von 2012 bis 2018 waren die deutsche Wirtschaft und Politik vor allem damit beschäftigt, die Verhältnisse im Land zu beschönigen. Dabei wiesen Journalisten auch damals schon auf die Menschenrechtsverletzungen an der uigurischen und tibetischen Minderheit hin, ebenso auf den immer autoritärer werdenden Kurs unter Xi Jinping. Doch das änderte nichts. Die Abhängigkeit vor allem der deutschen Wirtschaft vom chinesischen Markt nahm immer weiter zu.

Heute, im Frühjahr 2024, scheint das Pendel in die andere Richtung auszuschlagen: China-Kritik ist en vogue. Besonders innerhalb der Regierungspartei der Grünen gibt es zahlreiche Stimmen, die eine noch stärkere Entkopplung vom chinesischen Markt wünschen. »De-Risking« und »De-Coupling« sind Begriffe, die in den vergangenen Jahren Eingang in das ökonomische Mainstream-Vokabular gefunden haben. Während »De-Risking« das Suchen nach strategischen Alternativen zum chinesischen Markt bezeichnet, will das »De-Coupling« eine radikale Abkehr von der Volksrepublik.

Auch die Stimmung innerhalb Chinas gegenüber dem

Westen hat sich gedreht. Selbstkritische Stimmen sind verstummt oder mundtot gemacht worden. Mein Vermieter in Shanghai, ein junger Chinese, der mehrere Jahre in Berlin studiert hatte, schickte mir Ende 2019, als ich gerade nach China zurückgekehrt war, ungefragt Videoaufnahmen, die die Brutalität der Demonstranten in Hongkong belegen sollten. Ich dachte mir, vielleicht in einem Anflug westlicher Hybris: Jemand, der lange Zeit im freien Westen gelebt hat, müsse doch immuner gegen solche Propaganda sein.

Vieles in diesem Buch dreht sich um die vermeintlich ganz großen Dinge: um Geopolitik und den Wettkampf der Supermächte, um Energie und Rohstoffe, um strategische Expansion. Die Zusammenhänge zu verstehen, ist wichtig, um nicht in der Hektik der Tagespolitik und nach Klicks heischenden Schlagzeilen das Wesentliche aus den Augen zu verlieren.

Am Ende aber dreht es sich auch immer wieder um Menschen, die von diesen Entwicklungen betroffen sind. In Kriegen und Konflikten versuchen Regierungen stets, ihre Bürger davon zu überzeugen, sich für das große Ganze zu opfern: die Nation, die Freiheit, die Zukunft. Auf der richtigen Seite zu stehen, erscheint mit einem Mal überaus wichtig, und der Zweck scheint alle Mittel zu heiligen.

Dem entgegenwirken können nur persönliche Erfahrungen, Begegnungen und Empathie. Deswegen versuche ich in diesem Buch, wann immer es mir möglich war, die großen Zusammenhänge und geopolitischen Entwicklungen anhand einzelner Menschen zu erzählen. Viele von ihnen haben sich nie für Politik oder Wirtschaft interessiert – trotzdem wirken die großen Veränderungen auf ihr Leben.

1.

ZEIT DER HOFFNUNG

»Der Westen ist drei Täuschungen aufgesessen.«
WU'ER KAIX, STUDENTENFÜHRER WÄHREND
DER TIANANMEN-PROTESTE

Der deutsche Geschäftsmann auf Durchreise in Taiwans Hauptstadt Taipeh rauft sich die Haare. »Man muss etwas gegen dieses China-Bashing unternehmen«, sagt er. »Es kann doch nicht sein, dass man nun das ganze Land heruntermacht, ohne auch die Vorteile zu sehen!«

Mehr als 30 Jahre hat er in China verbracht. Er kam 1989, machte ein Praktikum bei einem chinesischen Motorenhersteller in Ningbo, schloss Aufträge für einen großen deutschen Autobauer ab, übernahm die Geschäftsführung eines Mittelständlers, kaufte Anteile und verkaufte sie für das Zwanzigfache. Eigentlich hat er ausgesorgt. Ende 2019 war er bereits mit seiner Frau nach Mauritius gezogen, wo er einen Alterswohnsitz gekauft hatte. Vor einem Jahr aber rief ihn ein alter Freund und Geschäftspartner an, ob er nicht Lust hätte, einen Betrieb in Tianjin aufzubauen: einen Zulieferer für Chinas boomende Flugzeugindustrie. »Ich konnte nicht einfach Nein sagen. Und jetzt wohne ich wieder in China und baue noch ein Unternehmen auf«, sagt er. Gerade erst sei er von einem Treffen mit dem Airbus-CEO in Tianjin zurückgekommen. »Der ist auch vom Bodensee wie ich«, sagt er. »Wir haben erst mal zwei Stunden geschwätzt. Das Vertragliche haben wir dann innerhalb von fünf Minuten beim Abendessen geklärt.«

Der Manager, Anfang 60, gehört zur Pioniergeneration jener Westler, die mit dem Aufstieg Chinas nur Positives verbinden. Der Öffnung des größten Marktes der Welt verdanken sie Karriere, Wohlstand und Ansehen. Sie haben hautnah miterlebt, wie Hunderte Millionen von Menschen langsam der Armut entkamen – und sie konnten sogar mithelfen, indem sie Fabriken in China bauten. Werke, in denen deutsche Sicherheitsstandards galten, in denen zwar nicht deutsche, aber doch vergleichsweise hohe Löhne gezahlt wurden und in denen es mehr Urlaubstage gab als bei chinesischen Unternehmen. Sie haben Karrieren ermöglicht und gefördert und zur Völkerverständigung beigetragen. Ihr Leben spielte sich zwischen Werkshallen, Abendessen mit chinesischen Funktionären und Veranstaltungen der Auslandskammer ab. Jedes Jahr schien besser zu werden als das vorangegangene: Mehr Ausländer kamen nach China, die Unternehmen fuhren noch mehr Gewinne ein, und China wurde noch etwas moderner. Manchmal sogar freier.

Heute allerdings sehen diese Pioniere ihre Lebensleistung davonschwimmen. Die Debatte um China ist geprägt von Begriffen wie De-Risking, De-Coupling, multipolare Weltordnung und Kalter Krieg 2.0. Manchmal ist gar vom Dritten Weltkrieg die Rede. 2025 rechne er mit einem handfesten Krieg zwischen den USA und China, erklärte Miki Minihan, Vier-Sterne-General der US Airforce, Anfang 2023.* Wirtschaftlich und ideologisch tragen die beiden Mächte ihren Konflikt längst aus. Im Oktober 2022 verhängte die US-Regierung unter Joe Biden ein Chip-Embargo. Damit soll die zweitgrößte Volkswirtschaft von modernster Technologie abgeschnitten werden. Seit der russischen Invasion in der Ukraine denken auch in Deutschland viele kritisch über die intensiven Geschäfte mit dem Regime in Peking nach. Ist man von China nicht noch abhängiger, als man es von der russischen Energie war? Einen »Diktator« nannte die deutsche Außenministerin Annalena Baerbock den chinesischen Präsidenten Xi Jinping im September 2023 – sehr zur Empörung der chinesischen Führung.**

Gleichzeitig ist Taiwan ins Zentrum der internationalen Aufmerksamkeit gerückt. Das vermeintlich »freie China« werde bedroht vom übermächtigen Nachbarn, dem dunklen Festland – so sehen es viele in den westlichen Hauptstädten 2023.

»Was die Leute in Deutschland nicht verstehen, ist doch, dass die allermeisten Chinesen ihrer Partei einfach dankbar sind. Sie hat sie aus der Armut geführt«, erklärt mir der

---

* www.reuters.com/world/us-four-star-general-warns-war-with-china-2025-2023-01-28/
** www.tagesschau.de/ausland/asien/baerbock-china-118.html

deutsche Geschäftsführer in Taiwan. Die Schuld für Chinas schlechtes Image gibt er in den folgenden Minuten mal der Presse, die ein viel zu negatives Bild des Landes zeichne, mal den Politikern, die nichts von Wirtschaft und erst recht nichts von China verstünden. Immer wieder klingt er verzweifelt. »Und jetzt sind wir doch auf einem falschen Weg, wenn wir die Konfrontation mit China suchen.«

Ob der deutsche Geschäftsmann recht hat mit seiner Behauptung, dass die allermeisten Chinesen der Partei dankbar sind, lässt sich nicht überprüfen. Wie auch? Verlässliche Umfragen gibt es in China nicht, und selbst wenn sie es gäbe: Wie frei äußern sich Menschen im paranoiden Klima eines mit Überwachungskameras gespickten Landes? Einem Land, in dem Dissidenten ebenso einfach für Monate verschwinden wie Geschäftsmänner mit zu großem Erfolg und Minister mit fragwürdigem Privatleben? Einem Staat, der in den vergangenen Jahren ein hypermodernes Überwachungssystem für Millionen Menschen geschaffen hat, deren Pech es ist, nicht dem Mehrheitsvolk der Han-Chinesen anzugehören, sondern den Minderheiten der Tibeter oder Uiguren? Ein Regime, das jedes Jahr mehr für Rüstung ausgibt und das der demokratischen Insel Taiwan, die es als abtrünnige Provinz betrachtet, ganz offen mit einer militärischen Invasion droht?

Vor allem aber ist da die Frage, wie es dazu kommen konnte. Wann wurde aus dem chinesischen Traum, den Xi Jinping 2014 noch propagierte, eine Bedrohung für die internationale Ordnung? Den genauen Zeitpunkt zu bestimmen, ist schwierig. War es US-Präsident Donald Trump, der 2018 gegen die unfairen Handelspraktiken vorging, an denen sich der Westen jahrelang nicht gestört hatte? Oder kam die Wende mit der Niederschlagung der Demokratiebewegung in Hongkong 2019? Waren es die rigorosen Lockdowns 2021, die Unternehmen ihre Abhängigkeit von China bewusst machten? Oder kam die Wende erst im Februar 2022, als Russlands Angriff auf die Ukraine im Westen die Sorge nährte, China könne genauso mit Taiwan verfahren?

Und welchen Anteil haben der Westen und insbesondere die USA selbst daran, dass aus dem chinesischen Traum ein Albtraum wurde? Hätten sie Konflikte vermeiden müssen, statt die Konfrontation zu suchen?

Ein Teil der Antwort liegt einige Jahre und Kilometer vom Taiwan im Jahr 2023 entfernt in der chinesischen Stadt Chengdu. Sie ist eine der zahlreichen Metropolen im Inneren Chinas, von denen die meisten im Westen nie gehört haben. Knapp 20 Millionen Menschen leben hier. Chengdu ist die Hauptstadt der Provinz Sichuan, einer geografisch durch Berge abgeschlossenen Region, die sich eng an das tibetische Hochplateau schmiegt. Anfang der 2010er-Jahre war der Aufschwung Chinas von den Küstenstädten Shanghai und Shenzhen langsam ins Inland geschwappt. Hier traf ich im Frühjahr 2012 drei Familien aus der »neuen Mittelschicht«.

Wentao Wang, damals 34, hält ihre acht Monate alte Tochter auf dem Arm, als sie von ihrem Leben erzählt. Wie in China üblich hatten ihre Eltern und die ihres Mannes ihr

Erspartes zusammengelegt und dem Paar eine Eigentumswohnung im 15. Stock eines Hochhauses gekauft. Das Wohnzimmer ist stilvoll in erdfarbenen Tönen gehalten. Das Zentrum des Raumes bildet wie in den meisten Ländern der Erde ein Flachbildfernseher. Neben dem Balkon befindet sich ein kleines Arbeitszimmer mit zwei Computern. Ihr Mann, ein Flugzeugingenieur, brät in der Küche Djiaozi, eine Art chinesische Ravioli, während Wentao erzählt. Die Lehrerin verdient etwa 4500 Renminbi im Monat, ihr Mann das Doppelte. Umgerechnet verfügen sie damit über ein Haushaltseinkommen von fast 2000 Euro im Monat. Nicht viel, aber auch nicht wenig in einem Land, in dem ein Restaurantbesuch damals selten mehr als zehn Euro kostet. Die Familie ist mit allem ausgestattet, was zu einer Mittelschichtsexistenz gehört: Waschmaschine, Computer, Geschirrspüler. »Als ich 1994 aus der Provinz in die Stadt kam, gab es noch kaum Hochhäuser und Autos. Die meisten Leute fuhren Fahrrad«, erinnert Wentao sich. »Was ich noch gern hätte? Eine Kamera, um mehr Bilder von meiner Tochter zu machen«, sagt sie. »Und in den Urlaub würde ich gern fahren, nach Europa oder Thailand.« Dann klingelt ihr iPhone, und sie verabredet sich mit einer Freundin zum Mittagessen.

Im *Kommunistischen Manifest* aus dem Jahr 1848 heißt es: »Die ganze Gesellschaft spaltet sich mehr und mehr in zwei große feindliche Lager, in zwei große, einander direkt gegenüberstehende Klassen: Bourgeoisie und Proletariat.« Von einer Mittelschicht ist bei Marx keine Rede, weshalb manche in ihr eine »historische Anomalie« erkennen. Schließlich waren die meisten Menschen, die je auf der Erde gelebt haben, arm. So diagnostiziert Marx den Klassenkampf, den Konflikt zwischen Bourgeoisie und Proletariat, zwischen den Besitzern und Sklaven, zwischen Arm und Reich, an dessen Ende die klassenlose Gesellschaft stehe.

Doch in den industrialisierten Staaten der westlichen Welt kam es anders, und auch im China vor Xi Jinpings Machtantritt schien es anders zu kommen. Die Löhne stiegen, die arbeitende Bevölkerung wurde nicht ärmer, sondern reicher. 2011 waren die Löhne im Schnitt um 20 Prozent gestiegen. Menschen wie Wentao Wang, die 1990 von einem Kühlschrank träumten, besaßen 2012 Waschmaschinen, Smartphones und Autos. In China war eine Schicht von Menschen entstanden, die im Jahr zwischen 2000 und 5000 Dollar verdienen. Das war nach westlichen Maßstäben immer noch wenig, in China aber ermöglichte es ein Leben, wo früher nur Überleben möglich war. Zwischen 230 und 250 Millionen Menschen zählten nach dieser Definition damals schon zur neuen chinesischen Mittelschicht. Das weckte vor allem bei westlichen Unternehmen gewaltige Fantasien. Man extrapolierte, überschlug und rechnete: Spätestens 2025 werde die neue Mitte nochmals auf mindestens das Doppelte wachsen – 500 Millionen Menschen mit einem mittleren Einkommen und hohem Bildungsstandard, die in Städten leben würden – prognostizierte die Unternehmensberatung McKinsey 2006.[*] Denn das war der

---

[*] http://www.mckinsey.com/~/media/McKinsey/Featured%20Insights/China/The%20value%20of%20emerging%20middle%20class%20in%20China/The-value-of-Chinas-emerging-middle-class.pdf

zweite große Trend in China: die Urbanisierung. 2011 lebten in China zum ersten Mal mehr Menschen in Städten als auf dem Land. Heute ist es die überwiegende Mehrheit, rund 900 Millionen.

Und drittens würde diese neue Mittelschicht vor allem im noch nicht so hoch entwickelten Binnenland Chinas entstehen. Die Zeiten, in denen China die Werkbank der Welt war, als Wanderarbeiter in stickigen Fabriken zu Hungerlöhnen Kugelschreiber zusammenschraubten und T-Shirts nähten, waren 2012 noch nicht vollkommen vorüber, doch sie näherten sich dem Ende. Die Regierung beschloss damals im zwölften Fünfjahresplan, der ein Konzept für die wirtschaftliche Entwicklung darstellte, die investitionsgetriebene Exportwirtschaft zu einem technologisierten Binnenmarkt umzubauen: weg von der billigen Produktion für die Welt, hin zu mehr Konsum. Das war ein Problem für Firmen, die auf billige Arbeitskräfte angewiesen waren – aber eine gewaltige Chance für all die westlichen Unternehmen, die ihre Produkte verkaufen konnten. Und zu letzteren zählten vor allem deutsche Autobauer, französische Luxusartikelhersteller und japanische Unterhaltungselektronikproduzenten.

Die Fastfood-Kette KFC hatte 2012 gefühlt an jeder dritten Kreuzung in Shanghai eine Filiale eröffnet. In jeder Provinzhauptstadt leuchteten in bester Lage die Blingbling-Marken Gucci und Louis Vuitton. Und natürlich richteten sich deutsche Autobauer seit Jahren an wohlhabendere Chinesen. »Die stetig wachsende Mittelschicht in China bedeutet eine weiter steigende Nachfrage nach Mobilität, verbunden mit dem Wunsch nach einem eigenen Auto«, hieß es damals aus der VW-Zentrale in Peking. »China ist bereits der größte Automobilmarkt für den Volkswagen-Konzern.« Mit über 50 000 Mitarbeitern zählte VW zu den größten internationalen Unternehmen des Landes. 2011 hatte der Konzern eine Produktion in Chengdu eröffnet. Kurz darauf gab das Unternehmen bekannt, ein Werk in Urumuqi, in der westlichsten chinesischen Provinz Xinjiang, errichten zu wollen. Von der Diskriminierung der muslimischen Volksgruppe der Uiguren muss die Konzernleitung damals schon gewusst haben, das horrende Lagersystem, in dem später Millionen von Menschen gefoltert, gequält und gehirngewaschen wurden, gab es aber noch nicht. Als Berichte über die Lager an die Öffentlichkeit kamen, leugnete Peking deren Existenz zunächst. Später sprach man euphemistisch von »Ausbildungszentren«.

Volkswagen aber störte auch die systematische Diskriminierung damals nicht: Es regierten das Prinzip Hoffnung und ein ans Naive grenzender Optimismus: Langsam, aber sicher werde sich in China alles zum Besseren wandeln. Die neue Mittelschicht schien all das zu bestätigen und zu rechtfertigen.

Denn auch Politiker, Staatstheoretiker und Soziologen waren der Meinung, mit der gut verdienenden neuen Schicht werde der Druck auf die Machthaber in Peking steigen. Denn eine Mittelschicht wirke mäßigend. Radikale Politik sei mit Familien nicht zu machen. Die Bedürfnisse würden sich verschieben und gemäß der Masslow-Pyramide auf die Gesellschaft ausstrahlen. Diesem sozialpsychologischen Modell zufolge treten mit wachsendem Wohlstand nicht materielle Wünsche in den Vordergrund: erst der Kühlschrank, dann Bildung und Freiheit. War dies nicht der Weg gewesen, den Europa nach zwei Weltkriegen genommen hatte? Aus Gesellschaften, die von radikalen Bewegungen wie Kommunismus und Faschismus geprägt waren, wurden gemäßigte Sozialdemokratien, die um Solidarität und Ausgleich bemüht waren. Etwas später – und mit noch weiter gestiegenem Wohlstand – kamen dann Forderungen nach Umweltschutz und Lebensmittelsicherheit hinzu, die sich in der Bewegung der Grünen ausdrückten. Und warum sollte China nicht auch diesen Weg gehen? Westliche Produkte mit ihrem Lifestyle-Appeal würden dabei nur helfen und nebenbei die Bilanzen deutscher Unternehmen dicker werden lassen.

Genau diese Entwicklung schien sich in China 2012 live und im Zeitraffer beobachten zu lassen. Bittere Armut war den meisten Chinesen noch eindrücklich bekannt. Jetzt aber waren viele zu einem bescheidenen Wohlstand gekommen, und andere Bedürfnisse schienen wichtiger zu werden: In der kleinen Wohnung der Familie Liu in Chengdu leben drei Generationen unter einem Dach. Der Großvater, 83, war Soldat der Volksarmee, bevor er in einem staatlichen Stahlwerk Arbeit fand. Seine Sicht der Vergangenheit ist noch parteikonform. »Mein Leben besserte sich nach 1949«, sagt er mit klarer Stimme. »Endlich hatten wir genug zu essen. Anfang der Achtzigerjahre wurde es nochmals besser.« Das war die Zeit, in der die ersten marktwirtschaftlichen Reformen unter Deng Xiaoping zu greifen begannen und China sich der Welt öffnete.

Sein Enkel Chris ist 13 Jahre alt. Hunger kennt er anders als sein Vater und Großvater schon nicht mehr. Er musste nie »Bitterkeit essen«, wie es die Chinesen nennen. Wochenlang hat er seinen Vater bearbeitet und ihm immer wieder erklärt, warum er unbedingt ein iPad brauche. Schließlich gab der Vater seinen Widerstand auf. Gerade hat Chris zwar kein eigenes, aber immerhin ein Familien-iPad, auf dem er täglich auf Weibo surft. Der Kurznachrichtendienst ist eine Art Mischung aus Facebook und Twitter. Zensur gibt es auch 2012 in China schon, ist aber noch nicht ganz ausgefeilt. Erst zwei Jahre zuvor hat der amerikanische Konzern Google China verlassen. Bis dahin hatte auch das Silicon Valley China als Chance gesehen.

»Ausländische Firmen haben riesige Chancen, wenn sie sich richtig positionieren«, erzählt mir wenig später Edvard Tse in Shanghai, damals CEO von Booz, einer Unternehmensberatung, die ausländischen Firmen half, im chinesischen Markt Fuß zu fassen. Der gebürtige Hongkong-Chinese hat in den USA studiert und bewegt sich mühelos zwischen beiden Kulturen, wie so viele High Performer der chinesischen Businesswelt. »Diese Entwicklung wird China von Grund auf verändern«, prophezeit er. »Mit steigenden Einkommen werden mehr Chinesen ins Ausland reisen und ihre Kinder auf ausländische Schulen und Universitäten schicken. Sie werden mehr in Kontakt mit anderen Ideen kommen und so aufgeschlossener werden.« Die meisten der 300 Millionen Weibo-User sind 2012 jung, gebildet und Teil der neuen Mittelschicht. »Sie üben Druck auf die Regierung aus mit ihren Bedürfnissen und ihrer Art des Protests.«

Ein sanfter, unpolitischer Protest. Familien mit mittleren Einkommen haben einen stabilisierenden Einfluss auf Gesellschaften. Der Familienvater, der sich gerade ein iPad geleistet hat und jeden Monat Geld für die Ausbildung seines Sohnes spart, geht nicht auf die Straße und wirft Brandsätze. »Diese Menschen wollen Veränderung, aber mit ihnen ist mit Sicherheit keine Revolution zu machen«, sagt Unternehmensberater Tse. »Deshalb irren die Experten, die glauben, in China könnte es zu etwas Ähnlichem wie dem Arabischen Frühling kommen. Eine Revolution wird mit allergrößter Wahrscheinlichkeit nicht stattfinden.« Stattdessen werde es zu sanften Veränderungen kommen. Vielleicht demokratisiere sich die Partei von innen heraus, mutmaßt er, vielleicht gebe es in ein paar Jahren nicht mehr nur einen Kandidaten für bestimmte Ämter. Auf jeden Fall entwickle sich China zu einem großen, höchst ausdifferenzierten und anspruchsvollen Markt, der sowohl für das Land selbst als auch für das Ausland ein wichtiger Wachstumsmotor sein werde.

Risse im Weltbild der ausländischen Unternehmen und Berater gab es auch Anfang der 2010er-Jahre. Aber sie waren so klein, dass man sie als Kuriositäten abtun konnte. Beispielhaft dafür steht der deutsche Hersteller Bosch Siemens Haushaltsgeräte. Er war seit den Neunzigern auf dem Markt aktiv und hatte früh die neue Mittelschicht als Konsumenten wahrgenommen. Zwölf Prozent Marktanteil hatte die Firma 2012 im Bereich Kühlschränke. Der Kundenservice erstreckte sich auch auf entlegene Bergregionen in Yunnan. Es gab Vertriebsniederlassungen in den großen Städten

Zentralchinas wie Chengdu und Chongqing, aber auch in Xinjiang im äußersten Westen des Landes. Roland Gerke, der China-Chef des Unternehmens, begleitete den Kundendienst regelmäßig, um sich ein Bild von den Familien zu machen, in deren Wohnungen ein Kühlschrank des deutschen Herstellers stand.

Den Zorn chinesischer Konsumenten, angestachelt von der Regierung, bekam die Firma Bosch Siemens 2011 trotzdem zu spüren. Der Blogger Luo Yanghoa hatte sich über die schlecht schließende Tür seines Siemens-Kühlschranks beschwert. Auch wenn das Problem wohl eher auf zu rabiates Türschließen seitens der Besitzer zurückzuführen war, fand der Blogger schnell Gleichgesinnte. Für die deutsche Firma entwickelte sich daraus ein Shitstorm, der damit endete, dass der Blogger vor die Konzernzentrale in Peking zog, dort einen Kühlschrank zertrümmerte und China-Chef Roland Gerke sich per Videobotschaft entschuldigen musste.

Bei der zierlichen Bing Luomei ist ein solches Verhalten schwer vorstellbar. »Materielle Wünsche habe ich momentan keine. Ich bin zufrieden, wie es ist«, sagt Bing. »Wir haben ja alles, was wir brauchen: Computer, Mikrowelle, iPad, ein Auto.« Sie lebt mit ihrem zwölfjährigen Sohn, ihrem Mann und ihren Eltern in einer Vierzimmerwohnung. »Meine Großmutter war noch eine ›Kurzfüßlerin‹«, erzählt sie. So nennt man Frauen, denen man im Kaiserreich die Füße gebunden und verstümmelt hatte – eine grausame Mode, beruhend auf einem Schönheitsideal, das sich über Jahrhunderte hielt. Ihr Vater war Soldat und arbeitete in den 1990er-Jahren in einem Stahlunternehmen. Die 43-Jährige hat 2012 gerade ihr eigenes Unternehmen gegründet, eine kleine Online-Firma, die mit Metallprodukten handelt. Jack Ma hatte mit seinem Unternehmen Alibaba um das Jahr 2010 ein E-Commerce-Fieber in China ausgelöst. Plötzlich begannen Hunderte Millionen von Chinesen online Produkte zu kaufen und zu verkaufen.

Sorgen bereiten Bing eher immaterielle Dinge: die grassierende Umweltverschmutzung etwa, außerdem die Lebensmittelskandale, von denen immer wieder die Rede war. »Früher, Anfang der Neunziger, gab es in Chengdu nicht so viele Hochhäuser, dafür war das Leben entspannter, der Verkehr nicht so stark, die Luft besser«, erzählt sie. Auch die hohe Lernbelastung ihres Sohnes sei ein Problem. Trotzdem zahlen sie 70 000 Renminbi, rund 9000 Euro, im Jahr für Chris' Privatschule, auf der zum Beispiel englische Muttersprachler unterrichten. Vor Kurzem hat sich Bing zum Christentum bekehrt, da sie moralische Werte zunehmend vermisst hat.

Kurz bevor ich diese Menschen im Frühjahr 2012 interviewte, kam es in China zu einem Ereignis, über das damals kaum einer sprach. Die Chinesen mieden das Thema vermutlich aus Furcht, viele ausländische Experten dürften die Vorgänge ignoriert haben, weil sie sich nicht in das Bild eines sich öffnenden Landes mit prosperierender Wirtschaft einfügten. Nur in den Politikteilen westlicher Tageszeitungen fand die Geschichte statt, wenn auch mit geringer Aufmerksamkeit der Öffentlichkeit, was an den vielen unbekannten chinesischen Namen gelegen haben könnte.

Die Geschichte spielte wenige Hundert Kilometer von Chengdu entfernt in Chongqing, das mit 40 Millionen Einwohnern als größte Stadt der Welt gilt (wobei im tatsächlichen Stadtgebiet etwas weniger Menschen leben). Dort hatte sich Bo Xilai, Parteichef der regierungsunmittelbaren Metropole, als brutaler Verbrechensbekämpfer einen Ruf erworben. Als Sohn eines Revolutionärs der ersten Stunde galt er als aussichtsreicher Kandidat für die Nachfolge von Staatspräsident Hu Jintao. Seine Politik kam im Volk gut an, da er die maoistische Vergangenheit beschwor und sich für soziale Gleichheit aussprach. Dann allerdings wurde im November 2011 ein Geschäftsmann namens Neil Heywood in seinem Hotelzimmer tot aufgefunden. Der Brite hatte geschäftlich mit Bo Xilais Frau zu tun gehabt. Was von November 2011 bis März 2012 geschah, ist bis heute unklar. Die Ereignisse aber kamen ins Rollen, als die rechte Hand von Bo Xilai, sein Polizeichef, ins US-Konsulat in Chengdu floh. Kurze Zeit später wurden Bo Xilai, der noch wenige Monate zuvor als Kandidat für das Staatspräsidentenamt galt, und seine Frau wegen Beihilfe zum Mord angeklagt und verschwanden. Präsident wurde der Mann, den die deutsche Außenministerin vor Kurzem »Diktator« nannte: Xi Jinping hatte seinen engsten Widersacher offenbar unter ungeklärten Umständen beseitigt. Bo Xilai und seine Frau sind bis heute nicht mehr aufgetaucht.

Die »neue Mittelschicht« in China bekam davon nichts mit. Nachrichten über die Vorgänge wurden umgehend gelöscht. Immer ausgefeilter und lückenloser arbeitete der Zensurapparat in den folgenden Jahren. Die meisten Chinesen heute dürften von Bo Xilai nie gehört haben – genauso wenig wie von den Umständen von Xi Jinpings Machtergreifung.

Doch von da an sollte es noch rund zehn Jahre dauern, bis man im Westen China nicht mehr also große Chance, sondern als Bedrohung wahrnahm.

Kurz nachdem ich den deutschen Geschäftsmann im Oktober 2023 in Taiwans Hauptstadt Taipeh treffe, findet dort das Oslo Freedom Forum statt. Mehrere Dissidenten und Aktivisten sprechen hier und skizzieren den Kampf der Freiheit gegen Diktaturen weltweit: Die Gesichter von Wladimir Putin, Xi Jinping, Kim Jong Un und Nicolás Maduro werden an die Wand projiziert. Journalisten sind zahlreich vertreten. Eine solche Veranstaltung wäre auf dem Festland undenkbar. Das galt schon damals, und es gilt heute noch viel mehr.

Auch Wu'er Kaixi ist dort. Er ist eines der Gesichter der Studentenproteste von 1989. Berühmt wurde er auch, weil er im Schlafanzug und nach Tagen des Hungerstreiks mit dem damaligen Ministerpräsidenten Li Peng auf dem Platz des Himmlischen Friedens diskutierte. »Der Westen ist drei Täuschungen aufgesessen«, sagt er. »Er glaubte erstens, mit marktwirtschaftlichen Reformen würde eine Mittelschicht entstehen, die dann zu einer Zivilgesellschaft und schließlich zur Demokratisierung führen würde. Das war naiv. Die zweite Täuschung bestand darin, zu glauben, internationale Einbindung des Regimes würde es zähmen und zu weniger Menschenrechtsverbrechen führen. Das Gegenteil war der Fall. Und drittens dachte man, all dies würde nur innerhalb der Grenzen Chinas stattfinden und nicht expandieren.«

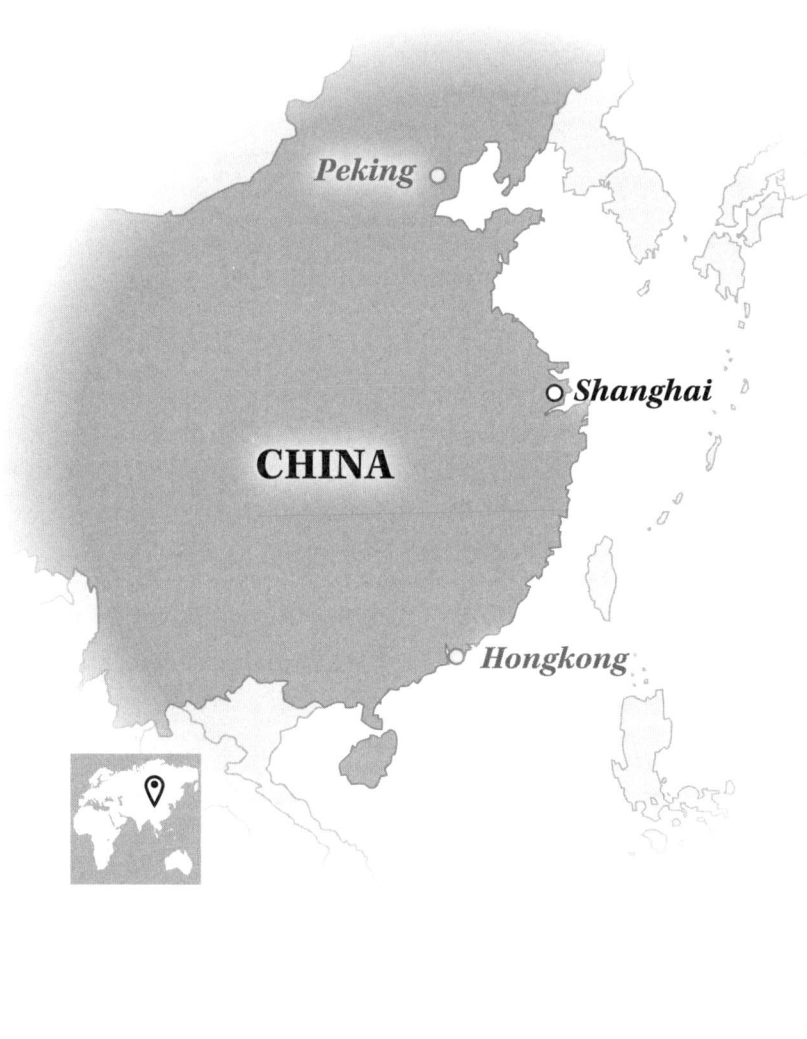

2.

DER CHINESISCHE TRAUM

»Wir spürten damals eine nie da gewesene Freiheit und einen frischen Wind in der chinesischen Gesellschaft.«

DESMOND SHUM, CHINESISCHER EXILANT

Aus heutiger Sicht war 2014 ein Wendejahr – Xi Jinping hatte die meisten seiner politischen Gegner beseitigt und saß fester im Sattel. Er widmete sich nun dem Umbau der chinesischen Gesellschaft und außenpolitischen Projekten wie der »Neuen Seidenstraße«. Die meisten Ausländer in Shanghai bekamen davon wenig mit. Auch wenn die wilden Zeiten des YY vorbei waren, war die Stadt eine lebendige Metropole, die mehr denn je Menschen aus der ganzen Welt anzog.

Nach über zwei Jahren habe ich mich gut eingelebt und sogar so viel Chinesisch gelernt, dass ich mich mit Menschen auf der Straße unterhalten kann. An einem schwülheißen Sommertag treffe ich Yanhong Chang. Um eine Mahlzeit zu kochen, braucht sie weniger als eine Minute. Mit der rechten Hand greift die 35-Jährige in die Schüssel vor ihr und wirft Nudeln in einen Wok. Es zischt, ihr gusseiserner Löffel scheppert auf dem Metall. Es folgen ein Löffel Salz, Sojasoße, Chili, etwas Kohl und schließlich ein Ei. Noch einmal schwenkt sie die Nudeln, dann gibt sie die Portion in eine kleine Styroporbox. Sieben Yuan, rund 90 Cent, kostet die Mahlzeit. Alles, was sie dafür braucht, hat auf einem kleinen Karren Platz: die Zutaten, eine Gasflasche und der Wok.

Nicht weit von der Straßenecke in Shanghai, an der Yanhongs Karren steht, hängen großflächige Plakate. Sie zeigen in verschiedenen Variationen gezeichnete Menschen, Alte, Junge, Kinder in bunten Gewändern auf weißem Hintergrund. Sie alle tragen den Titel »Zhong Guo Meng«, »Der chinesische Traum« – als ob sie Yanhong Chang sagen wollen: Auch Du kannst es schaffen, vom Wok-Wäscher zum Millionär.

Seit Mao Zedong hat kein chinesischer Präsident so viel Macht in seinem Amt vereint wie Xi Jinping. Seit Deng Xiaoping hat kein Führer so viele Reformen angekündigt. Seine Anti-Korruptionskampagne machte Xi anfangs beim Volk beliebt und gab ihm gleichzeitig Gelegenheit, politische Gegner aus dem Weg zu räumen. 2014 ist seine Macht schon weitgehend gefestigt – doch bevor Xi sich außenpolitischen Zielen zuwendet, soll erst der Volksgeist erneuert werden.

Im November 2012, zwei Wochen nach seinem Amtsantritt, erwähnte Xi zum ersten Mal den »Zhong Guo Meng«. Damals sprach er von zwei Punkten: China solle bis zum 100. Geburtstag der Kommunistischen Partei im Jahr 2021 eine »relativ wohlhabende Gesellschaft« sein und zweitens, bis zum 100. Geburtstag der Volksrepublik im Jahr 2049, ein »modernes sozialistisches Land, welches reich, stark, demokratisch, kulturell und harmonisch ist«.

In den nun folgenden Wochen begannen Xis Getreue, die frohe Botschaft auszuarbeiten und zu verbreiten. Im März 2013 wurde Xi dann auf dem 12. Nationalen Volkskongress zum Vorsitzenden der Volksrepublik erklärt. Kurz darauf begann eine Kampagne, um »die Partei zu erneuern«. Die Kader wurden dazu angehalten, die »Gedanken des Vorsitzenden Xi zu studieren«. Die Parteischule startete ein Weiterbildungsprogramm, dass fünf Monate später rund 2300 Kader absolviert hatten. Als man ein Jahr später so weit war, die wichtigsten Parteimitglieder auf die neue Linie eingeschworen zu haben, begann man, die neue Doktrin auch im Volk zu verbreiten. Den Anfang machte im Juni 2014 ein Buch, welches drei Reden Xis aus den vergangenen zwei Jahren beinhaltete und in zunächst neun Sprachen übersetzt wurde (2021 waren es bereits 33 Sprachen).

Im selben Jahr startete auch die Kampagne, die sich an das Volk richtete. Doch das war nur der Anfang. In den Jahren 2014 bis 2017 ging es darum, ein geschlossenes theoretisches System zu bauen, mit dem Xi seine Herrschaft legitimieren und gegen Widersacher absichern konnte. Im November 2014 verkündete Xi drei neue Richtlinien. China solle »den Entwicklungsprozess zu einer relativ wohlhabenden Gesellschaft umfassend beenden«, zweitens »Reformen umfassend vertiefen« und drittens, »fortschreiten beim Regieren des Landes durch das Gesetz«. Neu oder gar radikal neu war davon nichts. Die Forderungen klingen vage oder wie der kleinste gemeinsame Nenner, der nötig ist, um ein

Entwicklungsland zu modernisieren: Wirtschaftswachstum, Reformen, Rechtsstaatlichkeit. Die Vagheit der Richtlinien war aber womöglich gewollt. Wenn alles und nichts darunterfallen konnte, ließ sich auch gegen jeden Widersacher vorgehen, unter dem Vorwand, er sei nicht auf Linie der Partei. Auch Kurskorrekturen und Misserfolge ließen sich so leichter vertuschen.

Dass es nicht um Reform im liberalen Sinne ging, machte Xi in der dritten Phase klar. 2017 begann das, was in der Propaganda- und Parteisprache »Die Gedanken Xi Jinpings über den Sozialismus mit chinesischen Charakteristika für eine neue Ära« hieß. Xis Programm wurde beim 19. Parteikongress sogar in die chinesische Verfassung aufgenommen. Konkreter wurde es dadurch nicht, doch zeigte der Schritt, dass Xi Jinping nun ein klares Ziel hatte: Eingang in die Geschichte Chinas zu finden, als mächtigster Herrscher seit Mao Zedong.

Was den chinesischen Traum betrifft, gab es allerdings ein paar interessante Zusätze: Das Land sollte nun nicht nur »reich, stark, demokratisch, kulturell und harmonisch« werden, sondern auch »schön«. Eine »ökologische Zivilisation« sollte geschaffen werden. Außerdem war nun vermehrt die Rede von Chinas Rolle in der Welt. China sollte bis zum Jahr 2050 ein »führendes Land nationaler Stärker und globalen Einflusses« geworden sein. Damit all dies auch verinnerlicht und ernst genommen werden würde, entwickelte das Propagandaministerium zusammen mit dem Technologiekonzern Alibaba eine App, mit der Beamte, Kader und Angestellte von Staatsunternehmen regelmäßig die Gedanken Xis studieren sollten. Die Nutzung der App wurde kontrolliert und die Daten automatisch ans Propagandaministerium versandt. Im April 2019 nutzten die App rund 100 Millionen Chinesen. In manchen Provinzen wurden die Leute mit Lautsprechern aufgefordert, sich die App zu installieren.

Xis Weltbild ist von drei Denkschulen geprägt: Leninismus, Maoismus und Konfuzianismus, die zu einer Art »sinozentrischem Leninismus« verschmelzen. Es geht um die absolute Vorherrschaft der Partei und eine Art permanente Reform der Regierung, bei der die öffentliche Meinung beobachtet, aber auch gelenkt wird. Man will Wirtschaftswachstum, das aber im Dienst einer größeren nationalen Renaissance unter der Führung der Partei steht.

Beim chinesischen Traum handelte es sich um ein großes Strategieprojekt, das nationale und individuelle Ambitionen für die nächsten zehn Jahre verbinden sollte. Das Konzept ähnelte in Teilen dem amerikanischen Traum: Jeder kann es schaffen, wenn er nur hart arbeitet. Aber es ging um mehr: Der chinesische Traum bezog sich auf den Stolz der Nation und das Image Chinas in der Welt.

»Wagt zu träumen, arbeitet hart, um Eure Träume wahr werden zu lassen, und tragt zur Wiederbelebung der Nation bei.« Xi Jinping

Für Wanderarbeiter wie Yanhong Chang und ihren Mann, die in bitterer Armut auf dem Land aufgewachsen sind, stimmt 2014 die Rechnung. Noch. 200 Yuan, 22 Euro, machen die stämmige Frau und ihr Mann am Tag. Nach Abzug aller Kosten bleiben den Kleinstunternehmern im Monat etwa 4000 Yuan, 500 Euro. Davon zahlen sie nochmals 1500 Yuan Miete für ein 15-Quadratmeter-Zimmer, in dem die Familie zu fünft lebt. Trotzdem konnten die beiden zwischen 2008 und 2014 so viel zurücklegen, dass es für ein kleines Häuschen in ihrem Heimatdorf in der Provinz Anhui reichte. 2006 waren Yanhong und ihr Mann nach Shanghai gekommen. »Wir haben hier mehr Möglichkeiten«, sagt Yanhong. »In unserem Heimatdorf leben nur noch Alte, Kinder und Kranke.«

Probleme machen ihnen 2014 nur die sogenannten Cheng Guan. Die Straßenpolizei patrouilliert täglich die kleinen Garküchen und verteilt Bußgelder an diejenigen, die keine Lizenz haben. Das sind fast alle. Doch Yanhong und ihr Mann wissen meist, wann sie kommen. Immer um 19 Uhr fahren sie ihre Garküche in eine Seitenstraße und verstecken sich dort, bis die Patrouille verschwunden ist. An Rückkehr in ihr Heimatdorf denkt das Paar nicht. Sie sind zuversichtlich, in den nächsten Jahren noch mehr Geld zu verdienen.

So funktionierte China seit den Achtzigerjahren: In den Städten gab es Arbeit in Fabriken, Restaurants und später auch in immer mehr Kanzleien, Werbeagenturen und Unternehmensberatungen. Auf dem Land lebte ein schier unerschöpfliches Reservoir an Arbeitskräften in Dritte-Welt-Verhältnissen. Die Jungen, Fleißigen und Ehrgeizigen zogen in die Städte, um Geld zu verdienen. Eine halbe Milliarde Menschen arbeitete sich so aus der Armut heraus – indem sie vom Land in die Stadt zogen, um in den dortigen Fabriken zu arbeiten.

Yanhong und ihr Mann waren 2014 nicht die letzten ihrer Art: Bis 2030 sollen nochmals aus 300 Millionen Bauern Stadtbewohner werden. Auch wenn aus westlicher Perspektive Millionen von ihnen ein miserables Leben führten – die unmittelbare Erfahrung, es aus bitterer Armut und Hunger zu bescheidenem Wohlstand gebracht zu haben, machte die Chinesen zum optimistischsten Volk der Welt. 83 Prozent der Chinesen blickten beim Amtsantritt von Xi Jinping positiv in die Zukunft, wie eine Umfrage des amerikanischen PEW-Instituts mit Sitz in Washington, D.C. ergab. 70 Prozent der Chinesen bejahten die Aussage »Meine finanzielle Situation ist besser als vor fünf Jahren«. In Deutschland waren das nur 23 Prozent. Solche Umfragen waren auch damals schon mit Vorsicht zu genießen. Dass die Stimmung in China aber optimistischer als in Westeuropa war, konnte man in dieser Zeit deutlich spüren.

Heute, zehn Jahre später, ist es ungleich schwieriger geworden, solche Erhebungen überhaupt durchzuführen. 2023 verhängte die Regierung ein »Anti-Spionage-Gesetz«, und seitdem fürchten sogar Unternehmensberatungen, sich mit Umfragen strafbar zu machen. Unter den Millennials aber, den nach 1980 Geborenen, ist die Stimmung schlecht: 70 Prozent machen sich offiziellen Angaben zufolge Sorgen um ihre Arbeit und ihre finanzielle Situation im Allgemeinen. Kein Wunder – im Juli 2023 lag die Jugendarbeitslosigkeit bei über 20 Prozent. Dann beschloss die chinesische Regierung, den Mantel des Schweigens darüberzuhängen, und hörte auf, die Zahlen zu veröffentlichen. Ein halbes Jahr später war das Nationale Statistikamt dann zurück mit neuen Zahlen – die Berechnungsmethode war nun so angepasst worden, dass alles nicht mehr so dramatisch aussah. Das kann aber nicht über die Fakten hinwegtäuschen.

Schon zehn Jahre zuvor war es ungleich schwieriger, die nächste Stufe auf der sozialen Leiter zu erklimmen. Das dämmerte damals den ersten jungen Universitätsabsolventen.

Boris Shao ist gerade 25 Jahre alt geworden, als ich ihn 2014 in einem Family Mart in Shanghai traf, einer japanischen Mini-Supermarktkette. Neben Bier, Wasser und chinesischen Süßgetränken gibt es damals wie heute alles, was man kurzfristig brauchen kann: Snacks in Form von gesalzenen Erdnüssen und eingeschweißten Hühnerfüßen, Zigaretten, Schnaps, Klopapier und Zahnpasta.

Shao war 1989 eine Woche vor dem Massaker auf dem Platz des Himmlischen Friedens auf die Welt gekommen. Von den Ereignissen, die sich rund um seine Geburt abgespielt haben, weiß er nichts. Die Propaganda, die seither noch raffinierter geworden ist, funktionierte schon damals gut. Shao arbeitet bei einem amerikanischen Automobilzulieferer im Vertrieb. Aufgewachsen ist der Bauernsohn in einem kleinen Dorf in der Provinz Zhejiang. Auf der Suche nach Arbeit und Geld ist er in die Stadt gezogen. »Wie alle aus meiner Schulklasse«, erzählt er. Mit 5000 Yuan im Monat, knapp 600 Euro, verdient er rund doppelt so viel wie ein Fabrikarbeiter. Mit seinem Gehalt muss er allerdings irgendwie auch noch zu einer Eigentumswohnung kommen. Männer, die keine Wohnung vorweisen können, haben auf dem heiß umkämpften chinesischen Heiratsmarkt wenig Chancen.

Wie viele seiner Generation wirkt Shao kindlicher als ein Gleichaltriger aus dem Westen. Für Hobbys, Freizeit oder das, was man westlich-humanistisch unter dem »Entwickeln der eigenen Persönlichkeit« versteht, blieb nie Zeit. Auf das ultraharte Schulsystem mit 16-Stunden-Tagen folgen die Universität und der erste Job. Bis 27 sollten Männer eine Wohnung besitzen und Frauen verheiratet sein. Wer das nicht schafft, gilt als »Diao Si«, als Verlierer, oder als »Sheng Nu«, als »Reste-Frau«. Daran hat sich bis heute nichts geändert.

Eines allerdings ist heute anders als früher: Die alte Reichtumsbeschaffungsmaschine, der Immobilienmarkt, funktioniert nicht mehr. Bis etwa 2020 kannten die chinesischen Immobilienpreise nur die Richtung nach oben. Wer in den Neunzigern oder frühen Nullerjahren eine Wohnung gekauft hatte, war 20 Jahre später reicher als viele Mittelschichtler im Westen. Die Immobilienpreise stiegen und stiegen. »Die Wahrscheinlichkeit eines Crashs ist null«, erzählte mir damals eine Immobilienexpertin aus Hongkong. »Die Regierung wird alles dafür tun, das zu verhindern.« Es kam anders, doch dazu später mehr.

Zunächst zurück ins Jahr des chinesischen Traums, ins Jahr 2014. Schon damals war es schwierig, ohne persönliche Beziehungen an gute Stellen zu kommen. Wessen Eltern nicht mit Immobilien reich geworden waren, lief sich krank im Hamsterrad. Eine Zeitung veröffentlichte 2013 eine Meldung, wonach im Jahr 600 000 Chinesen an Überarbeitung starben. Die Zahl dürfte reichlich übertrieben sein, Fakt aber ist: Rund 60 Prozent aller Erwerbstätigen in Peking leisteten Anfang der 2010er-Jahre mehr als die gesetzlich erlaubten zwei Überstunden am Tag, zumindest in den großen Städten an der Ostküste. Auf dem Land lief das Leben gemächlicher, aber eben auch beschwerlicher.

Anders als die Wanderarbeiter Yanhong und ihr Mann will Shao nicht zurück in sein Heimatdorf, sondern in der Stadt bleiben. »Ich versuche, nicht darüber nachzudenken«, sagt er. »Ich werde einfach versuchen, ein Experte auf meinem Gebiet zu werden.«

> »Marktkräfte müssen eine entscheidende Rolle spielen.« Xi Jinping

Das Unternehmen Seagull liegt in einem gigantischen Gewerbegebiet in einem Außenbezirk Shanghais. Hier in Minhang und Songjiang reiht sich Firma an Firma. Der nahezu immer graue Himmel Shanghais hängt tief, die Luft ist schwer und schwül. Qu ist seit 2012 der Leiter der Kamerafabrik. Er hat sich aus einfachsten Verhältnissen nach oben gearbeitet. In seiner Kindheit konnte sich keiner der Dorfbewohner Fleisch leisten, Gemüse und manchmal sogar Reis waren knapp. »Ich habe 1996 mein Ingenieursstudium abgeschlossen«, erzählt der 45-Jährige. »Damals wurden nur knapp drei Prozent aller Schüler an der Universität zugelassen – viel weniger als heute. Also musste ich hart lernen.« Sechs Jahre lang stand er jeden Tag um fünf Uhr auf und lernte bis zehn Uhr abends. Sein Fleiß zahlte sich aus: Qu war der Erste aus seinem Dorf in der Provinz Shandong, der studierte, und – auch darauf ist er stolz – er war der Erste, der Mitglied der Kommunistischen Partei werden durfte.

Aber Qu hat auch das Glück, zur richtigen Zeit geboren zu sein. In den Neunzigern hatte Präsident Jiang Zemin die maroden Staatsunternehmen privatisiert. Um fit für den WTO-Beitritt 2001 zu werden, liberalisierte er die Wirtschaft, baute Regularien ab und öffnete einzelne Branchen für ausländische Investitionen. Um zehn Prozent und mehr wuchs die Wirtschaft zu dieser Zeit. Doch seitdem tut sich wenig. Noch immer sind private Unternehmen von einer ganzen Reihe von Schlüsselindustrien ausgeschlossen, darunter Banken, Energie und Transport. »Wir brauchen mehr Rechtsstaatlichkeit, Fairness und Meinungsfreiheit«, erklärt Unternehmer Qu mir bei unserer Begegnung 2014. »Der Staat mischt sich noch zu viel in die Belange kleiner Unternehmen ein.«

Zehn Jahre später würde sich kein Unternehmer mehr trauen, solche Sätze zu einem ausländischen Reporter zu sagen.

Gleichzeitig stiegen die Gehälter. Jedes Jahr lag der Mindestlohn um 13 Prozent höher. Die Produktivität aber hielt nicht mit. Damit drohte China das Schicksal vieler Schwellenländer: die »Middle-Income-Trap«. Schon damals wanderten viele Unternehmen aus China nach Südostasien ab, wo Arbeitskräfte günstiger sind. Durch die geopolitischen Spannungen und das vom Westen angestrebte De-Risking hat sich diese Entwicklung noch mehr beschleunigt.

Das wäre kein Problem, wenn chinesische Unternehmen gleichzeitig auf der Wertschöpfungskette nach oben klettern würden. Doch dafür fehlen qualifizierte Fachkräfte. Zwar spucken die Universitäten heute jedes Jahr Millionen

Absolventen aus, doch Unternehmer beklagen deren schlechte Ausbildung. »Vielen jungen Leuten fehlt die mentale Reife, auch harte Zeiten überstehen zu können«, klagt Unternehmer Qu damals über die neue Einzelkindergeneration. Trotzdem ist er zuversichtlich. »Während des 19. Jahrhunderts trug China ein Drittel zum Welt-BIP bei. Das wird wiederkommen.«

> »Der chinesische Traum ist der Traum von einem schönen China, einer schönen Umwelt.«
> Xi Jinping

Zhou Ling steht im Sommer 2014 vor einem Dutzend Schüler und spricht mit ruhiger Stimme. Die Professorin an der East China University of Science and Technology lehrt Pädagogik. Wie der Unternehmer Qu ist sie eine der wenigen ihrer Generation, die studieren konnten. Mit zwei Eigentumswohnungen muss sich die 53-Jährige um Geld keine Sorgen mehr machen. Sie gehört zu der rund 300 Millionen Menschen zählenden neuen Mittelschicht, und zwar zu deren oberem Segment. Für sie ist der chinesische Traum mehr als ein Wohlstandsversprechen.

Ihre beiden Söhne, damals 18 und 25 Jahre alt, studieren in den USA. So ist es mittlerweile Usus in der oberen Mittelschicht: Wer es sich leisten kann, schickt seine Kinder ins Ausland, wo die Ausbildung besser, die Lebensmittel sauberer, die Umweltverschmutzung geringer ist. Die Lockdowns während der Corona-Pandemie haben diesen Trend nur kurz unterbrochen. Sosehr es die Regierung mit nationalistisch aufgeladenen Kampagnen auch versucht: Die

Reichen und Schlauen stimmen damals und heute mit den Füßen ab. Und so ziehen seit den Nullerjahren Millionen von reichen Chinesen nach Kanada und Kalifornien, kaufen Zweitwohnungen in Singapur und Bangkok, Ferienhäuser auf Bali und treiben die Immobilienpreise in London und Paris in die Höhe.

Nahezu täglich wird China von einem Lebensmittelskandal erschüttert: verseuchtes Milchpulver in Supermärkten, als Lamm deklariertes Rattenfleisch auf Straßenständen, abgelaufenes Hühnerfleisch bei Kentucky Fried Chicken. Im Winter, wenn die Kohlekraftwerke auf Hochtouren laufen, melden die Messstationen für Luftverschmutzung Spitzenwerte. An schlechten Tagen kratzt die Luft beim Atmen und brennt in den Augen. Negativrekord in Peking bisher: Der Grenzwert der Weltgesundheitsorganisation wurde um das 30-Fache überschritten. Die Weltbank schätzt die gesundheitlichen Kosten der »Airpocalypse« auf 300 Milliarden Dollar pro Jahr. Eine Ursache waren lange auch die 130 Millionen Pkw, die die Straßen der Städte verstopfen. Nicht zuletzt deswegen hat Peking eine Elektrofahrzeugoffensive gestartet. Heute wird jedes zweite Elektroauto weltweit in China zugelassen. Insgesamt sind sie in der Minderheit, aber der Markt wächst, und in den Innenstädten mancher Metropolen sind sie heute schon in der Mehrheit.

Der Strom für die vermeintlich sauberen Fahrzeuge kam aber damals wie heute nicht zuletzt aus den zahlreichen Kohlekraftwerken des Landes. Auch wenn manche von ihnen weiter ins Landesinnere verlagert wurden, ist das Atmen in China nach wie vor eine gefährliche Beschäftigung.

Und die Luft ist nicht das einzige Problem: Ein Fünftel des Bodens und 60 Prozent des Grundwassers gelten als kontaminiert – auch weil die Preise von Wasser und Düngemittel künstlich niedrig gehalten werden.

Die Regierung hatte das Problem schon damals erkannt und adressiert. Bis 2020 sollten immerhin 20 Prozent des Stroms aus erneuerbaren Energien kommen. Kein anderes Land investiert so viel in Wind- und Sonnenenergie wie China. Doch auch wenn der relative Anteil von Kohle an der Energiegewinnung abgenommen hat, der absolute Verbrauch ist gestiegen. Bei der Internationalen Energiebehörde (IEA) geht man davon aus, dass der Scheitelpunkt erst 2030 erreicht sein wird.

Im Zweifel hat Wirtschaftswachstum Vorrang. Und die Führung unter Xi weiß: Die brennendsten Sorgen der Chinesen sind Korruption, Immobilienpreise und Wohlstandsverteilung. Umweltschutz und Lebensmittelsicherheit sind ein Anliegen der Mittel- und Oberschicht, die nur etwa ein Viertel der Bevölkerung ausmachen.

»Vom Chinesischen Traum sollen alle profitieren.«
Xi Jinping

Chen Tingyao, Veteran der Volksbefreiungsarmee, arbeitet in einem drei Quadratmeter großen Kabuff, in dem Teekanne, Computer, Telefon, ein Bürostuhl und ein kleiner Schreibtisch Platz finden müssen. Die Wohnanlage, deren Einfahrt der 70-Jährige bewacht, besteht aus mehreren denkmalgeschützten Gebäuden in der ehemaligen Französischen Konzession von Shanghai, prachtvolle, aber etwas heruntergekommene Häuser im Art-deco-Stil, in denen heute reiche Chinesen und Ausländer wohnen.

Nach Shanghai ist er 2006 gekommen. »Ich muss Geld verdienen«, sagt der dünne, gut gelaunte Mann. Chen war 16 Jahre alt, als er sich zur Armee meldete. Später arbeitete er in einer Ziegelfabrik. Die Rente aber reichte nicht, weswegen er im hohen Alter noch in die Stadt zog. In Shanghai bekommt er 2014 als Wächter 1800 Yuan, rund 200 Euro.

Als eine junge Frau mit einem neuen BMW in die Einfahrt fährt, steht Chen auf, weist ihr einen Parkplatz zu und setzt sich wieder. Neid auf den Reichtum der jungen Städter kennt er nicht. »Bei mir bekommt jeder einen Parkplatz, egal, welches Auto er fährt«, sagt er. »China ist auf dem Weg zur Weltmacht, das macht mich stolz«, sagt er. Dann hebt er den Zeigefinger. »Allerdings neiden viele unserer Nachbarländer uns diesen Erfolg!«

Damals im Sommer 2014 ist man sich noch weitgehend einig: Chinas Aufstieg verläuft friedlich. Vom Wachstum Chinas profitiert die ganze Welt. Die Amerikaner kaufen billige Produkte und bezahlen sie mit amerikanischen Staatsanleihen. Die wechselseitige Abhängigkeit ist friedenssichernd. Deutsche und Japaner verkaufen Millionen von Autos und Maschinen nach China, und als 2008 die Finanzkrise die westliche Welt erschüttert, rettet China die Weltwirtschaft mit einem gigantischen Konjunkturpaket.

Doch zwischen den Jahren 2012 und 2018 ändert sich das Bild vom sanften Riesen. Mit dem Regierungsantritt Xi Jinpings beginnt sich China selbstbewusster zu verhalten. Es dehnt seine Einflusssphäre aus. Es beansprucht

Inseln im Südchinesischen Meer, deren Zugehörigkeit völkerrechtlich mehr als zweifelhaft ist. Es rüstet auf: Die chinesischen Militärausgaben steigen Jahr für Jahr zwischen zehn und 20 Prozent. 2014 gab die Volksrepublik 145 Milliarden Dollar für das Militär aus und damit nur ein Drittel des amerikanischen Budgets. 2022 waren es schon über 200 Milliarden US-Dollar. Allerdings haben sich auch die amerikanischen Militärausgaben erhöht, sodass die chinesischen noch immer etwa ein Drittel ausmachen. Noch dienen die meisten Anschaffungen – Raketen, Kreuzer, U-Boote – dazu, einen amerikanischen Angriff abwehren zu können und nicht um Angriffskriege zu führen.

Der alte Soldat Chen sieht das 2014 als Erfolg. Für ihn sind endlich die Jahre der Demütigungen vorbei. Im angrenzenden Ausland betrachtet man die Lage schon damals anders: Acht von zehn Nachbarstaaten Chinas empfinden die USA mittlerweile als wichtigsten Alliierten und Peking als größte Bedrohung, so eine Umfrage des PEW-Instituts in Washington.

Chen liest jeden Tag die *Renmin Ribao*, die Volkszeitung. Im scharfen nationalistischen Ton berichtet sie über die Konflikte mit den Nachbarn. Gerade ist es zu Konflikten im Südchinesischen Meer gekommen, die philippinischen Behörden haben elf chinesische Fischer in ihren Hoheitsgewässern verhaftet. Kurz davor war es zu antichinesischen Ausschreitungen in Vietnam gekommen, als die Chinesen in vietnamesischen Gewässern nach Öl bohrten.

Besonders hitzig wird der Streit mit Japan ausgetragen. Der Kampf gegen die japanische Besatzungsmacht ist Teil des Gründungsmythos der Kommunistischen Partei. Jedes

Schulkind weiß um die Gräueltaten und Massaker der Japaner. Auch wenn die Inselgruppe der Diaoyu-Inseln (japanisch: Senkakku) im Gelben Meer bis auf ein paar Ziegen unbewohnt ist – mit dem forschen Auftreten im Streit um deren Zugehörigkeit demonstriert die Führung ihre neue Stärke. Sie schickt Kriegsschiffe und Kampfflugzeuge in die Region oder übt wirtschaftlich Druck aus.

Der neue Nationalismus in der Bevölkerung beginnt in diesen Jahren, das ideologische Vakuum zu füllen. Und er dient als diplomatisches Machtinstrument.

Immer seltener wagen es damals westliche Politiker, die Führung in Peking zu kritisieren. Kritik an der Verletzung von Menschenrechten, den Tausenden verhängten Todesurteilen im Jahr und der Inhaftierung von Intellektuellen und Künstlern wie Ai Weiwei wird nur noch vorsichtig hinter verschlossenen Türen geäußert. Gleichzeitig lamentiert die Führung in Peking, das in den westlichen Medien vermittelte Chinabild sei viel zu negativ. Auch erfahrene westliche Politiker wie Angela Merkel gehen der chinesischen Propaganda auf den Leim. Vielleicht hätten deutlichere Worte damals Peking gewarnt. Vielleicht hätte die angespannte Lage, in der sich die Welt zehn Jahre später befindet, vermieden werden können. Denn in welche Richtung China unter Xi Jinping steuerte, ist auch damals schon klar erkennbar.

»Wir müssen mit unbeugsamem Willen voranschreiten und die große Idee des Sozialismus mit chinesischen Charakteristika verbreiten!« Xi Jinping

Ende September 2014 verhängen die Richter in Peking nach nur zwei Verhandlungstagen ein Urteil, das selbst für chinesische Verhältnisse eine Farce ist. Der uigurische Wirtschaftsprofessor Ilham Tohti wird wegen »Separatismus« zu einer lebenslangen Haftstrafe verurteilt. Tohti gilt als einer der wenigen prominenten Fürsprecher der uigurischen Sache. Das muslimische Turkvolk lebt in Chinas Nordwest-Provinz Xinjiang. Ähnlich wie die Tibeter leiden die Uiguren unter der Dominanz der Han-Chinesen. Eine internationale Galionsfigur wie den Dalai Lama aber haben sie nicht.

Das harte Urteil gegen Tohti 2014 verschreckt damals viele Beobachter, die auf eine Liberalisierung des Landes gehofft haben. Auch die Meinungs- und Pressefreiheit wird nun wieder stärker eingeschränkt. Die »Verbreitung von Gerüchten« im Internet steht unter Strafe, zahlreiche Blogger werden verhaftet, Journalisten müssen Marxismus-Kurse besuchen. Die Demokratiebewegung in Hongkong wird im Sommer 2014 niedergeschlagen. In Xinjiang, der Heimatprovinz von Tohti, wird ein Lagersystem errichtet, in dem Gehirnwäsche und Überwachung für Millionen zum Alltag geworden sind.

Scheinbar mit Erfolg hat Präsident Xi die Korruption bekämpft. Doch die öffentlichkeitswirksamen Kampagnen, bei denen wöchentlich prominente Sünder im Staatsfernsehen vorgeführt wurden, packen die Probleme nicht an der Wurzel. Eine unabhängige Kommission oder gar eine Veröffentlichungspflicht der Nebeneinnahmen der Abgeordneten fehlen bis heute. Desmond Shum war über viele Jahre

Teil dieses Systems. Durch seine Frau, die Milliardärin Duan Weihong, profitierte er in den Neunziger- und Nullerjahren vom Beziehungsgeflecht der »roten Aristokratie«. Duan und Shum bauten unter anderem das Frachtterminal des Peking-Flughafens. 2017 verschwand Shums Frau spurlos – vermutlich, weil sich die Machtstrukturen innerhalb der Partei verändert hatten und ihr Wissen für die neuen Herrscher rund um Xi Jinping zu gefährlich geworden war. Der mittlerweile im Exil lebende Shum schildert dies in seinem 2021 erschienenen Buch *Chinesisches Roulette: Ein Ex-Mitglied der roten Milliardärskaste packt aus*.

Shum macht sich keine Illusionen darüber, dass die Korruption wirksam bekämpft worden sei. Vielmehr seien die mafiaähnlichen Strukturen systemimmanent: »Die rote Aristokratie ist sehr geschlossen. Ihre Mitglieder besuchen andere Schulen als der Rest der Bevölkerung, sie heiraten oft untereinander, und die Macht wird von einer Generation zur nächsten weitergegeben – Xi Jinping ist der Sohn eines kommunistischen Führers der ersten Generation«, sagt er Anfang 2022 in einem Interview mit dem Magazin *Schweizer Monat*.

Ein freieres Land ist China seit Xis Amtsantritt nicht geworden, im Gegenteil. In den meisten gesellschaftlichen und politischen Bereichen hat er die Schrauben angezogen. »Autoritär war die Kommunistische Partei schon immer«, so Shum. »Nun aber geht sie mehr und mehr von einem autoritären zu einem totalitären Modell über. Sehen Sie sich an, wie das Regime die Bevölkerung mit Hunderten von Millionen von Überwachungskameras im ganzen Land überwacht.«

In den ersten Jahren nach der Regierungsübernahme von Xi Jinping waren die Aufstiegserfahrungen von 100 Millionen Menschen noch prägend. Wann immer man mit Menschen sprach, die vor 1990 geboren waren, erzählten sie von bitterer Armut, der sie nun entkommen waren. Dies war das Fundament, das die Legitimität der Partei in der Bevölkerung trug. Die Immobilienkrise, die Überalterung und die massive Überwachung der eigenen Bevölkerung legen nahe, dass das Fundament bröckelt. Nicht nur für den Westen und zahlreiche Nachbarstaaten Chinas ähnelt der chinesische Traum einem Albtraum. Auch die Chinesen selbst dürften sich allmählich fragen, ob die von Xi Jinping angekündigte nationale Renaissance wirklich in ihrem Sinne ist.

Um zu verstehen, weshalb der Begriff »Renaissance« überhaupt so verfängt, hilft ein Blick in die chinesische Geschichte. Denn während im Westen für die meisten Menschen das rasante Wirtschaftswachstum des Landes eine neue und einzigartige Entwicklung ist, sieht man dies in China eher als Rückkehr zu Normalität.

3.

AUFSTIEG ODER RENAISSANCE?

> »Es ist nämlich mit Worten nicht zu beschreiben, wie bei den Chinesen alles angelegt ist auf den öffentlichen Frieden hin und auf die Ordnung des Zusammenlebens der Menschen.«
>
> GOTTFRIED-WILHELM LEIBNIZ

Welch ein gewaltiges Schauspiel: Am 11. Juli 1405 schiffen sich 27 800 Mann in der Küstenstadt Nanjing ein. 250 Schiffe sind es wohl insgesamt, manche von ihnen größer als alles, was die Welt davor gesehen hat. »Schatzschiffe« heißen die Kolosse, die bis zu neun Masten haben und über 80 Meter Länge messen – in etwa vier Mal so groß wie die Santa Maria, das Flaggschiff von Christoph Kolumbus. In ihnen befinden sich Vorratskammern und ganze Ställe für Tiere.

Hinzu kommen viele kleinere Boote: traditionelle Dschunken, Erkundungsboote und nicht zuletzt auch Kriegsschiffe. Als die gewaltige Flotte in See sticht, färbt sich der Himmel rot, zumindest wirkt es so, denn das ist die Farbe der Segel.

Die Chinesen bestimmen den Breitengrad mit »Sternenbrettern«, mit denen sie die Höhe des Polarsterns messen können. Die Männer auf den verschiedenen Schiffen kommunizieren mit Flaggen, Trommeln und Brieftauben. Ein »nasser Kompass«, eine im Seewasser schwimmende Nadel, zeigt ihnen die Himmelsrichtung.

Eine der ersten Stationen der gewaltigen Armada ist das Königreich Champa im heutigen Vietnam. Die Flotte überbringt die Grüße des Ming-Kaisers aus Peking und tauscht einige Waren. Von dort aus geht es weiter Richtung Süden zur Insel Java. Auch hier werden lokale Königs- und Fürstentümer kontaktiert und Handelsgüter ausgetauscht. Das Ende der Reise aber ist noch lange nicht in Sicht. Die Schiffe durchqueren die Meerenge bei Malakka, dem heutigen Singapur. Anfang 1406 erreicht die Flotte das heutige Sri Lanka. Hier verläuft der Kontakt mit den Einheimischen weniger friedlich: Der König der Insel fühlt sich bedroht, es kommt zu gewaltsamen Zusammenstößen. Die chinesische Flotte verlässt Sri Lanka und erreicht 1407 Kalikut auf dem indischen Subkontinent – zu dieser Zeit ein bedeutendes Handelszentrum, in dem Kaufleute aus dem Nahen Osten, Afrika und Persien aufeinandertreffen. Auf dem Rückweg im Jahr 1407 nimmt Admiral Zheng He noch einen mächtigen Piraten auf der Insel Sumatra gefangen und bringt ihn am 2. Oktober 1407 zurück nach Nanjing, dem Ausgangspunkt seiner Reise.

Der Admiral, der diese gewaltige Expedition anführt, ist in China fast so bekannt wie Christoph Kolumbus. Im Westen dagegen haben die meisten den Namen Zheng He nie gehört. Wer also ist der chinesische Seefahrer? Auch wenn die historischen Quellen lückenhaft und ungenau sind, dürfte er 1371 als Sohn eines muslimischen Adeligen geboren worden sein. Ma Sanbao ist sein Geburtsname. Drei Jahre zuvor sind in China die mongolischen Fremdherrscher der Yuan-Dynastie vertrieben worden. Unter den neuen Machthabern, den Ming-Kaisern, kommt es zu einer Restauration konfuzianischer Werte und Kultur. Doch im Südwesten des Landes, der heutigen Provinz Yunnan, halten sich Reste der Yuan-Dynastie. 1381 senden die neuen Herrscher eine Strafexpedition in die Bergregion. Ma Sanbaos Vater wird getötet, er selbst gerät in Gefangenschaft und wird an den Hof des Prinzen Zhu Di gebracht. Dort fällt er schnell aufgrund seiner Bildung und Intelligenz auf; man befindet ihn als geeignet für eine Karriere am Hof. Das beinhaltet allerdings die grausame Praxis der Kastration, die sich bis zum Sturz des Kaisertums 1911 halten wird. Sie soll sicherstellen, dass kein zeugungsfähiger Mann den Harem des Kaisers betritt.

Als Eunuch macht Ma Karriere, bereits im Alter von 20 Jahren ist er General. Im kurzen Thronfolgekrieg unterstützt er Zhu Di, der als neuer Kaiser Yong-Le bekannt wird. Dieser geht auch deshalb als einer der bedeutendsten Herrscher des Landes in die Geschichte ein, da er Peking zur Hauptstadt macht und dort die Verbotene Stadt errichtet. Ma Sanbao befördert er und gibt ihm den Namen Zheng He. 1403 beauftragt er ihn, den Bau einer Flotte zu beaufsichtigen. Der Kaiser will den Einfluss seines Reiches ausdehnen und Chinas Macht nach der Fremdherrschaft der Mongolen restaurieren. Knapp zwei Jahre später ist es so weit, und die wohl bis dato größte Flotte der Welt sticht ins Meer.

Dabei ist die Expedition zwischen 1405 und 1407 nur der Auftakt zu einer kurzen Periode, in der China seine Arme nach der Welt streckt. Insgesamt sieben Reisen unternimmt Zheng He. Noch im Jahr der Rückkehr von seiner ersten Expedition bricht eine zweite Flotte auf. Sie folgt im Großen und Ganzen der Route der ersten, knüpft aber auch Kontakte mit dem Königreich Ayuthaya im heutigen Thailand. 1410 segelt die Flotte abermals nach Sri Lanka und greift den dortigen König an. Zheng He siegt und installiert einen ihm wohlgesonnenen König. Sein Widersacher aber wird gefangen genommen und nach China gebracht. Als Zeichen seines Sieges lässt Zeng He in Sri Lanka eine Stele mit einer Inschrift in persischer, chinesischer und tamilischer Sprache errichten.

1413 wagen sich die chinesischen Schiffe noch weiter Richtung Westen: Zheng He erreicht Hormus am Persischen Golf, damals eine lebhafte Handelsstadt (heute ist die Region vor allem wegen ihrer Öltransporte bekannt). Zheng kehrt mit Abgesandten und Geschenken nach China zurück. Der Kaiser wiederum bedankt sich mit Seide und Papiergeld. 1419 erreichen seine Schiffe Aden im Jemen, Mogadischu und sogar Mombasa im heutigen Kenia. Hier sind es vor allem exotische Tiere, Giraffen, Löwen und Elefanten, die der Admiral in den Bäuchen der riesigen Schiffe nach China bringt.

Anders als die Expeditionen der Portugiesen und Spanier keine 100 Jahre später lohnen sich Zheng Hes Fahrten finanziell nicht. Im Gegenteil: Die gewaltigen Unternehmen mit Hunderten Schiffen und Tausenden von Soldaten verschlingen Unsummen. Sie ähneln eher großen Prunkfahrten mit dem Ziel, die Macht des Kaisers auch außerhalb Chinas bekannt zu machen. Gleichzeitig aber ist das Reich im Norden von nomadischen Reiterstämmen bedroht. Der Krieg und nicht zuletzt der Bau der Verbotenen Stadt belasten den Staatshaushalt. Den wenig an Expansion gelegenen konfuzianischen Beamten am Hof sind die teuren Expeditionen des Groß-Eunuchen deswegen schon lange ein Dorn im Auge. 1420, nach 14 Jahren Bauzeit, ist der gewaltige Regierungssitz fertiggestellt. Hunderttausende Sklaven und Kunsthandwerker sollen daran gearbeitet haben.

Zheng He stirbt 1433 auf seiner letzten großen Expedition, die den Moslem sogar bis nach Mekka geführt haben soll. Nach seinem Tod verschiebt sich der Fokus der kaiserlichen Politik. Nicht nur, dass die Flotte verfällt und der Bau neuer großer Schiffe verboten wird, auch die Archive und Aufzeichnungen über die sieben Expeditionen sollen vernichtet werden – als habe es Zheng He und seine Expeditionen nie gegeben. So bestimmen es die Mandarine, die ihre Macht vergrößern wollen und nun Einfluss auf den Kaiser haben.

Zheng He hinterlässt dennoch tiefe Spuren. Was bleibt, ist das Bewusstsein der Chinesen, Teil des größten und wichtigsten Reichs der Welt zu sein. Ursprünglich bezeichnete der Begriff »Reich der Mitte« die geografische Lage einiger Fürstentümer am Gelben Fluss. Bald aber wurde die Bezeichnung »Zhong Guo« zu einem Begriff für das kulturell höher entwickelte Reich der Han-Chinesen. In unmittelbarer Nachbarschaft zum Kaiserreich waren nur Barbarenstämme und wesentlich kleinere Königreiche bekannt. Um das China von heute und das Selbstverständnis der Kommunistischen Partei besser zu verstehen, hilft es, einen kurzen Blick auf die Jahrhunderte zu werfen, die auf die gewaltigen Expeditionen Zheng Hes folgten.

Mitte des 15. Jahrhunderts verschließt sich China. Die Verbotene Stadt in Peking wird zu einem hermetisch abgeriegelten Staat im Staat, in dem Hunderte von Eunuchen mit dem Kaiser und seinen Konkubinen leben. 1644 werden die Ming-Kaiser von den Mandschus gestürzt. Unter der Qing-Dynastie, wie die knapp 300 Jahre währende Herrschaft in China genannt wird, erreicht das Kaiserreich seine größte Ausdehnung: Tibet, Xinjiang, die Insel Taiwan und zahlreiche weitere Gebiete werden erobert. Die Macht des Kaisers und der Reichtum des Landes müssen nun nicht mehr propagiert und im Ausland bekannt gemacht werden. China genügt sich selbst. Auch wirtschaftlich erreicht das Kaiserreich einen Höhepunkt. Im Land entsteht eine Art Kreislaufwirtschaft; heute würde man von einem »starken Binnenkonsum« sprechen. Zahlreiche Kleinbauern produzieren erstmals mehr, als sie selbst konsumieren können. Der Handel floriert und wird von den Mandschu-Kaisern geschickt gefördert. In den Städten entsteht eine Art frühe Mittelschicht. Teile des Überschusses von Reis und Weizen werden in staatlichen Speichern eingelagert und bei drohenden Hungersnöten unter dem Marktpreis verkauft – eine Frühform von sozialer Marktwirtschaft, wenn man so will. Der Staat greift in Notzeiten schützend in marktwirtschaftliche Prozesse ein.

Der Wohlstand ermöglicht es den Gelehrten, sich auf Wissenschaft und Technik zu konzentrieren. Egal ob Astronomie, Medizin, Papier- und Porzellanherstellung, Textilproduktion oder Nutzung von Wind- und Wasserkraft: China ist führend.

Auch im fernen Europa bleibt der Reichtum des Landes den oberen Schichten nicht verborgen. Es sind vor allem jesuitische Missionare, die Wissen über das Reich der Mitte nach Europa bringen. Einer von ihnen, der Franzose Jean-Baptiste Du Halde, veröffentlicht 1735 – obwohl selbst nie in China gewesen – die vierbändige China-Enzyklopädie *Déscription de la Chine et la Tatarie Chinoise (Beschreibung Chinas und der chinesischen Tatarei)*. Der französische Philosoph Voltaire schwärmt daraufhin von einer idealen Gesellschaft im Fernen Osten.

Zunächst ist es vor allem das chinesische Porzellan, das in Europas Adelshäusern zum begehrten Statussymbol wird. Europäische Handwerker geben sich alle Mühe, das blauweiße Geschirr zu kopieren. Fayence-Manufakturen entstehen überall auf dem Kontinent. Bald richtet sich ein ganzer Kunstzweig, bekannt als Chinoiserie, nach den chinesischen Originalen: Bilder, Möbel, Wandschirme, sogar Pagoden werden errichtet. Für den preußischen König Friedrich II. darf ein chinesisches Teehaus nicht fehlen, als er Schloss Sanssouci errichten lässt.

Auch die China-Begeisterung des deutschen Philosophen Gottfried Wilhelm Leibniz ist gut belegt. »Es ist nämlich mit Worten nicht zu beschreiben, wie bei den Chinesen alles angelegt ist auf den öffentlichen Frieden hin und auf die Ordnung des Zusammenlebens der Menschen«, schwärmte er. Dem Gelehrten soll ein Kultur- und Technologietransfer von Ost nach West »zum Wohle der gesamten Menschheit« vorgeschwebt haben, wobei Russland eine Mittlerfunktion zukommen solle.

Wirtschaftlich ist China über die Jahrhunderte unangefochten weltweit führend. Im 15. und 16. Jahrhundert, so schätzt man heute, macht die chinesische Wirtschaftsleistung rund ein Drittel der globalen Gesamtökonomie aus. Nähme man Indien hinzu, käme man auf weit über die Hälfte.

In Peking ist man sich der eigenen Macht durchaus bewusst. Es gibt schlicht keinen Nachbarstaat mehr, der nicht in irgendeiner Weise die Oberherrschaft des Kaisers anerkennt. Tribute treffen aus Korea, Japan, Okinawa, Tibet, Thailand und Burma in der Verbotenen Stadt ein. Außenhandel hat das Kaiserreich nicht nötig – es gibt kaum Güter, die China nicht selbst besser, elaborierter und günstiger herstellen könnte.

Und so zeigt sich Kaiser Qianlong 1793 auch über die Gesandtschaft aus einem fernen kalten Königreich verwundert. Ein Jahr zuvor war der britische Adelige Lord George Macartney von London aus aufgebrochen, um dem Kaiser in China seine Aufwartung zu machen: Seine drei Schiffe tragen Wissenschaftler, Künstler, Diener und Soldaten. Sein Auftrag: mit dem Herrscher in Peking einen Freundschafts- und Handelsvertrag abzuschließen. Gerne wolle man englische Textilien gegen Tee, Seide und andere Kostbarkeiten tauschen. Den Unmut des 80-jährigen Qianlong zieht sich Macartney wohl gleich zu Beginn zu, weil er im Sommerpalast in Peking zwar das Knie vor dem Kaiser beugen will, einen Kotau, eine tiefe Verbeugung, aber verweigert. Von dem vorgeschlagenen Handelsabkommen hält Qianlong nichts. China benötige nichts, was es nicht selbst herstellen könne, lautete die Antwort an Macartney. »Die demütigen Gaben« des fernen Königs nehme man »nur aus Höflichkeit und Respekt an«, übersetzen Jesuiten-Pater die Worte Qianlongs.

Die historisch oft überhöht dargestellte Anekdote zeigt doch, wie sich das chinesische Kaiserreich im 18. Jahrhundert selbst sah: allmächtig, autark, sich selbst genügend. Tatsächlich aber dürfte die Reaktion des alten chinesischen Kaisers auch die Selbstüberschätzung zum Ausdruck bringen, die jedem Verfall vorausgeht. Denn 1793 hat das chinesische Kaiserreich den Zenit seiner Macht bereits überschritten. Am anderen Ende der Welt beginnt eine neue Zeit: Wehrpflicht, Schulpflicht und die nun in Großbritannien einsetzende Industrialisierung beflügeln die europäischen Nationen und leiten das Zeitalter des Kolonialismus ein. Der durch die Massenproduktion geschaffene Überschuss braucht neue Absatzmärkte, und die europäischen Mächte haben die militärischen Mittel, diese weltweit zu öffnen. Missionseifer und der Glaube an die Überlegenheit der westlichen Kultur schaffen den ideologischen Überbau für die globale Expansion.

Sowohl die europäische Dominanz als auch der eigene Verfall werden in der Verbotenen Stadt zunächst ignoriert. Letzterer beginnt Ende des 18. Jahrhunderts und wird im 19. Jahrhundert immer offensichtlicher. Ein Grund hierfür dürfte eine Bevölkerungsexplosion gewesen sein. Aus dem amerikanischen Kontinent eingeführte Lebensmittel wie die Kartoffel, Chili, Aubergine und Paprika führen zu einer besseren Versorgung und einer steigenden Geburtenrate. Lebten zu Zheng Hes Zeiten Anfang des 15. Jahrhunderts etwa 60 Millionen Menschen in China, sind es im Jahr 1850 bereits 400 Millionen. Der Anstieg ist in den letzten 100 Jahren besonders rasant und führt zu sozialen Spannungen. Hinzu kommt eine für das Kaiserreich fatale Entwicklung im Außenhandel.

Tee aus China ist für die feine Gesellschaft in England im frühen 19. Jahrhundert so etwas wie Avocados für Hipster in New York Anfang des 21. Jahrhunderts. Die Leute wollen es haben, jeden Tag, auch wenn es vom anderen Ende der Welt kommt. Denn Tee wird damals hauptsächlich in China angebaut. Schiffe der britischen Ostindien-Kompanie bringen ihn aus dem südchinesischen Kanton, dem heutigen Guangzhou, nach London. Kanton, das heutige Guangzhou, ist der einzige Hafen, in dem die Kaiser den Europäern Handel erlauben. Die Ware bezahlen die Engländer mit der damaligen chinesischen Landeswährung Silber. Da die Nachfrage nach Tee rasant wächst und deswegen immer mehr Silber Großbritannien verlässt, überlegt man sich in London, wie man die Chinesen alternativ bezahlen kann: Man kommt darauf, dass das in den indischen Kolonien angebaute Opium sich hervorragend als Tauschmittel eigne: Weil es süchtig macht, sei die Nachfrage danach geradezu unendlich.

Das funktioniert aus britischer Sicht ganz gut: Um 1830 herum steigt die Anzahl der opiumabhängigen Chinesen rasant. Die einschläfernde Wirkung (Opium ist der Grundstoff, aus dem später Heroin gewonnen wird) zersetzt nach und nach Wirtschaft und Gesellschaft des Kaiserreichs: Am Ende des 19. Jahrhunderts sollen bis zu zehn Prozent der chinesischen Bevölkerung opiumabhängig sein. Am Hofe in Peking entschließt man sich deswegen zu einem Verbot. Im Hafen von Kanton lässt der Gouverneur die Ware britischer Opiumhändler beschlagnahmen und öffentlich vernichten. Der Kaiser will das Reich außerdem komplett für den Außenhandel mit Europäern sperren.

Weil englische Kaufleute um ihre Ware gebracht wurden, entschließt man sich in London zu einer »Strafexpedition«. In der Folge kommt es zu den zwei »Opiumkriegen«, die noch heute im kollektiven Gedächtnis der Chinesen eine große Rolle spielen und das Bild westlicher Mächte prägen. Das Kaiserreich verliert beide Kriege deutlich. Die Briten sichern sich Hongkong als Kronkolonie und überschwemmen das Festland mit noch mehr Opium. Die Versorgung der britischen Gesellschaft mit Tee ist gesichert, die Zahlungsschwierigkeiten mit Silber gehören der Vergangenheit an.

In der Folge beginnt für China das »Jahrhundert der Demütigungen«, das in der aktuellen chinesischen Geschichtsschreibung erst 1949 enden soll. Nach den Opiumkriegen sichern sich nicht nur Briten Territorien und Handelsstützpunkte. Auch Missionare sollen sich frei bewegen dürfen und Ausländer immun gegenüber den chinesischen Gesetzen sein. Im Rahmen der »ungleichen Verträge« schneiden sich mehrere Kolonialmächte Teile aus dem Kaiserreich heraus. Die Franzosen errichten eine »Konzession« in Shanghai, die architektonisch mit ihren Platanen und kleinen Häusern noch immer die Stadt prägt. Russland besetzt Teile

Nordostchinas und baut dort den Pazifikhafen Wladiwostok. Sogar das Deutsche Reich sichert sich nach dem Boxeraufstand eine Kolonie in der nordchinesischen Stadt Qingdao. Aus der damals gegründeten deutschen Brauerei kommt übrigens noch heute das beliebteste Bier der Volksrepublik »Tsingtao«.

Die wirtschaftlichen Probleme und die Schwäche der Zentralregierung führen immer wieder zu Aufständen. Die Taiping-Rebellion, die Zentralchina von 1850 bis 1864 verwüstet, gilt als der blutigste Bürgerkrieg der Geschichte. Er dürfte bis zu 30 Millionen Menschen das Leben gekostet haben. Nanjing, von wo aus einst die mächtigen Dschunken Zheng Hes in See stachen, wird zerstört.

Noch folgenreicher als die Kriege mit den europäischen Kolonialmächten aber ist der Konflikt mit dem Japanischen Kaiserreich. Als einzigem Staat Asiens ist es dem Inselreich gelungen, die Wirtschaft zu industrialisieren und das Militär nach europäischem Vorbild zu modernisieren. Seinen Expansionsdrang richtet Japan zunächst gegen China. Im Vertrag von Shimoneseki 1895 muss die regierende Kaiserin-Witwe Cixi einem demütigenden Frieden zustimmen: Japan besetzt die Insel Taiwan (und schafft damit die Grundlage für den heutigen Konflikt um die Insel) sowie das als Mandschurei bekannte Nordostchina und zwingt dem Qing-Reich gewaltige Reparationen auf – welche die wirtschaftliche Misere im Land weiter verschärfen. Im Reich gärt es, und 1912 kommt es zur Revolution. Sun Yatsen ruft die Republik aus und beendet das über 2000 Jahre währende Kaiserreich.

China verfällt für Jahrzehnte in einen Bürgerkrieg, den sich vor allem Japan ab 1933 zunutze macht, indem es noch größere Teile des Landes besetzt. Nach der bedingungslosen Kapitulation Japans im Zweiten Weltkrieg 1945 bekämpfen sich die Kommunisten unter Mao Zedong und die Republik-Partei der KMT (Kuomintang) unter Chiang Kai-shek noch vier weitere Jahre, bis dieser 1949 auf die Insel Taiwan flieht und sich unter amerikanischen Schutz stellt.

Aus dem Land, von dem vor 200 Jahren noch die Philosophen Leibniz und Voltaire geschwärmt haben, ist ein Trümmerfeld geworden. Allein in den Weltkriegsjahren 1939 bis 1945 sterben 20 Millionen Chinesen, die meisten von ihnen Zivilisten. 40 Prozent der Bevölkerung werden zu Flüchtlingen.

Chinas Anteil am Welthandel, der einst ein Drittel ausgemacht hat, ist auf nicht einmal vier Prozent geschrumpft. Die Mehrheit der armen Bauern ist deswegen empfänglich für die Botschaft der Kommunisten und erlebt die Ausrufung der Volksrepublik zunächst als Befreiung. Die Aufbruchstimmung der ersten Jahre der kommunistischen Herrschaft hält jedoch nicht lang. Maos wahnsinnigen Kampagnen wie »Der Große Sprung nach vorn« zerstören schnell, was an Wiederaufbau der Chinesen geleistet worden ist. Die Kulturrevolution, die Mao 1966 anzettelt, um seine Herrschaft zu sichern, stürzt das Land nochmals zehn Jahre lang ins Chaos. Erst nach Maos Tod 1976 erholt sich China. Maßgeblich dafür sind die marktwirtschaftlichen Reformen unter Deng Xiaoping, der in den 1980ern den Grundstein für das chinesische »Wirtschaftswunder« legt.

Aus historischen Tatsachen und Entwicklungen aus der Vergangenheit eine Notwendigkeit abzuleiten, ist ein heikles und meistens kein aufrichtiges Unterfangen. Weltreiche blühen auf und verfallen. Wer sich auf vergangene Größe beruft und daraus Ansprüche für die Gegenwart formuliert, läuft meist Gefahr, die Ideologie über die Realität zu stellen – die imperialen Ambitionen von Mussolini und Hitler, die das Römische Reich beziehungsweise das Deutsche Reich wiedererrichten wollten, zeugen davon. Auch die aktuelle, revanchistische Politik des russischen Präsidenten Wladimir Putin trägt solche Züge.

Gleichzeitig lässt es sich nicht leugnen, dass die chinesische (Wirtschafts-)Geschichte eine des Verfalls und Wiederaufstiegs ist. Im chinesischen Bildungskanon spielt Geschichtswissen eine größere Rolle als im Westen. Auch wirken viele Chinesen wesentlich besser über historische Zusammenhänge informiert, als dies im Westen der Fall ist.

Aus chinesischer Sicht war die eigene Heimat die meiste Zeit der Geschichte der Hegemon Ostasiens und zudem ein Land, in dem Wissenschaft, Technik und Kunst gediehen. Chinesische Erfindungen vom Kompass bis zum Papiergeld prägten die ganze Welt. Erst Mitte des 19. Jahrhunderts begann dieser Lesart zufolge der Verfall, der von westlichen und japanischen Kolonialmächten teils brutal ausgenutzt wurde. Als die Kommunisten unter Mao Zedong 1949 die Volksrepublik ausrufen, ist dies der Nullpunkt der chinesischen Geschichte. Das »Jahrhundert der Demütigungen« endet, und Chinas Wiederaufstieg kann beginnen.

So zumindest stellt es die Propagandamaschinerie der Kommunistischen Partei Chinas dar – und greift dabei auch auf den berühmten Admiral aus dem 15. Jahrhundert zurück: Es sollte ein halbes Jahrtausend dauern, bis Zheng He nach seinen großen Entdeckungsreisen als Propagandawerkzeug der Partei wiederentdeckt wurde. In den Achtzigerjahren ließ Deng Xiaoping den Admiral zum nationalen Vorbild erklären.

Der 11. Juli ist seit 2005, dem 600. Jahrestags von Zheng Hes Reise, der Tag der Seefahrt in China. Nicht nur das, Zheng He wird heute in Tempeln verehrt, es gibt Musicals, Theaterstücke und Comics über ihn. Auch tauchen Theorien auf, wonach Zheng He ostwärts über den Pazifik gesegelt sei und dort wenige Jahrzehnte vor den Europäern den amerikanischen Kontinent entdeckt haben soll.

»Damals haben wir niemandem geschadet, warum sollten wir es heute tun?«, fragt in schlichter Logik das Parteiblatt *China Daily*. »Die plötzliche Prominenz Zheng Hes spiegelt den brennenden Willen wider, die unaggressive Natur unserer Stärke zu beweisen.«

Es lässt sich lange darüber diskutieren, von welchem Zeitpunkt an dieser Wiederaufstieg nicht mehr so »unaggressiv« war, wie es die Parteizeitung darstellt. Eine wichtige Rolle bei der vermeintlichen Renaissance Chinas spielen die Ereignisse in Hongkong 2019.

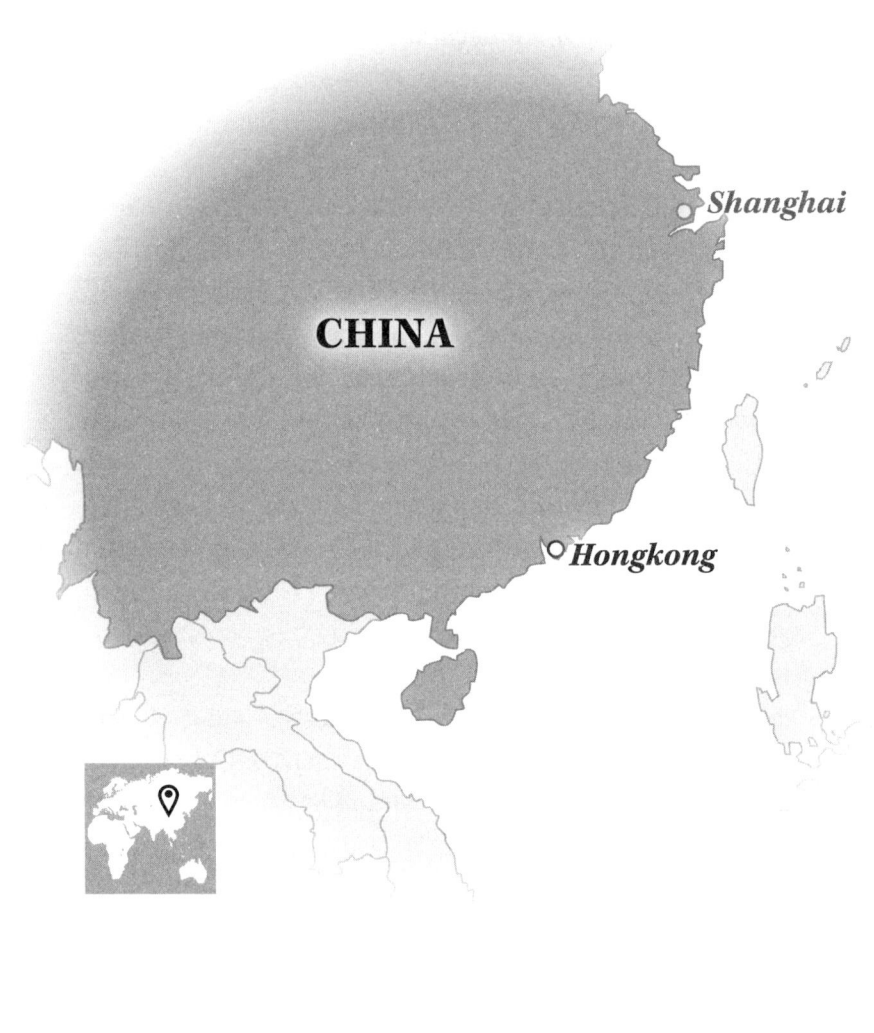

4.

WIE HONGKONG SEINE FREIHEIT VERLOR

»Das sozialistische System und die Politik der Volksrepublik sollen in der Sonderverwaltungszone Hongkong nicht praktiziert werden.«

BASIC LAW, HONGKONG

Im Dezember 2019 sind Benny Tai und seine Mitstreiter siegessicher. Den Professor an seinem Arbeitsort an der Hongkong-Universität zu erreichen, ist nicht ganz einfach. Nach monatelangen Protesten der Studenten sind die Haupteingänge blockiert. Wachleute kontrollieren rigoros die Besucher. Auf dem Gelände selbst herrscht eine gespenstische Atmosphäre. Graffitis prangen auf vielen Wänden, »HKU Revolt« und »Democracy Now!« ist auf ihnen zu lesen.

Gerade erst haben in Hongkong Kommunalwahlen stattgefunden. Politisch sind sie wenig bedeutsam, doch die hohe Wahlbeteiligung und der Sieg der Kandidaten aus dem Demokratielager haben das Narrativ Pekings, wonach nur ein kleiner Teil der Bevölkerung zu den Demonstranten stehe, als Propaganda entlarvt. Das nämlich ist die Botschaft tagein, tagaus in den gleichgeschalteten Medien des Festlands: Wilde Randalierer, Chaoten und ausländische Agenten legen seit Monaten mit ihren Aktionen die Finanzmetropole an der Südspitze des Landes lahm. Die Propaganda hinterlässt Spuren: Denn aufgrund der Berichterstattung sind die Besucherzahlen vom Festland eingebrochen. Tourismus und Einzelhandel darben. Hotels und viele der dicht gesäten Luxusboutiquen in Hongkong Central stehen leer.

Benny Tai sitzt in seinem kleinen, mit Büchern und Instrumenten vollgestellten Büro. Anfang des Jahres ist der Professor wegen »Anstiftung und Verschwörung zur Störung der öffentlichen Ordnung« zu 16 Monaten Haft verurteilt, dann aber auf Kaution freigelassen worden. Analysten und Kenner Pekings fürchteten in diesen Tagen, Xi Jinping könne demnächst die Armee schicken, um die Protestbewegung mit Gewalt niederzuwerfen, ähnlich wie 1989. Tai aber sieht das entspannt. Er ist sich sicher, dass der Sieg der Demokratiebewegung unmittelbar bevorsteht.

»Die Polizei von Hongkong hat ihr Gewaltpotenzial ausgereizt«, sagt er. »Die einzige Chance, die sie im Moment hat, ist nachzugeben. Und wir halten den Druck aufrecht. Das ist wie ein physikalisches Gesetz: Wenn du nicht mehr Druck ausüben kannst, musst du nachgeben.«

Der Jura-Professor Tai hat sich bereits 2014 für die »Umbrella«-Bewegung eingesetzt. Damals waren Tausende Studenten auf die Straße gegangen, um gegen eine Wahlrechtsänderung zu protestieren. Jetzt, Ende 2019, geht es um mehr. Anlass ist ein geplantes Gesetz, das es Hongkong erlauben würde, Straftäter an das Festland auszuliefern.

Anfang Juni gehen mehrere Millionen Menschen auf die Straße, um gegen den Entwurf zu protestieren. Die Polizei reagiert mit Gewalt. Auch Schlägertrupps der Triaden sollen im Bündnis mit der Kommunistischen Partei gegen die Studenten vorgehen. Die Medien auf dem chinesischen Festland geben sich alle Mühe, die Demonstranten als Chaoten und Randalierer darzustellen. Ausländische Agenten würden die Proteste anfachen.

Doch das stimmt nicht. Auch wenn es vereinzelt unter den Studenten auch zu Gewaltanwendung kommt, verhalten sich diese zum allergrößten Teil friedlich. Zudem sind die Ziele der Bewegung klar umrissen.

Tai und die Studenten haben fünf Forderungen: Aufarbeitung der Polizeigewalt, Amnestie für die Studenten, Stopp der Bezeichnung der Proteste als »Krawalle«, Rücknahme des Auslieferungsgesetzes und vor allem freie Wahlen. Tai setzt darauf, die Wirtschaft der Stadt auf seine Seite ziehen und Peking mit internationalem Druck Zugeständnisse abringen zu können. »Spätestens 2027 werden wir freie Wahlen haben«, sagt Tai. Doch es kommt anders.

Der Foreign Correspondent Club in der Lower Albert Street in Central Hongkong ist ein Ort, in dem man das 20. Jahrhundert noch heute riechen und anfassen kann. Auch wenn viele ausländische Korrespondenten die Stadt längst verlassen haben, atmet der Ort noch immer den Geist einer vergangenen Zeit, in der die Stadt das Tor zum Festland war. An der Decke schaufeln Ventilatoren pro forma Luft durch den mit Teakholz gekachelten Raum, den längst Klimaanlagen kühlen. Asiatische Kellner in Uniformen servieren weißen Journalisten Fish and Chips und Sheperd's Pie. Auf den Tischen stehen nicht selten schon mittags Weinflaschen, und an den Wänden hängen Fotografien von berühmten Kriegskorrespondenten sowie Titelblätter historischer Ereignisse. Eines zeigt einen im Meer versinkenden Union Jack, über den sich erstaunt Britannia beugt. »Our Betrayal of Hongkong« steht darunter, »Unser Verrat an Hongkong«. Es ist das Titelblatt des *Spectator* vom 3. Juli 1997, dem Tag, an dem die damalige britische Kronkolonie an das chinesische Festland übergeben wurde. 25 Jahre später wirkt das Bild aus der Zeit gefallen und zugleich verstörend aktuell.

Hongkong war jahrzehntelang Außenposten, Oase und Sprungbrett der freien Welt nach China. Besonders auf Hongkong Island, dem alten kolonialen Zentrum der Stadt, sind die Spuren dieser Zeit noch leicht zu finden.

1843, im ersten Opiumkrieg, hatte Großbritannien dem Qing-Kaiserreich die Insel abgerungen. Schließlich musste Peking 1899 nochmals Teile des Festlandes gegenüber der Insel Hongkong, die sogenannten *New Territories*, für 99 Jahre an Großbritannien verpachten.

Bis heute werden diese Abkommen aus dem 19. Jahrhundert von Peking als »Ungleiche Verträge« bezeichnet. Die Rücknahme aller dort beschlossenen Punkte war seit jeher Ziel der Kommunistischen Partei Chinas. Die Vereinten Nationen gaben der Volksrepublik prinzipiell recht. Und als Deng Xiaoping in den Achtzigerjahren mit der britischen Premierministerin Margaret Thatcher über die vertraglich vereinbarte Rückgabe des Gebietes im Jahr 1997 zu verhandeln begann, war schnell klar, dass es nicht nur um die »New Territories«, sondern um die gesamte Kronkolonie ging.

Damals machte die Wirtschaftsleistung Hongkongs knapp 20 Prozent der des Festlandes aus, obwohl jenseits der Grenze 1,3 Milliarden Menschen lebten, während die Kronkolonie sechs Millionen Einwohner hatte. Thatcher und andere westliche Beobachter zogen durchaus in Betracht, dass es zu einem »Reverse Takeover« kommen könne – dass nicht die Volksrepublik Hongkong übernehmen würde, sondern umgekehrt, Hongkong China öffnen und liberalisieren würde. Ein Trugschluss, dem der Westen immer wieder aufsitzen sollte.

Im Büro einer Unternehmensberatung in der Gloucester Road in Hongkong gewinnt man noch eine Ahnung dieser Zeit. Der Blick fällt vom 15. Stock hinunter auf das Meer und die Skyline. Beides zusammen ergab jahrzehntelang diese berauschende Mischung aus Urbanität, Freiheit und Weite, die die Stadt so prägte. Der deutsche Gründer und Berater, dem dieses Büro gehört, ist heute über 70 Jahre alt. Er hat den Großteil seines Lebens hier verbracht.

»Hongkong war damals die Brechstange für China«, sagt er und drückt es kurz darauf friedlicher aus: »Es war Chinas Tor zur Welt, und jede Firma, die in Asien und in China Geschäfte tätigen wollte, hatte eine Tochterfirma in Hongkong.« Er selbst brach in den Siebziger- und Achtzigerjahren von hier immer wieder Richtung Festland auf, um Adressen und Informationen über das geheimnisvolle Land jenseits der Grenze zu sammeln. Bald entstanden in Shenzhen, einem kleinen Fischerdorf, Fabriken. Kapital und Know-how kamen aus Hongkong. Innerhalb weniger Jahrzehnte wuchs das Provinznest zu einer der größten und modernsten Städte der Volksrepublik heran. »Die Unternehmen, die anfangs über Hongkong ins Land kamen, schafften in China nicht nur viele Arbeitsplätze, sondern hatten auch viel Know-how im Gepäck«, sagt der Geschäftsmann. »Das war eine unglaublich positive Transferleistung für das Festland.« Hongkong blieb wegen seiner geografisch günstigen Lage, seiner Lebensqualität und vor allem wegen seiner Rechtssicherheit weiter ein wichtiger Standort. Tatsächlich nahm die wirtschaftliche Öffnung Chinas nach 1997 nochmals an Fahrt auf, dass sich aber das politische System liberalisieren würde, erwies sich bald als Chimäre.

Der damalige chinesische Präsident, Deng Xiaoping, erfand den Slogan »Ein Land, zwei Systeme«. Damit machte Deng klar, dass die Gebiete Hongkong, Macao (welches zwei Jahre später von Portugal an China zurückgegeben wurde) sowie Taiwan Teile Chinas seien, aber ihre Eigenheiten behalten sollten.

»Das sozialistische System und die Politik der Volksrepublik sollen in der Sonderverwaltungszone Hongkong nicht praktiziert werden, und das bisherige kapitalistische System und die Lebensweise bleiben für 50 Jahre unverändert«, heißt es im Basic Law, dem Grundgesetz Hongkongs. Bis 2047 sollten Rechts-, Wirtschafts- und Gesetzgebungssystem unverändert bleiben. Dafür wurde 1997 aus der Kronkolonie eine »Sonderverwaltungszone«. Hongkong und seine nun knapp sieben Millionen Einwohner gehörten zwar zu China, ihre Rechte blieben jedoch gewahrt.

Hongkong aber war längst mehr als ein Relikt des Kolonialismus geworden, in dem britische Banker ein Luxusleben genossen: Die Stadt war stets Zufluchtsort für jene, die das Festland wegen Hunger, Armut oder politischer Verfolgung verlassen mussten. In mehreren Flüchtlingswellen schwoll die Bevölkerung des »duftenden Hafens« auf mehrere Millionen an. Einer der berühmtesten von ihnen war ein maßgeblicher Unterstützer der Demokratiebewegung.

Zwölf Jahre war Jimmy Lai alt, als er vor dem System floh, das ihn 60 Jahre später verhaften sollte. 1960 kam seine Familie, wie 100 000 andere Festlandchinesen getrieben von Hunger, Misswirtschaft und der Brutalität kommunistischer Kader, von Guangzhou nach Hongkong. Lai war bettelarm, aber immerhin frei. Er begann in einer Textilfabrik zu arbeiten, für acht Dollar im Monat. Innerhalb von 15 Jahren brachte es Lai zum Fabrikleiter. Seinen Jahresbonus investierte er in Aktien, und mit dem Gewinn daraus kaufte er später seine erste Fabrik. 1981 gründete er die in Asien beliebte Modekette Giordano. Politisch aktiv wurde Lai nach der blutigen Niederschlagung der Studentenproteste auf dem Tiananmen-Platz in Peking 1989. 1995 gründet er die Zeitung *Apple Daily*. Am Ende galt das Blatt mit einer Auflage von 400 000 als eines der wichtigsten Sprachrohre der Hongkonger Demokratiebewegung.

»Als 1997 Hongkong übergeben wurde, wurden die Hongkonger nicht gefragt«, sagt Joey Siu im Dezember 2019. Die Aktivistin steht damals am Anfang ihrer Karriere. »Wir konnten nicht über unsere Zukunft entscheiden. Und das zehrt immer noch an uns. Man entschied über unsere Köpfe hinweg. Das treibt uns heute an, bis 2047 unser Schicksal in die Hand zu nehmen. Zumindest müssen wir mit Peking darüber verhandeln.«

Die Wunden der letzten Demonstration sind noch nicht verheilt. Teile ihrer linken Hand und ihres rechten Knies sind mit Schorf bedeckt. »Ich war auf der Flucht vor der Polizei und bin hingefallen«, sagt die damals 20-Jährige in einem »Yellow Café« im Hongkonger Stadtteil Sheung Wan. Gelbe Cafés unterstützen die Demonstranten, indem sie sich an Streiks beteiligen oder Wasser und Essen ausgeben. Ende 2019 bestimmen die Proteste Joey Sius Tagesablauf. Als stellvertretende Vorsitzende der Studentengewerkschaft organisiert sie Treffen und Weiterbildungen für die Studenten, sie beantwortet E-Mails und organisiert Ausrüstung und Wasser für die Demonstranten.

Für Siu war der entscheidende Moment 2014, als die Umbrella-Revolution ausbrach. Ende August 2014 hatte Peking beschlossen, das bisherige Wahlrecht zu verändern. Nur von Peking gebilligte Kandidaten sollten überhaupt antreten können. Dies stellte einen klaren Bruch der von Deng Xiaoping zugesicherten Devise »Ein Land, zwei Systeme« dar. Die Hongkonger wehrten sich und gingen auf die Straße. Weil die Demonstranten als Schutz gegen Sonne und Regen sowie gegen das Pfefferspray der Polizei häufig Regenschirme bei sich trugen, wurden die Proteste als »Umbrella Movement« bezeichnet. Erst nach mehreren Monaten ebbten die Demonstrationen langsam ab – nur um fünf Jahre später umso heftiger zurückzukehren.

Peking hatte längst andere Pläne für die Stadt gefasst: Bis Mitte der Zwanzigerjahre sollen mehrere Metropolen um das Perlflussdelta, darunter Guangzhou, Shenzhen, Macao und Hongkong, zu einem Wirtschaftsraum zusammenwachsen. Die Metropolregion umfasst 80 Millionen Menschen und ist mit der Wirtschaftskraft Frankreichs vergleichbar. Hongkong soll in einem größeren Verbund aufgehen: Nicht zuletzt deswegen wurde die Stadt 2018 an das Hochgeschwindigkeitszugnetz des Festlands angeschlossen. Die derzeit längste Meeresbrücke der Welt verbindet die Städte Zhuhai und Macao mit Hongkong.

Viele der Demonstranten setzten im Dezember 2019 große Hoffnungen auf das Ausland, insbesondere die USA. Doch der Kurs des amerikanischen Präsidenten Donald Trump war erratisch. Einerseits hatte er keine zwei Jahre zuvor einen Handelskrieg vom Zaun gebrochen und sah in Peking den größten Gegner amerikanischer Hegemonie. Seine Unterstützung der Demonstranten in Hongkong aber beschränkte sich auf vage Worte. Seine »Drohung«, Hongkong künftig auch wirtschaftlich als Teil Chinas zu behandeln, also dieselben Zölle wie für das Festland geltend zu machen, spielte Peking eher noch in die Hände. Schließlich strebte die Regierung genau diese Marginalisierung der Metropole und Eingliederung ins Perlflussdelta an. Die EU, damals noch nicht auf den neuen Anti-China-Kurs der US-Regierung eingeschworen, blieb weitgehend stumm. Die beiden größten Volkswirtschaften, Frankreich und Deutschland, liebäugelten eher mit einem Anti-Trump-Bündnis mit Peking, als dass sie einen Konflikt mit dem wichtigsten Wirtschaftspartner riskiert hätten. Die Welt blieb stumm. Abgesehen von empathischen wie aufrüttelnden Berichten vieler Korrespondenten ließ man Peking gewähren.

Am 3. Juli 2020 trat in Hongkong das »Nationale Sicherheitsgesetz« in Kraft. Es beendete faktisch die Autonomie der Sonderverwaltungszone, obwohl Peking diese bei der Übergabe 1997 für 50 Jahre zugesichert hatte. Die Folge der Übernahme sind heute spürbar. Hongkong ist noch immer eine kosmopolitische und historisch vielfältige Metropole, deren Charme viele Touristen erliegen. Eine freie Stadt ist es nicht mehr. »Man merkt es im Alltag, wenn man darauf achtet«, sagt mir eine Bekannte aus Island, die seit über zehn Jahren in der Stadt lebt. »Die Gespräche drehen sich nur noch um Geld und Urlaube. Alles, was Politik betrifft, wird peinlich vermieden.« Mehr und mehr Unternehmen und Stiftungen verlegen ihren Sitz von Hongkong nach Singapur oder Taipeh.

Die Rechtssicherheit war immer einer der Grundpfeiler des Wirtschaftsstandorts, und diese wurde vom Sicherheitsgesetz schwer beschädigt. Über 140 000 Hongkonger, die einen britischen Pass besitzen, haben die Stadt verlassen. »Die große Masse kann sich das nicht leisten. Aber die hoch qualifizierten Arbeitskräfte, wegen derer viele Unternehmen auch hier sind, machen Pläne auszuwandern«, sagt ein gut vernetzter deutscher Unternehmer aus Hongkong. Mit Namen möchte er nicht genannt werden – auch das ein Zeichen des veränderten Klimas: Immer öfter ziehen Gesprächspartner auf dem Festland Anonymität vor. »Die Stimmung hat sich komplett gedreht«, sagt der Mann. »Man will manche Dinge nicht mehr am Telefon besprechen, oder man schweigt komplett. Die Schere im Kopf, die Selbstzensur, funktioniert also schon.«

Auch freies Internet war bisher ein Kennzeichen der Stadt. Wer vom Festland nach Hongkong kam, konnte es oft nicht fassen: Plötzlich waren all die in China gesperrten Seiten wie Facebook, Google, Twitter und YouTube wieder offen, und das in einer gefühlt atemberaubenden Geschwindigkeit. Doch es ist nur eine Frage der Zeit, bis die rigorose Internetzensur des Festlands auch nach Hongkong kommt.

Joey Siu treffe ich im Oktober 2023 in Taipeh wieder, wo sie auf dem Human Rights Forum eine Rede hält. Ihre Heimatstadt hat sie seit über drei Jahren nicht mehr betreten.

Jura-Professor Benny Tai wurde abermals verurteilt, aber nochmals auf Kaution freigelassen. Ein weiterer Prozess gegen ihn steht noch aus. Interviews kann er nicht mehr geben, um den Ausgang nicht zu gefährden.

Die Studentenführerin Agnes Chow wurde 2021 zu zehn Monaten Haft verurteilt. 2023 wurde ihr die Ausreise nach Kanada gestattet, wo sie seitdem lebt.

Ihr Mitstreiter Nathan Law erhielt 2021 Asyl in London, wo er seitdem lebt.

Gegen Jimmy Lai läuft noch ein Verfahren wegen angeblichen Verstoßes gegen das »Nationale Sicherheitsgesetz«. Ihm droht lebenslängliche Haft.

Dass die Proteste Anfang 2020 verebbten, obwohl die Köpfe der Bewegung siegessicher waren und die Mehrheit der Bevölkerung hinter sich wussten, hat auch mit einem Ereignis rund 1500 Kilometer nördlich zu tun. Anfang Januar tauchten erste Meldungen über eine neue Viruserkrankung auf. In der zentralchinesischen Stadt Wuhan entschied man sich für ein bisher unbekanntes und rabiates Instrument, um die Ausbreitung des Virus zu verhindern: einen Lockdown. In Südchina war die Sars-Epidemie von 2003 noch in lebhafter Erinnerung. Die Demokratie-Aktivisten, die sich monatelang erfolgreich gegen alles, was aus Peking gekommen war, gewehrt hatten, folgten auf einmal dem Versammlungsverbot der Regierung. Die Proteste hörten auf. Peking hatte gewonnen, Hongkong verloren.

5.

DAS VIRUS

»China setzt derzeit neue Maßstäbe
bei der Reaktion auf einen Ausbruch.«

TEDROS ADHANOM GHEBREYESUS,
GENERALDIREKTOR DER WHO

Anfang Januar 2020 tauchten erste Meldungen einer mysteriösen Lungenerkrankung auf, die in Zentralchina grassierte. In zahlreichen ostasiatischen Ländern rief dies sofort Erinnerungen an die SARS-Epidemie aus dem Jahr 2003 wach. Das »Schwere Akute Atemwegssyndrom« war Ende 2002 erstmals in der Provinz Guangdong aufgetreten. Erst im Februar 2003 informierte Peking die Weltgesundheitsorganisation (WHO) darüber. Damit war wertvolle Zeit verloren gegangen, um das Virus einzudämmen, es breitete sich nun schnell nach Taiwan, Hongkong und Singapur aus. Ein halbes Jahr später waren bereits 700 Menschen daran gestorben. Die Erfahrungen von damals waren in mehrfacher Hinsicht prägend. Zum einen nahmen die Menschen in Ostasien die neue Krankheit von Anfang an sehr ernst. Erklärungen über die exponentielle Verbreitung des Erregers wie im deutschen Fernsehen waren nicht nötig. Atemschutzmasken waren in vielen ostasiatischen Großstädten auch schon vor 2020 verbreitet. Als sich die ersten Nachrichten über das Corona-Virus verbreiteten, begannen die meisten Menschen, freiwillig Masken zu tragen und große Menschenansammlungen zu vermeiden. Die SARS-Epidemie von 2003 war in vielerlei Hinsicht eine Blaupause für das, was 17 Jahre später geschah. Auch Temperaturscanner und Abstandsmaßnahmen wurden relativ schnell umgesetzt und von der Breite der Bevölkerung mitgetragen. Es gab weder in China noch im ostasiatischen Raum »Querdenker«, die die Verhaltensregeln infrage stellten. Das war auch der Grund, weshalb in den Anfangsmonaten der Pandemie zahlreiche Berichte im Westen ausgestrahlt wurden, die einen bewundernden Unterton hatten. »Von China lernen« oder »Lehren aus China« lauteten die Überschriften zahlreicher Artikel in *Spiegel*, *Zeit* und *Süddeutscher Zeitung*. Die Autoren bewunderten Umsicht und Erfahrung der Menschen in Ostasien im Umgang mit ansteckenden Erregern. Auch die tendenziell kollektivistischeren Gesellschaftsmodelle in China, Japan und Korea schienen auf einmal dem individualistischen und aufmüpfigen Westen überlegen, der ohnehin gerade durch den US-Präsidenten Donald Trump mit immer neuen Skandalen gebeutelt wurde.

Als die Regierung in Peking am 23. Januar die Stadt Wuhan von der Außenwelt abriegelte, wurde dies in Europa und den USA zwar als rabiate, »typisch chinesische« Maßnahme wahrgenommen, gleichzeitig lag darin allerdings wie so oft auch eine Form der Bewunderung. Die Faszination für dieses »Nicht lange fackeln und einfach machen« hatte ohnehin schon immer diejenigen ergriffen, die wenig Sinn für die teils enervierenden Kompromisse demokratischer Prozesse haben. Viele Expats, die längere Zeit in China verbracht hatten, besaßen wenig Verständnis für den »Schlendrian zu Hause«.

Der chinesische Umgang mit dem neuartigen Virus erschien vielen im Westen zwar als hart, aber doch logisch und rational. Dem gegenüber stand das Irrlichtern des amerikanischen Präsidenten, der sichtlich überfordert von der Situation wirkte.

Darüber, dass ein »Lockdown« zuvor nie Bestandteil einer Pandemiebekämpfung gewesen war, wunderte sich bald niemand mehr. Schließlich lobte auch die Weltgesundheitsorganisation (WHO) bald Pekings »beherztes« Vorgehen. Eine Untersuchungskommission im Februar 2020 kam zu dem Schluss, dass durch den Lockdown »wertvolle Zeit gewonnen werden konnte«, die die globale Gemeinschaft vor Schlimmerem bewahrt und zahlreiche Menschenleben gerettet habe. Pekings Strategie habe bewiesen, dass »eine Eindämmung angewendet und erfolgreich in zahlreichen Kontexten umgesetzt werden kann«. WHO-Generaldirektor Tedros Adhanom Ghebreyesus lobte: »China setzt derzeit neue Maßstäbe bei der Reaktion auf einen Ausbruch.«

Anfangs wurde er dafür kritisiert. Denn der Mann, der die chinesischen Freiheitseinschränkungen so in den Himmel lobte, war zuvor Außenminister Äthiopiens gewesen und hatte in dieser Zeit zahlreiche Projekte von Chinas Neuer Seidenstraße in seiner Heimat beaufsichtigt und gefördert. Das Land schuldet Peking aktuell rund 14 Milliarden US-Dollar. Könnte Tedros deswegen im Sinne der KP gehandelt haben?

Kurz zuvor waren zudem die USA aus der WHO ausgestiegen. Präsident Trump weigerte sich, die Organisation weiter mit amerikanischen Steuergeldern zu unterstützen. Doch kurz nachdem die WHO das chinesische Vorgehen in Wuhan gebilligt hatte und dieses nach Angaben chinesischer Behörden erfolgreich war, ging der Exportschlager namens »Lockdown« um die Welt. Es gab kaum einen Staat, der sich der vermeintlichen Seuchenbekämpfungsmethode entziehen konnte. Selbst in den Slums von Nairobi und in Kleinstädten auf dem indonesischen Inselarchipel durften Menschen mehrere Wochen oder sogar Monate lang ihre Wohnungen nicht mehr verlassen, geschweige denn ihrer Arbeit nachgehen. Was in den reichen Städten des Westens noch relativ gut gelöst wurde, wo das Homeoffice Schule machte und Lieferdienste die Menschen mit Essen versorgten, war in Schwellenländern eine absurde Katastrophe: Familien, die sich zu acht ein Zimmer teilten, mussten nun bei 30 Grad Außentemperatur zu Hause bleiben.

Die Tourismusbranche war das erste Opfer. Innerhalb weniger Wochen ab Februar 2020 kam der Reiseverkehr nahezu komplett zum Erliegen. Hotels, Pensionen und Herbergen schlossen, Flüge wurden gestrichen. Damit versiegte auch der stetige Fluss von Milliarden Dollars, die der Tourismus von den reichen in die ärmeren Staaten des globalen Südens spülte. Es gab noch weitere wirtschaftliche Folgeschäden, die sich erst gegen Ende der Pandemie bemerkbar machten. Dazu später mehr. Zunächst zu einer der umstrittensten Fragen der vergangenen Jahre: Woher kam das Corona-Virus?

Es ist Spätherbst in Wuhan 2020. Der Ort, der vermeintlich die ganze Welt dazu brachte, den Atem anzuhalten, ist verriegelt, seine Fenster sind mit Holzplatten vernagelt. Der Huanan-Fischmarkt im Zentrum der Stadt ist seit rund zehn Monaten verschlossen. Nur ein Krabbenverkäufer hat noch geöffnet: In Styropor-Kästen liegen ein paar verschnürte Krustentiere, halb tot, halb lebendig. Mit Ausländern möchte er nicht sprechen, grummelnd winkt er ab. Und wenig später erscheinen auch schon zwei Polizisten in Zivil und fordern den Fotografen Dave Tacon und mich auf zu verschwinden. Nur ein paar Gehminuten vom Markt entfernt befindet sich das Wuhan Centre for Infectious Disease Control. Vor dem Gebäude parken Taxis, deren Fahrer noch schnell ein paar Nudeln schlürfen. Gegenüber sitzen Studenten und rauchen. Kurz nach Ausbruch der Pandemie waren Theorien aufgetaucht: Mitarbeiter des Labors hätten infizierte Versuchstiere, darunter auch Fledermäuse und Gürteltiere, auf dem Markt verkauft. Nirgendwo war der »Lockdown«, die Ausgangssperre, so umfassend, so rigoros und nirgendwo sonst auf der Welt wussten die Menschen so wenig darüber, was mit ihnen passieren würde, wie in Wuhan. Die Provinzhauptstadt, von der die meisten Menschen außerhalb Chinas nie gehört hatten, wurde zum Synonym für eine Katastrophe.

Im Herbst 2020 ist in Wuhan von der Pandemie kaum noch etwas zu spüren, sieht man vom gesperrten Fischmarkt ab. In einer Kantine drängen sich die Menschen wie eh und je dicht an dicht. Sie schlürfen, schmatzen und husten. Eine Maske trägt kaum jemand. So ist es in diesen Monaten auch in Peking, Shanghai und Guangzhou. In der

ehemaligen Französischen Konzession sitzen die jungen, neureichen Chinesen unter Platanen in Cafés. Sie feiern das Leben in Clubs und Bars und tanzen auf Dachterrassen, wenn auf der anderen Seite des Flusses wie jeden Abend eine Lichter-Show die atemberaubende Skyline der Stadt beleuchtet. Wer nach China will, muss »lediglich« zwei Wochen strikte Hotel-Quarantäne über sich ergehen lassen. Hat man das geschafft, befindet man sich in einem normal funktionierenden Land.
All das geschieht, während im Westen Chaos und Angst herrschen. Die meisten Metropolen Europas und den USA befinden sich zu dieser Zeit im Lockdown. Die Wirtschaft steckt in einer Rezession, die die große Finanzkrise von 2008 wie eine Delle aussehen ließ. Nur weil die amerikanische Zentralbank die Geldschleusen geöffnet hat, kann ein kompletter Meltdown verhindert werden. Genau dies aber soll sich später noch bitter rächen.

Bis heute ist die Frage, was wirklich in den Laboren in Wuhan geschah, stark politisiert, was es umso schwerer macht, Antworten zu finden. Dass kein nüchterner Blick auf die Ereignisse möglich ist, liegt zum einen an einem Brief, den die Crème de la Crème der internationalen Virologie um Anthony Fauci und Christian Drosten im März 2020 veröffentlichte. Darin diskreditierten die Forscher auf ungewöhnlich harsche Weise jede Hypothese, wonach das Virus aus dem Hochsicherheitslabor in Wuhan stammen könnte, als »Verschwörungstheorie«. Dies geschah in einem aufgeheizten politischen Kontext, in denen der US-Präsident das Virus noch als »Wu Flu« betitelte, um damit Stimmung gegen China zu machen. Der weitaus wichtigere Grund aber dürfte darin begründet sein, dass die Virenforschung in Wuhan kein rein chinesisches, sondern ein chinesisch-amerikanisches Gemeinschaftsprojekt war.

Seit 2012 forschte die chinesische Virologin Shi Zhengli in Wuhan an Corona-Viren. Sie und ihr Team waren dafür ständig auf der Suche nach unbekannten Erregern, zum Beispiel in Fledermaushöhlen in der Provinz Yunnan, etwa 1500 Kilometer südwestlich von Wuhan. Dort wurde 2012 der genetisch am engsten verwandte Erreger des SARS-CoV2-Virus gefunden, mit Namen RATG13. Der einzige Unterschied zum Corona-Virus ist die Abwesenheit der sogenannten Furin-Spaltstelle. Die macht das SARS-CoV2-Virus so ansteckend. Diese in ein Corona-Virus einzubauen und so ein wirklich gefährliches Virus zu erschaffen – genau dafür beantragte 2018 ein amerikanischer Virologe namens Peter Daszak Forschungsgelder. Ziel sei es gewesen, eine Art Pandemievorhersage zu schaffen, ähnlich einem Wetterbericht, indem man Hotspots identifizierte. Dafür wurde in Wuhan die größte Datenbank an Corona-Viren weltweit angelegt. Nicht nur das; die Idee war, ein Virus im Labor pathogener, also ansteckender, zu machen, um im Falle einer Pandemie schneller reagieren zu können, der Natur quasi einen Schritt voraus zu sein. Das versteht man unter sogenannter *Gain of Function Research*. Diese Art der Forschung wurde unter Barack Obama in den USA verboten, aber nach China ausgelagert. Daszak erhielt die Forschungsgelder und arbeitete seitdem eng mit Shi Zhengli in Wuhan zusammen. Auch das chinesische Militär war an diesen Forschungen beteiligt – was darauf hindeutet, dass in Wuhan nicht nur zu zivilen Zwecken geforscht wurde. Die sogenannten Twitter Files, welche im Sommer 2023 veröffentlicht wurden, belegen, dass die großen Social-Media-Plattformen 2020 wie Twitter (heute »X«) und Facebook vom amerikanischen Geheimdienst dazu angehalten wurden, die Reichweite von Beiträgen zu diesem Themen-Komplex systematisch zu verringern.

SarsCov2 wurde also höchstwahrscheinlich von amerikanischen und chinesischen Wissenschaftlern gemeinsam in Wuhan zusammengebastelt und entwich vermutlich durch einen Unfall im Dezember 2019. Die ersten Opfer fanden sich dementsprechend auf dem nahe gelegenen Huanan-Markt. Diese Tatsache wiederum machte es den Gegnern der Laborthese leicht, zu behaupten, das Virus sei durch natürliche Mutation dort entstanden. Demnach hätte RATG13 zunächst vom 1500 Kilometer entfernten Yunnan nach Wuhan gelangen müssen, wo dann zufällig eine Mutation mit Furin-Spaltstelle entstanden wäre. Wahrscheinlich gaben sich die internationalen Top-Virologen um Anthony Fauci alle Mühe, die Wahrheit zu vertuschen, da man sie ansonsten für die Pandemie mitverantwortlich hätte machen können.

Restzweifel aber bleiben, es fehlen Beweise und Geständnisse. Zudem belegt ein Ursprung aus dem Labor nicht, dass das Virus absichtlich freigesetzt wurde. Vieles deutet auf einen Unfall hin. Dazu gehört auch die erratische Reaktion der chinesischen Behörden in den ersten Wochen. Zunächst wurde vertuscht, um anschließend mit voller Härte zu reagieren. Das wochenlange Zögern und Herunterspielen der Infektionszahlen spricht eher dafür, dass sowohl die Stadtregierung als auch die Parteiführung in Peking von den Ereignissen überrascht, wenn nicht überfordert waren. Das änderte sich aber in den folgenden Monaten, als eine beispiellose Demonstration chinesischer Wirtschaftsmacht begann.

Das Yangze-Delta rund um Shanghai ist so etwas wie das Herz der globalen Wirtschaft. 140 Millionen Menschen leben hier auf 100 000 Quadratkilometern, knapp 80 Prozent davon in Millionenstädten wie Shanghai, Hangzhou, Ningbo, Suzhou. Wer in dieser Region lebt und einen Wochenendausflug ins Grüne machen möchte, fliegt am besten, sonst dauert es zu lange, die Ansammlung von Metropolen zu verlassen. Zehntausende von internationalen Unternehmen haben sich in den vergangenen 20 Jahren hier angesiedelt.

Damit die Produktion reibungslos funktioniert, müssen Waren mit dem Schiff in die größten Containerhäfen der Welt in Ningbo, Shanghai und Hangzhou gebracht und von dort mit Lastwagen zu den Fabriken in den Provinzen Zhejiang und Jiangsu gefahren werden. Die verarbeiteten Produkte wandern von dort in andere Landesteile, um Chinas konstant wachsenden Binnenmarkt zu versorgen oder über die Häfen zurück in den globalen Wirtschaftskreislauf zu gelangen. Normalerweise sind diese Prozesse perfekt aufeinander abgestimmt und mit der globalen Nachfrage verzahnt.

Dieser Warenfluss aber geriet 2021 und 2022 immer mehr ins Stocken. Monatelang hatte Peking darauf gesetzt, die eigenen Landesgrenzen zu versiegeln und so auch das Virus aus China herauszuhalten. Dafür wurden von den Bewohnern ständig PCR-Tests verlangt, die bald auch auf Tiere und sogar Gegenstände ausgedehnt wurden. Allein, es half nichts: Durch die nun kursierenden Varianten im Westen war das Virus zwar weniger gefährlich, aber dafür ansteckender geworden. Die positiven Tests unter den 1,3 Milliarden Chinesen häuften sich. Überall dort, wo jemand positiv auf das Virus getestet wurde, verhängten die Behörden nun einen Lockdown – immer mehr Metropolen wurden stillgelegt.

Rund um die großen Häfen der Region stauten sich dadurch die Schiffe. Ende April 2021 betrug die Wartezeit durchschnittlich 69 Stunden. Hinzu kamen rigorose Quarantäne-Vorschriften. Lkw-Fahrer, die Container vom Hafen in Shanghai in die 50 Kilometer entfernte Provinz Jiangsu bringen wollten, mussten sich mehrere Tage in Quarantäne begeben. Dies hatte zur Folge, dass weniger Fahrer dieses Risiko auf sich nahmen und lieber gleich daheimblieben. Überall auf der Welt fehlten plötzlich Waren und wichtige Produkte. In amerikanischen Krankenhäusern zum Beispiel konnten vorübergehend lebenswichtige Operationen nicht durchgeführt werden, weil ein Leuchtmittel benötigt wurde, das nur in China hergestellt wurde. Auch der Einbruch der deutschen Exporte hatte damit zu tun, weil immer wieder Teile aus China fehlten.

Zahlreiche Unternehmen, darunter Auto- und Elektronikhersteller, bekamen plötzlich Probleme, ihre Produkte anzufertigen und termingerecht auszuliefern. Die sogenannte *Just-in-time*-Produktion, die die letzten Jahre der Globalisierung so geprägt hatte, funktionierte auf einmal nicht mehr. Besonders den USA wurde bewusst, was es bedeutete, dass man in den vergangenen 20 Jahren Stück für Stück die Produktionskapazitäten abgebaut und nach China verlagert hatte. Schon 2016 hatte Donald Trump seinen Wahlkampf mitunter deswegen gewonnen, weil er die Verlierer dieses Prozesses, die amerikanische Arbeiterschaft, für sich gewann. Nun wurde die Abhängigkeit der amerikanischen Wirtschaft von den Fabriken im Yangze- und Perlfluss-Delta auch den Demokraten unter Joe Biden bewusst.

Und nicht nur das: Plötzlich geschah das, wovor Kritiker der lockeren Geldpolitik im Westen schon immer gewarnt hatten. Die Inflation explodierte.

China hatte in den vergangenen 20 Jahren immer mehr Waren produziert. In einer globalisierten, von immer effizienteren Lieferketten geprägten Welt bedeutete dies, dass die globale Gütermenge ständig zunahm. Dies wiederum gab den westlichen Notenbanken, insbesondere der amerikanischen Federal Reserve Bank, kurz FED, und der europäischen Zentralbank (EZB), die Möglichkeit, die Geldmenge zu erhöhen, ohne dass die Konsumentenpreisinflation stark anstieg. Vereinfacht gesagt: Weil Flipflops und Smartphones billiger wurden, fiel der Kaufkraftverlust eines Euro oder Dollar nicht so auf. China exportierte quasi Deflation. Und als diese Warenmenge plötzlich zu versiegen begann, explodierten in Europa und den USA die Preise. Im Januar 2021 schossen die Inflationsraten in den USA von knapp unter zwei Prozent auf acht Prozent. So hoch war die Preissteigerungsrate zuletzt 1982 gewesen. In der EU stieg die Inflation sogar noch höher, da im Februar 2022 der Angriff Russlands auf die Ukraine für einen zusätzlichen Preisauftrieb sorgte.

Das »Cui bono?«-Prinzip wird oft überstrapaziert: Nur weil jemandem etwas nützt, ist er deswegen nicht der Täter. Doch tatsächlich sah es Mitte 2022 so aus, als hätten Putin und Xi, die noch bei den Olympischen Spielen im Januar desselben Jahres ihre »ewige Freundschaft« beschworen hatten, einen teuflisch-genialen Plan ausgeheckt, der endlich zu den von Xi so oft zitierten »Veränderungen, wie sie nur einmal alle hundert Jahre geschehen« führen würde. Ein Virus aus einem chinesischen Labor hatte die Weltwirtschaft lahmgelegt und dem Westen gezeigt, wo mittlerweile die eigentliche Produktionsmacht liegt. Die Kontroversen über die Lockdowns und die Impfpflicht hatten die liberalen Demokratien an die Grenzen des sozialen Friedens gebracht. Die grassierende Inflation sorgte für noch mehr Unzufriedenheit in der Bevölkerung. Dies wiederum zwang die Zentralbanken zu einer restriktiveren Geldpolitik. Die amerikanische FED begann Ende 2021 mit den rasantesten Zinserhöhungen ihrer Geschichte. Der Aktienmarkt brach ein, eine Rezession drohte. Und obendrein begann der russische Präsident mit einer »Spezialoperation« in der Ukraine, deren Ziel es war, innerhalb weniger Wochen die ukrainische Regierung zu stürzen und Teile des Staates zu annektieren. Xi Jinping unterdessen kündigte immer wieder an, das Festland mit der Insel Taiwan »wiederzuvereinigen«, wenn nötig mit militärischen Mitteln.

Einiges spricht für enge Absprachen der zwei mächtigsten autoritären Regimes, bei dem auch das Virus aus Wuhan eine Rolle gespielt haben könnte. Wenn dem so gewesen sein sollte, hätte sich China mit dem sinistren Plan allerdings auch selbst getroffen. Denn im November 2022 kam es in einigen Werken des Apple-Zulieferers Foxconn zu Unruhen: Immer mehr Arbeiter begannen, gegen die strikten Zero-Covid-Bestimmungen zu protestieren. Das taiwanische Unternehmen beschäftigt in China mehr als eine Million Menschen und zählt damit zu den größten Arbeitgebern des Landes. Und nicht nur bei Foxconn zeigte sich der wirtschaftliche Flurschaden der Zero-Covid-Politik. Vor allem Kleinunternehmer, Restaurant- und Café-Betreiber waren durch die Regelungen um ihre Existenz gebracht worden. Die Jugendarbeitslosigkeit in China sprang auf ein Rekordhoch (im Sommer 2023 hörte die Regierung auf, Zahlen darüber zu veröffentlichen). Die Preise begannen zu fallen, das Wirtschaftswachstum lahmte. Hinzu kamen die amerikanischen Sanktionen im Halbleiterbereich, mit dem Ziel, China von neuester Technologie abzuschneiden. Jenseits der Taiwan-Straße schien die Demokratie lebhafter und stabiler als je zuvor. Mit der Invasion Moskaus in der Ukraine waren die amerikanischen Strategen noch wachsamer geworden, um Peking von einem ähnlichen Vorgehen in Taiwan abzuschrecken.

Trotzdem war die Welt eine andere, als sich im Frühjahr 2023 der Vorhang wieder langsam öffnete. Pekings neue Macht spürt man seitdem vor allem in der unmittelbaren Nachbarschaft.

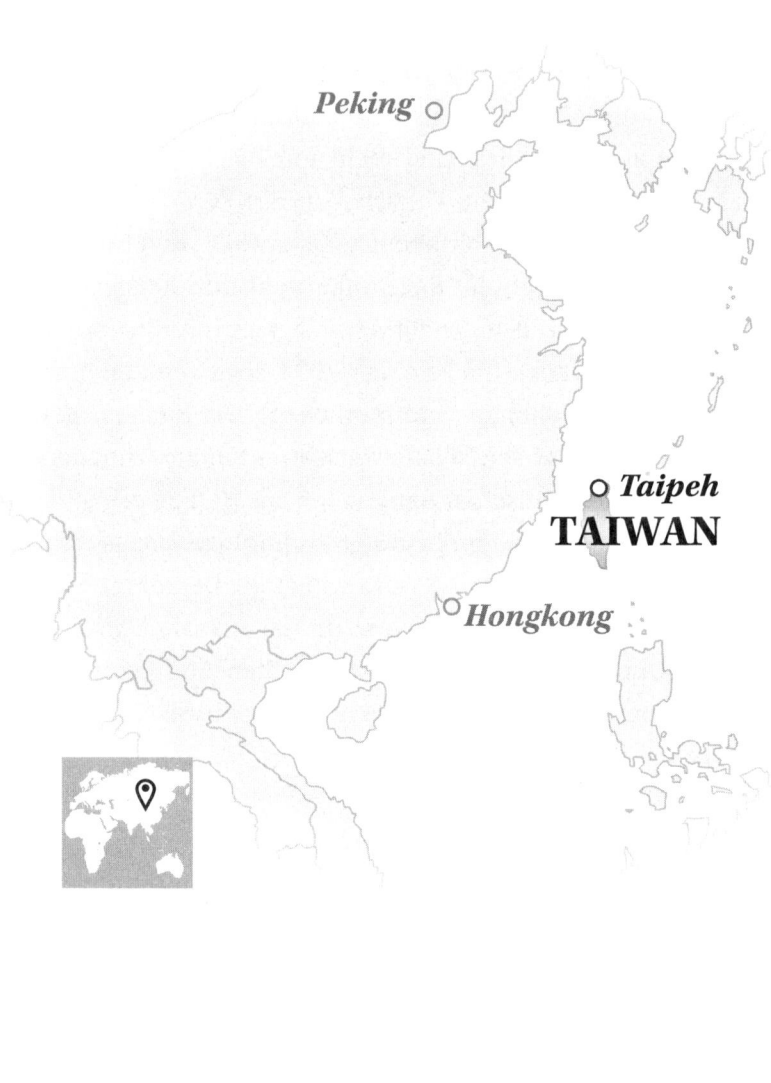

6.

DIE WICHTIGSTE INSEL DER WELT

»Globalisierung und Freihandel sind fast tot.«
MORRIS CHANG, GRÜNDER VON TSMC

Die Gay Pride in Taipeh ist die größte ihrer Art in Asien. Über 180 000 Besucher aus Japan, Südkorea, Malaysia, Singapur, Thailand und vielen anderen Ländern sind an diesem Oktober-Wochenende 2023 nach Taiwan gereist, um daran teilzunehmen. »Im Vergleich zu Berlin geht es hier natürlich sehr zahm zu«, sagt Wu, ein 36-jähriger Werber, der am deutschen Pendant schon teilgenommen hat. »Ich würde sagen, es ist eine Vanilla-Version: kaum Lack und Leder und erst recht kein öffentlicher Sex.«

Wer zum ersten Mal eine solche Veranstaltung besucht, dürfte auch von der »Vanilla-Version« überwältigt sein: Drag-Queens mit Engelsflügeln, halb nackte Männer mit Hunde-Masken und andere in knappen Blümchenkleidern. Überall sind die Regenbogenfarben zu sehen, auf den Fahnen der Menschen oder als leuchtende Aufkleber auf Oberarmen. Von mehreren Wagen dröhnt laute, fröhliche Musik, die sich abwechselt mit kurzen Ansprachen auf Chinesisch und Englisch, in denen die Worte »Diversity« und »Equal Rights« fallen.

Die Gay Pride ist längst fest im Mainstream verankert. Dazu tragen nicht zuletzt die großen Konzerne bei, die die Veranstaltung sponsern. Ihre Logos begleiten die Parade auf schwebenden Ballons, und sie prangen auf den Wagen. »Es ist natürlich gut, dass es die Gay Pride gibt«, sagt Wu. »Aber mir persönlich ist es zu grell und kommerziell geworden. Es geht um nichts mehr.«

Die Gay Pride fand in Taipeh erstmals 2003 statt. Dass sie so groß wurde, hängt auch mit der Entwicklung der Insel in den vergangenen zehn Jahren zusammen. Als erstes Land Ostasiens legalisierte Taiwan 2019 die Homo-Ehe. So frei aber war die taiwanische Gesellschaft nicht immer.

Nach etwa einer halben Stunde kommt der Zug der Feiernden und Tanzenden an einem kleinen Podest vorbei, auf dem ein feingliedriger Mann eine Fahne schwenkt. Er ist von beinahe gebrechlicher Statur, trägt Kniestrümpfe in Regenbogenfarben, ein knöchellanges Kleid und ein Stirnband, alles in Regenbogenfarben. Ein lesbisches Paar macht ein Selfie mit ihm, und schnell sammeln sich auch Fotografen und Kamerateams um den Mann. Chi Chia-Wei ist 1958 geboren und gilt als die »erste öffentlich schwule Person Taiwans«, weil er sich 1986 im Fernsehen offen zu seiner Homosexualität bekannte. In der damals noch konfuzianisch-konservativen Gesellschaft war das ein Eklat.

Taiwan gilt heute als Musterdemokratie in Asien. Die Debatten des Landes sind lebendig, die Wahlkämpfe verlaufen fair und friedlich. Auch sonst spürt man die liberale Atmosphäre in der Hauptstadt. Niemand schreckt davor zurück, sich politisch zu äußern, der Ton aber ist stets respektvoll und mäßigend. »Wir wollen unser Gegenüber nicht bloßstellen«, sagt Wu. »Bei manchen Fragen halten wir uns lieber zurück und klammern das Thema aus.« Er meint vor allem die Frage, die die Insel am meisten beschäftigt: Soll sich Taiwan offiziell für unabhängig erklären? Oder ist es besser, den Schwebezustand aufrechtzuerhalten, in dem sich das Land seit mehreren Jahrzehnten befindet?

Der Weg zu der lebendigen Demokratie und Zivilgesellschaft, die Taiwan heute ist, war weder einfach noch kurz. Keine 40 Jahre ist es her, dass das seit 1949 geltende Kriegsrecht, das der Regierung mehr Macht einräumte, aufgehoben wurde. Ein kurzer Rückblick: Mitte des 17. Jahrhunderts wanderten immer mehr Chinesen vom Festland auf die von indigenen Völkern bewohnte Insel ein. Zum chinesischen Kaiserreich gehörte Taiwan erst 1684, als die Mandschu-Kaiser die Insel an die Provinz Fujian angliederten, die sich aber wenig dafür interessierte.

50 Jahre lang war Taiwan eine japanische Kolonie. Im demütigenden Vertrag von Shimonoseki 1895 hatte das japanische Kaiserreich die Insel der maroden Qing-Dynastie abgerungen. Als die Japaner 1945 besiegt waren, brach der lange schwelende Bürgerkrieg zwischen Maos Kommunisten und der Kuomintang unter Chiang Kai-shek offen aus. Die KMT verloren den Krieg und flüchteten sich 1949 nach Taiwan. Bis 1971 galt die »Republik China« als offizielle Vertretung des gesamten Landes. Das von den Kom-

munisten in Peking regierte Festland wurde im Kalten Krieg geschmäht. Das änderte sich unter US-Präsident Richard Nixon, der, um die Sowjetunion zu schwächen, Beziehungen zu Peking aufnahm.* Taiwan geriet in Vergessenheit, und die Zahl der Staaten, die Taiwan überhaupt noch als souveränen Staat anerkannten, schrumpfte. 2023 waren es nur noch zwölf Länder, meist im Pazifik und in Lateinamerika, sowie der Vatikan.

Peking pocht seit jeher auf das »Ein-China-Prinzip«, wonach die Insel und das Festland Teil desselben Staates sind, aber unterschiedliche Vorstellungen über diese Staatlichkeit haben. Man vertagte die Frage auf einen nicht festgelegten Punkt in der Zukunft.

In Taiwan allerdings ist die Lage komplizierter. Die KMT regierte das Land bis in die Achtzigerjahre diktatorisch. Hinzu kamen ethnische Konflikte: Während die rund 1,2 Millionen Getreuen, die mit Chiang Kai-shek auf die Insel kamen, durch und durch Han-Chinesen waren, lebte in Taiwan ein Völkergemisch: Indigene polynesischen Ursprungs, zugewanderte Hakka-Chinesen, Japaner. Erst in der jüngeren Geschichte wurden die Volksgruppen gleichgestellt, und nach und nach wuchs aus dem Gemisch eine neue Identität. Die meisten jungen Menschen auf der Insel bezeichnen sich als Taiwaner und nicht als Chinesen – auch wenn sie nach wie vor Schriftzeichen, Sprache, Kultur und Essensvorlieben mit dem Festland teilen.

---

* Dem Ganzen ging eine abenteuerliche »Pingpong-Diplomatie« in Form von Sportwettbewerben und geheimen Besuchen von US-Außenminister Henry Kissinger voraus.

Auf der Gay Pride weist Wu auf ein Tattoo auf seinem Unterarm hin, das die Umrisse der Insel zeigt und gleichzeitig einem Delfin ähnelt. »Dass Taiwan und China ein Land sind, denken heute nur noch ein paar alte KMT-Anhänger, die davon träumen, wieder ein Großreich zu regieren«, sagt er. »Aber von den jüngeren Taiwanern will niemand etwas mit der Kommunistischen Partei in Peking zu tun haben.«

Freiheit hier, Aggressor da – so einfach die Fakten auch klingen, so kompliziert ist die Situation in der Realität. Da sind nicht nur der ungeklärte Status der Insel und die vielschichtige Identität ihrer Bewohner. Am Status von Taiwan und seinen Beziehungen zum Festland hängen einerseits immaterielle Werte wie Demokratie und Meinungsfreiheit. Andererseits ist Taiwan aber auch ein Nadelöhr der Weltwirtschaft. Dem Westen wurde das schlagartig 2021 und 2022 bewusst. Im Frühjahr 2022 befanden sich sieben der 100 größten chinesischen Städte im Lockdown, darunter auch die 26-Millionen-Einwohner-Metropole Shanghai. Weil im Containerhafen, einem der größten Warenumschlagplätze der Welt, Arbeiter positiv auf das Virus getestet worden waren, stauten sich die Schiffe im Gelben Meer davor. Die Schiffe, die be- oder entladen werden konnten, mussten tagelang auf Lastwagen warten. Viele Fahrer weigerten sich, die Provinzgrenzen zu überqueren aus Angst, in einer zweiwöchigen Zwangsquarantäne zu landen. Das betraf nicht nur, aber auch die großen taiwanischen Hersteller von Elektronik, die auf dem Festland produzierten. Zu den bekanntesten gehört der Apple-Zulieferer Foxconn.

Die Lieferketten der Insel sind mit denen des Festlandes dicht verwoben: Während Forschung und Entwicklung vor allem in Taiwan stattfinden, werden die einfacheren Arbeitsschritte in den gewaltigen Fabriken des Festlandes getätigt. Das taiwanische Unternehmen Foxconn gilt mit seinen über eine Millionen Angestellten als der größte private Arbeitgeber Chinas.

Als der Warenstrom in der Pandemie stockte, spürte man dies auf der ganzen Welt: Plötzlich konnten in Japan keine Playstations, in Deutschland keine Autos fertiggestellt werden, während in den USA wichtige Medikamente fehlten.

Dies war in Washington, aber auch in Berlin und Tokio ein Weckruf. Zum ersten Mal wurde den Entscheidern dort bewusst, wie abhängig die eigene Industrie von den chinesischen Lieferketten geworden war. Nicht nur das: Es dauerte nicht lange, bis man sich der Bedeutung Taiwans für die globalen Lieferketten bewusst wurde. Vielleicht war es dieser Sommer, indem die Wörter »De-Risking« und »De-Coupling« zum ersten Mal eine echte Bedeutung bekamen.

Taiwan ist der wichtigste Halbleiterproduzent der Welt. Rund 60 Prozent kommen von der Insel. An zweiter Stelle folgt, abgeschlagen mit 17 Prozent, Südkorea. Der taiwanische Marktführer TSMC produziert allein 53 Prozent aller Halbleiter. Bei sogenannten 5nm-Chips liegt der Marktanteil sogar bei 90 Prozent. Kaum ein Technologieunternehmen kommt heute ohne die Chips von TSMC aus. Tesla, Apple, Nvidia, sie alle sind Kunden von TSMC. Aber auch die europäische Autoindustrie ist ohne die Chips aus Taiwan nicht produktionsfähig. Chips, also Halbleiter, werden oft als das »Erdöl des 21. Jahrhunderts« bezeichnet, was nicht ganz treffend ist, da man noch immer Erdöl benötigt, um Chips herzustellen. Tatsache aber ist, dass Halbleiter für die Wirtschaft (und Kriegsführung) heute ähnlich basal sind.

Halbleiter sind nach Rohöl, Kraftfahrzeugen und raffiniertem Öl das viertmeistgehandelte Produkt der Welt. In jedem modernen Auto stecken rund 1400 Halbleiter, und kein Smartphone kommt ohne sie aus. Die Lieferketten der Halbleiterindustrie sind höchst komplex. Chris Miller, Autor des Buches *Chip War – The Fight for the World's Most Critical Technology*, sagt, dass es nur eine Handvoll Menschen weltweit gebe, die die gesamten Lieferketten im Detail überblickten.

Halbleiter werden zunächst von Unternehmen wie Nvidia, Qualcomm oder AMD entworfen. Sogenannte *Foundrys* stellen dann, basierend auf Silizium, mit lithografischen Verfahren hauchdünne »Wafer« her. Der Riesenkonzern Taiwan Semiconductor Manifacturing Company (TSMC) ist eine solche Foundry. Die Firma hat bei der Produktion der Wafer einen Marktanteil von über 50 Prozent weltweit. An zweiter Stelle kommt Samsung aus Südkorea mit 17 Prozent. Anschließend müssen die Wafer getestet und auf Schaltflächen montiert werden, bevor sie in die Massenproduktion gehen. Jeder dieser Arbeitsschritte erfordert eine enorme Spezialisierung der beteiligten Unternehmen.

Halbleiter werden immer kleiner. Das ist Moore's Law, zurückgehend auf den Intel-Mitgründer Gordon Moore, der dieses Gesetz 1961 formulierte: Etwa alle 20 Monate verdoppelt sich demnach die Komplexität eines Schaltkreises.

Dies ist allerdings kein Naturgesetz, sondern eine Art Faustregel, basierend auf empirischen Beobachtungen.

Weltmarktführer TSMC hat angekündigt, noch Ende dieses Jahres in Größe von drei Nanometern produzieren zu können. Im iPhone 15 stecken derzeit Chips, basierend auf 6nm-Prozessoren. Kurzum: Je kleiner die Halbleiter, desto ausgefeilter das Produkt. Ohne eine konstante Verbesserung der Chiptechnologie keine anhaltende digitale Revolution.

Chips der neuesten Generation finden zum Beispiel Einsatz in der Technologie, die Peking für seinen Überwachungsapparat dringend benötigt, aber ebenso in Waffensystemen, die auf künstlicher Intelligenz basieren.

Für Taiwan ist diese technologische Nische Fluch und Segen zugleich. Heute bezeichnen taiwanische Politiker die heimische Halbleiterproduktion gern als »Silizium-Schild«. Gerade weil das Festland so abhängig von Chips aus Taiwan sei, werde es eine militärische Invasion nie wagen. Auf der anderen Seite gerät die kleine Insel mit ihren 22 Millionen Einwohnern immer wieder ins geopolitische Rampenlicht.

Als im Sommer 2022 die damalige Sprecherin des US-Repräsentantenhauses, Nancy Pelosi, Taiwan besuchte, schäumte der Propaganda-Apparat auf dem Festland. Diplomatisch sah man darin eine Aufwertung der Insel und somit einen weiteren Schritt Richtung offizielle Unabhängigkeit. Mit dem Besuch würden die USA einen Krieg provozieren, schäumte die chinesische Presse. Chinas Marine und Luftwaffe veranstalteten demonstrativ Manöver in der Straße von Taiwan. Doch nach all dem Säbelrasseln entspannte sich die Krise im Sommer wieder.

Schnell wurden Analogien zur Ukraine gezogen: Man müsse Taiwan aufrüsten, um Peking abzuschrecken. Die Regierung unter dem Präsidenten Tsai verlängerte die Wehrpflicht deswegen von zwei auf zwölf Monate. »Solange Taiwan stark genug ist, wird es die Heimat von Demokratie und Freiheit in der ganzen Welt sein und nicht zu einem Schlachtfeld werden«, sagte Tsai.

Ein militärischer Zusammenstoß zwischen dem Festland und Taiwan aber wäre letztlich nur die blutigste Variante eines Krieges, der längst im Gange ist: Wirtschaftlich und technologisch ist Taiwan bereits Mittelpunkt eines Konflikts.

Im Oktober 2022 erließ die amerikanische Regierung ein Gesetz, wonach »in China keine US-Technologie mehr bei der Produktion von Halbleitern unter einer Strukturbreite von 16 Nanometern verwendet werden darf«. Dies hatte zur Folge, dass viele Fabriken in China nicht mehr beliefert wurden. Die neuen Gesetze kamen einem Chip-Embargo gleich. Hinzu kam, dass amerikanische Staatsbürger, die derzeit in China für Halbleiterunternehmen tätig sind, quasi über Nacht das Land verlassen mussten.

Ziel ist es, Peking langfristig aus dem Rennen um die kleinsten Chips zu werfen. Die Kommunistische Partei Chinas soll von neuester Technologie abgeschnitten werden. China ist derzeit ohne fremde Hilfe in der Lage, Halbleiter in der Größe von 90 Nanometern selbst herzustellen. Das chinesische Wirtschaftsmagazin *Caixin* geht davon aus, dass es Peking frühestens 2024 gelingen wird, 40-nm-Chips autark zu produzieren. *Caixin* berichtete allerdings kurz darauf in einer Titelstory, dass vor allem der Abzug von wichtigen Mitarbeitern die chinesische Halbleiterindustrie hart treffe. Und tatsächlich verließ rund ein Dutzend hoch spezialisierter Führungskräfte das Land. Der Nachschub an ausländischen Fachkräften stockt ohnehin. Aufgrund der rigiden Zero-Covid-Politik Pekings haben zahlreiche Ausländer in den vergangenen zwei Jahren das Land verlassen. Neue kommen kaum nach, da China mittlerweile als »Härteposten« gilt – das heißt, immer weniger Mitarbeiter großer Firmen wollen für einige Jahre dort leben.

Die USA sitzen, was Halbleiter betrifft, am längeren Hebel; China ist weit abgeschlagen. Die Sanktionen dienen dazu, diesen Abstand nicht kleiner werden zu lassen. Ob dies jedoch der richtige Weg ist, wird sich noch herausstellen. Womöglich provoziert der Schritt China eher, eine Eskalation des Konflikts zu suchen. Denn manches erinnert an eine Kriegsursache 90 Jahre zuvor:

Ende der 1930er-Jahre befand sich das Japanische Kaiserreich auf dem Höhepunkt seiner Macht. Anders als nahezu alle nicht europäischen Nationen der Zeit hatte sich Japan nicht kolonisieren lassen, sondern war nach der Meiji-Restauration 1868 zu einem mächtigen Gegenspieler westlicher Mächte geworden. Japan hatte als erste nicht europäische Nation 1904 eine Seeschlacht gegen Russland gewonnen und weite Teile Chinas und Koreas annektiert. Eines aber besaß Japan nicht, oder nur unzureichend: Öl. Das Kaiserreich war maßgeblich von Importen aus den USA abhängig, damals einer der größten Erdölproduzenten der Welt. Die Spannungen mit den USA im Pazifik nahmen zu, aber ein offener Krieg schien aufgrund der Entfernungen unrealistisch.

Die Lage änderte sich dramatisch, als die USA 1940 ein Ölembargo gegen Japan verhängten. Die japanische Reichsmarine kam zu dem Schluss, dass die Vorräte nur zwei Jahre reichen würden und in dieser Zeit Indonesien besetzt werden müsse, um die dortigen Quellen anzuzapfen. Da dies ohnehin zum Krieg mit den USA führen würde, entschloss man sich zu einem Präventivschlag. Am 7. Dezember 1941 gegen acht Uhr morgens griffen 353 japanische Flugzeuge die amerikanische Pazifikflotte in Pearl Harbor an. Der Pazifikkrieg hatte begonnen. Er endete im August 1945 nach dem Abwurf von zwei Atombomben mit der bedingungslosen Kapitulation Japans.

So muss es im Fall der Halbleiterkrise nicht kommen, aber spieltheoretisch birgt die amerikanische Strategie eben auch das Risiko einer Eskalation.

Zudem hält Peking seinerseits einen Trumpf in der Hand: Es verfügt über die nötigen Rohstoffe, die »Seltenen Erden«, die zur Produktion von Smartphones, aber auch Halbleitern benötigt werden. Zudem sind die Kobaltminen im Kongo mittlerweile in chinesischer Hand. Xi Jinping könnte sich also mit einem Embargo für Seltene Erden und Metalle revanchieren. Einen Vorgeschmack darauf gab es bereits: Im Sommer 2023 stoppte Peking die Ausfuhr von Gallium und Germanium, zweier Seltener Erden, für die China ein Quasi-Monopol hat. Beide Stoffe werden zur Chipherstellung benötigt.

Außerdem könnte der Boykott den gegenteiligen Effekt haben: nämlich den, dass es China gelingt, eine eigene Halbleiterindustrie aufzubauen. Genau daran arbeitet China aktuell mit Hochdruck. Schon 2015 rief man die »Made in China 2025«-Kampagne ins Leben, mit der die Abhängigkeit von ausländischen Halbleitern drastisch reduziert werden soll. Dabei helfen sollen 143 Milliarden US-Dollar an Subventionen und Steuernachlässen. Das größte Subventionspaket der vergangenen fünf Jahre soll zunächst vor allem chinesische Unternehmen dazu anhalten, Chips, die nicht unter das Embargo fallen, aus heimischer Produktion zu kaufen.

Im Sommer 2023 schienen die Bemühungen sogar erfolgreich zu sein. Der chinesische Smartphonehersteller Huawei kündigte sein neuestes Produkt, das Mate 60 Pro, an. Zum Einsatz kam dabei ein Chip von sieben Nanometern – was die US-Sanktionen eigentlich hätten verhindern sollen. Dem Konzern wurde unterstellt, die Chipkontrollen unterlaufen zu haben. Huawei bestritt dies und behauptete, die Chips selbst entwickelt zu haben.

Für die Weltwirtschaft wäre eine Blockade Taiwans oder gar eine militärische Invasion eine ungleich größere Katastrophe als der Ukrainekrieg. Halbleiterfabriken würden zerstört werden, wichtige Experten das Land verlassen. Essenzielle Lieferketten wären unterbrochen, Auto-, Smartphone- und zahlreiche andere Produktionen stünden still. Die hoch spezialisierten Werke in Taiwan zu ersetzen, würde Monate, wahrscheinlich eher Jahre in Anspruch nehmen.

Die Weltwirtschaft würde unmittelbar um zwei Prozent schrumpfen, der Handel mit China zum Erliegen kommen. Studien des Kiel Instituts für Weltwirtschaft gehen davon aus, dass eine Entkopplung der deutschen Wirtschaft von China die deutsche Wirtschaftsleistung »nur« um einen oder

1,5 Prozent schmälern würde. Konsumenten wären dadurch überdurchschnittlich härter betroffen, da sie auf günstige Endprodukte verzichten müssten. Die rund 6000 in China ansässigen deutschen Unternehmen dürften wohl enteignet werden. Dazu zählen vor allem Automobilzulieferer, Anlagen- und Maschinenbauer. Hersteller von sogenannten *Capital Goods*, also Unternehmen, die Maschinen bauen, waren in den vergangenen 30 Jahren ein Segen für China. Insbesondere deutsche Unternehmen trugen maßgeblich dazu bei, das Land zu industrialisieren und zu modernisieren. Im Konfliktfall mit dem Westen ist es kaum vorstellbar, dass Peking auf diese Firmen verzichten wird. Die Unternehmen könnten dem Namen nach weiter deutsch bleiben, Wertschöpfung, Entwicklung und Profite aber verlassen China nicht mehr.

Noch aber kann man davon ausgehen, dass die Auswirkungen einer militärischen Invasion für das Festland mindestens so dramatisch wären wie für den Rest der Welt. Und auch die Volksrepublik bezieht einen Großteil seiner Halbleiter von der Insel: Mehr als 35 Prozent kommen aus Taiwan.

Eine Konsequenz, die Washington daraus ableitete, war, den wichtigsten Chiphersteller TSMC zu animieren, Werke in anderen Teilen der Welt aufzubauen. Ende 2022 verkündete der Konzern, 40 Milliarden US-Dollar in ein Werk im amerikanischen Arizona zu investieren. Ab 2024 sollen dort Chips mit vier Nanometern, ab 2026 dann sogar mit drei Nanometern produziert werden. US-Präsident Joe Biden erschien persönlich zum Richtfest, ebenso wie Apple-CEO Tim Cook und Nvidia-Gründer Jensen Huang. Was dort gesagt wurde, aber klang wenig feierlich: »Geopolitische Konfrontationen haben den gesamten Markt verzerrt«, sagte C. C. Wei, Chef des taiwanischen Konzerns. »Früher hast du ein Produkt gemacht und konntest es in der ganzen Welt verkaufen. Jetzt ist es nicht mehr erlaubt, manche Produkte zu verkaufen, manche Länder sagen, du darfst nicht herein, während andere sagen, dass du nur bestimmte Produkte verwenden darfst.« Auch der legendäre TSMC-Gründer Morris Chang war vor Ort und sagte, dass »Globalisierung und Freihandel beinahe tot« seien.

Ein zweites Werk soll in Deutschland entstehen. Das passt gut zur De-Risking-Strategie der Bundesregierung, die im Juli 2023 beschlossen wurde. Ob die gewaltigen Kosten in Form von Subventionen sich lohnen, ist eine andere Frage. Rund fünf Milliarden Euro schießt Berlin zu, damit TSMC das Werk in Sachsen baut – die Hälfte der Gesamtkosten. Bosch, Infineon und NXP sollen jeweils mit zehn Prozent daran beteiligt sein, TSMC hält 70 Prozent der Anteile. So will man die deutsche Industrie im Fall eines Konflikts in der Taiwan-Straße unabhängiger machen. Wirtschaftsminister Robert Habeck packte gleich mehrere Zeitgeist-Buzzwords in sein Statement: »Eine robuste heimische Halbleiterproduktion ist von besonderer Bedeutung für unsere globale Wettbewerbsfähigkeit, denn Halbleiter halten unsere Welt am Laufen und machen die Transformation hin zur Klimaneutralität erst möglich.«

Nur: Bis das Werk bei Dresden überhaupt etwas produziert, sollen noch drei Jahre vergehen. Frühestens 2027 soll die Produktion anlaufen. Vor allem aber werden anders als im Werk von Arizona eben nicht modernste Chips produziert werden, sondern verhältnismäßig »klobige« Varianten mit einer Größe von 28 Nanometern.

Für Taiwan selbst ist dies eine durchwachsene Entwicklung. Zwar machen die beiden Werke insgesamt nur einen kleinen Teil der Chipproduktion aus, und die Topforschung bleibt in Taiwan, wie Experte Dan Nyland versichert. Trotzdem weisen die Investitionen in eine Richtung: Diversifizierung und De-Risking. »Ich kann nicht erkennen, wie Taiwan davon profitiert«, sagt mir eine Wirtschaftsjournalistin in Taipeh. »Für uns bedeutet das mehr denn je, dass wir ein Spielball der Interessen zweier Großmächte sind.«

Dass eine gewisse Abwendung und Diversifizierung vom Festland für Taiwan notwendig ist, haben mittlerweile allerdings beide großen Parteien erkannt. Letztlich geht es um die Frage, auf welchem Wege man dies am besten umsetzt. Alexander Huang von der Kuomintang sagt, für Taiwan gehe es letztlich um die Frage des Überlebens. »Xi Jinping wird irgendwann nicht mehr an der Macht sein. Wir sollten sicherstellen, dass Taiwan dann noch existiert«, sagt er und plädiert dafür, den Konflikt zwischen Taipeh und Peking schlicht in die Zukunft zu vertagen. »Es geht darum, dieses Spiel ins Unendliche zu verlängern. Viele Menschen wollen immer sofort Lösungen. Ich kann das nachvollziehen, aber man muss sich auch fragen: Wie viel Menschenleben kostet so eine Lösung? Was ist wirklich damit gewonnen?«

Auch einige Hundert Kilometer nördlich in Japan dachte man lange so. Seit Kurzem aber ist auch hier einiges in Bewegung geraten.

7.

ZWISCHEN PAZIFISMUS UND WELTMACHTSTREBEN

»Damals dachten wir: Wir befinden uns in einem fairen Wettbewerb und müssen einfach schneller rennen.«

MITSONUBO KOSHIBA,
JAPANISCHER WIRTSCHAFTSVERTRETER

»Military Welcome« steht auf dem Schild eines Taco-Ladens im American Village auf der japanischen Insel Okinawa. Das Village wurde Anfang der Achtzigerjahre für die rund 29 000 amerikanischen Soldaten und deren Angehörige errichtet: Eine etwas bizarr anmutende Ansammlung von Burger-Läden, Christmas-Shops und Spielhallen in grellbunten Farben. Am Himmel sieht man gerade zwei Militärflugzeuge im Landeanflug. Okinawa ist nach Südkorea der größte amerikanische Truppenstützpunkt außerhalb der USA. Willkommen aber sind die amerikanischen Soldaten längst nicht überall. Kein halbes Jahr ist es her, da gingen mehrere Tausend Bürger der Insel auf die Straße. Sie demonstrierten wie jedes Jahr zum 15. Mai gegen einen weiteren Ausbau der amerikanischen Militärbasis. Es ist der Jahrestag der Rückgabe der Insel an Japan durch die Amerikaner 1972. Die Inselgruppe zwischen Japan und Taiwan hat eine eigene Kultur und Geschichte. Okinawa gilt als Geburtsort der Kampfkunst Karate und außerdem als »Blue Zone«: eine der wenigen Erdgegenden, in denen verhältnismäßig viele Menschen über 100 Jahre alt werden.

Im Mittelalter spannte das Reich der Ryukyu-Inseln, wie Okinawa früher hieß, ein Handelsnetzwerk über ganz Asien, zahlte aber Tribute an den chinesischen Kaiser. Im 17. Jahrhundert wurde das Königreich von japanischen Samurai erobert. Im Zweiten Weltkrieg musste es als strategisches Bollwerk des Kaiserreichs herhalten. Hier spielte sich im letzten Kriegsjahr noch eine der blutigsten Schlachten des Pazifikkrieges ab.

Seitdem gilt Okinawa als »unsinkbarer Flugzeugträger« der USA im Pazifik. Die strategisch wichtige Militärbasis wacht über die Nachkriegsordnung. Nur eineinhalb Flugstunden sind es von hier aus nach Taiwan, zwei dauert es bis nach Shanghai, die Megametropole auf dem chinesischen Festland. Kampfjets legen die Strecke wesentlich schneller zurück. Die US-Navy plant außerdem gerade den Aufbau eines neuen U-Boot-Stützpunktes. Die 1,5 Millionen Einwohner der Inselgruppe sind davon allerdings wenig begeistert. Sie wären gerne unabhängig, oder zumindest autonomer, und nicht Frontlinie im geopolitischen Großkonflikt zwischen China und den USA. Dabei ist nicht nur Okinawa selbst, sondern auch Japan, zu dem die Inselgruppe seit rund 50 Jahren wieder offiziell gehört, Spielball oder zumindest Junior-Partner der USA. Tokio muss reagieren – auf das, was in Washington und Peking beschlossen wird.

Damals in den Siebzigerjahren kam es im Pazifik zu einer Zeitenwende, die zu ähnlich großen Umwälzungen führte wie die heutige: Die USA hatten in geheimen Gesprächen die Aufnahme von Beziehungen mit Peking sondiert. Dann folgte der Paukenschlag: US-Präsident Nixon verkündete offiziell, dass es nur ein China gebe, und erkannte die Volksrepublik unter Mao Zedong an. Die Rückgabe Okinawas an Japan – die viele Inselbewohner verärgerte, weil sie die Unabhängigkeit vorgezogen hätten – hatte damit nur indirekt zu tun. Beides zusammen aber markierte einen Neuanfang im Pazifik. Für das 1945 besiegte Japan bedeutete es eine Normalisierung und mehr Eigenständigkeit. Die USA behielten ihre Militärbasis, verpflichteten sich aber, keine Nuklearwaffen in Japan zu stationieren.

»Als die USA uns in den Siebzigern sagten, wir sollten die diplomatischen Beziehungen zu Taiwan abbrechen und zu Peking aufnehmen, machte das viele traurig«, sagt Yoko Iwama, Professorin für internationale Beziehungen an der Universität in Tokio (GRIPS). »Es gab ein Gefühl von Verrat. Taiwan war eine der ersten Kolonien Japans, und es ist trotz aller Probleme der einzige Ort, an dem Japan halbwegs willkommen war. Taiwan die diplomatische Anerkennung zu entziehen, tat vielen weh.«

Doch dieses Gefühl legte sich schnell. In den Siebziger- und Achtzigerjahren wuchs Japan zur drittgrößten Volkswirtschaft nach den USA und der Sowjetunion heran. Der Lebensstandard stieg, und bald galt Japan als eines der reichsten und modernsten Länder der Welt. Die Öffnung Chinas sorgte für weiteren Auftrieb, und auch wenn die japanische Immobilienblase Ende der Achtzigerjahre platzte und das überalternde Land für seine wirtschaftliche Stagnation bekannt wurde, ist der Lebensstandard seiner Bewohner doch einer der höchsten weltweit. Nicht selten hat man in Tokio das Gefühl, die Zukunft zu betreten. In Restaurants führen Roboter den Gast zu seinem Platz, und die futuristisch aussehenden Shinkansen-Züge melden Verspätungen in Sekunden und nicht wie manchmal in Deutschland im Halbstundentakt.

Heute dreht sich wieder vieles um China, Taiwan und die USA. Denn die Verteidigung der Region will Washington längst nicht mehr allein schultern. Japan soll mithelfen, aber nicht mehr nur mit Geld. Das allerdings rührt tief an der Identität der Japaner.

Die einen in Japan möchten die Zeit zurückdrehen, den anderen kann es nicht schnell genug gehen. Ken Takada gehört zu Ersteren. »Wir möchten nicht, dass Japan nochmals Krieg führt«, sagt der 79-Jährige mit gedämpfter Stimme. »Unsere Verfassung fußt auf Menschenrechten und Demokratie, das müssen wir erhalten.« Sein kleines Büro in Tokio ist voller Plakate, Bücher und Erinnerungen an Mahnwachen und Demonstrationen für Frieden.

Seit über einem halben Jahrhundert ist er in der japanischen Friedensbewegung aktiv. Er ist der Leiter des Bündnisses »Lasst keinen Krieg zu und zerstört nicht Artikel 9!«. Der Verfassungsartikel nämlich garantiert den Pazifismus des Landes.

Ähnlich wie in Deutschland sind die Erinnerungen an die Gräuel des Zweiten Weltkriegs, die japanische Soldaten begingen und japanische Zivilisten später erlitten, ein bedeutsamer Teil der japanischen Identität. Japan hat seit 1947 eine pazifistische Verfassung. Offiziell hat das Land nicht mal eine Armee, sondern nur »Selbstverteidigungskräfte«.

Genau diesen Artikel 9 zu verändern oder ihn zumindest umzuinterpretieren, daran arbeiten konservative politische Kräfte in der Regierung seit einigen Jahren. Ähnlich wie Deutschland wollen die USA nicht mehr allein die gewaltigen Verteidigungsausgaben stemmen, die die Abschreckung Chinas erfordert. Als US-Präsident Trump dies 2018 lautstark verkündete, erntete er viel Kritik und unglaubwürdiges Kopfschütteln. Doch mittlerweile herrscht Konsens in den USA: Die Verbündeten müssen mithelfen bei der Eindämmung Chinas. Auch Japan soll sein Verteidigungsbudget bis 2027 auf zwei Prozent der Wirtschaftsleistung erhöhen – ein gewaltiger Beitrag, schließlich ist der Inselstaat noch immer die viertgrößte Volkswirtschaft der Welt.*

Der Gegenspieler des Pazifisten Takada sitzt nur wenige Kilometer entfernt im Abgeordnetenbüro des Tokioer Regierungsviertels. Keiji Furuya ist Leiter des Zentrums der LDP für die Umsetzung der Verfassungsreform. Im Büro des schlanken, elegant gekleideten 70-Jährigen hängen Fotos, die ihn mit Shinzo Abe zeigen, dem Ministerpräsidenten,

---

* Erst kürzlich wurde Japan von Deutschland »überholt«. Das ist aber eher dem schwachen Yen geschuldet als einem Nachlassen der japanischen Wirtschaftskraft, geschweige denn einer stärkeren deutschen Wirtschaft.

der 2022 einem Attentat erlegen ist. Abes Ziel war es unter anderem, Japan neu auszurichten – wirtschaftlich, aber auch militärisch.

»Es geht darum, die Verteidigungskraft Japans zu stärken«, sagt Furuya. »Derzeit haben wir offiziell nur Streitkräfte zur Selbstverteidigung, keine richtige Armee.« Diese wieder einzuführen, wäre ein erster Schritt. Es geht dabei um mehr als nur Namen, sondern ganz konkret um Waffenarten. Eine Armee dürfte anders als Selbstverteidigungskräfte auch Raketensysteme erwerben, die zum Beispiel Startrampen und Rollfelder des Gegners attackieren können. »Bisher war das in Japan immer ein Tabu-Thema«, sagt Furuya. »Dafür braucht man in Japan eine Zweidrittelmehrheit der Abgeordneten. Das ist also kein einfaches Unterfangen.«

Um wen es dabei geht, ist relativ klar: Seit Jahren rasselt Nordkorea mit Raketentests. Immer wieder feuert das Land Raketen über Japan hinweg, um zu demonstrieren, dass man die Inseln leicht erreichen kann. Seit einigen Jahren wachsen zugleich die Spannungen mit China – die inoffizielle Schutzmacht des vermeintlich irren Diktators in Pjöngjang. Vieles von dem, was man in Deutschland lange lieber ignorierte, nahm man in Japan deutlich wahr: Der Riese auf dem asiatischen Festland liberalisiert sich nicht, sondern tritt immer aggressiver auf.

Dabei profitierte anfangs kaum ein Land so stark wie Japan von Chinas Öffnung: Anfang der Achtzigerjahre betrug die chinesische Wirtschaftsleistung gerade einmal ein Viertel des boomenden Japans, wo sich gerade Unternehmen wie

Panasonic, Toyota und Nintendo zu Weltmarktführern aufgeschwungen hatten. China exportierte damals vor allem Rohstoffe und Öl auf die Inseln. Aber nach den marktwirtschaftlichen Reformen 1992 begann China, auch japanische Direktinvestitionen anzuziehen. Wie deutsche Unternehmen nutzten auch japanische die guten Bedingungen in Form billiger Arbeitskräfte und Steuervergünstigungen in China. Ab der Jahrtausendwende begann die Volksrepublik, auch als Markt interessant zu werden. Der Wert der lokalen Produktion, also der Waren, die japanische Firmen in China produzierten, stieg von 25 Milliarden US-Dollar im Jahr 2001 auf 226 Milliarden im Jahr 2013. Im selben Jahr war China auch der größte Automarkt geworden. Knapp 18 Millionen Pkw wurden in diesem Jahr in China verkauft, rund drei Millionen stammten aus japanischer Produktion (die wie deutsche Unternehmen in Joint Ventures mit chinesischen Staatsunternehmen gezwungen worden waren). Allerdings nahm China nie eine so dominante Rolle als Empfänger von japanischen Direktinvestitionen ein wie bei den Europäern. Früher als anderswo bemerkte man in Tokio, dass man in Teilen Asiens plötzlich zum Konkurrenten von Peking geworden war. Wirtschaftlich hatte Japan seit Jahrzehnten den südost- und südasiatischen Raum dominiert. Das begann sich um das Jahr 2010 zu ändern. In Ländern wie Myanmar, Kambodscha und Laos wurde Peking plötzlich zum dominanteren Wirtschaftsfaktor und nahm auch Einfluss auf die dortige Politik.

Anders als in Japan, wo große Teile der Gesellschaft die eigene Vergangenheit hinsichtlich der Verbrechen im Zweiten Weltkrieg aufgearbeitet haben,* nährt die chinesische Staatspresse das nationale Trauma immer weiter – was wiederum in Japan aufmerksam registriert wird. Yoko Iwama war in den Achtzigern Austauschstudentin in Shanghai. »Ich erinnere mich, wie freundlich jeder war. Alle wollten über japanische Pop-Musik und Literatur reden.« Vor ein paar Jahren änderte sich das radikal. »Es gibt in den Beziehungen zu jedem Land Auf und Abs, auch mit Südkorea hatten wir in Japan immer wieder Probleme wegen der Vergangenheit. Aber die persönlichen Beziehungen sind davon nicht betroffen. Ich hatte immer gute Freunde in Südkorea, mit denen ich immer, auch in schwierigen Zeiten, in Kontakt stand.« Mit Chinesen sei das heute anders. Schon weil sie keine westlichen Plattformen wie X oder Facebook nutzen, werde es immer schwieriger, Kontakt zu halten. »Sobald meine Studenten aus China ihren Studienaufenthalt hier beendet haben, verliere ich den Kontakt zu ihnen. Das ist psychologisch schwierig: als ob eine Wand hochginge. Alle akademischen Austauschprogramme haben aufgehört. Obwohl wir uns nicht im Krieg befinden, gibt es keinen Kontakt. China hat beschlossen, sich vom Rest der Welt abzukapseln.«

Der Widerstand gegen die japanischen Besatzer in den Dreißiger- und Vierzigerjahren ist eine wichtige Identifizierungs- und Legitimationssäule der Kommunistischen Partei

---

* Japan hielt in den Dreißigerjahren große Teile Chinas besetzt. Beim Massaker von Nanjing 1937 ermordeten japanische Soldaten zwischen 200 000 und 300 000 Zivilisten.

Chinas. Bei jeder Gelegenheit wird die Flamme der nationalistischen Erregung entzündet. So zum Beispiel im Sommer 2012. Als die japanische Regierung die Senkaku-Inseln von einem japanischen Privateigentümer kaufte, sprach Peking von Verstaatlichung und entfachte in der eigenen Bevölkerung Proteste und Boykotts japanischer Waren. In vielen Städten zog ein wütender Mob durch die Straßen und zerstörte japanische Autos und andere Waren. Die japanische Regierung riet ihren Bürgern in China, sich keinesfalls als Japaner erkennen zu geben oder besser gleich das Haus nicht mehr zu verlassen. Die Proteste nahmen solche Ausmaße an, dass die chinesische Regierung, die ursprünglich dazu aufgerufen hatte und Vandalismus duldete, sich gezwungen sah, diese wieder unter Kontrolle zu bringen.

Für Tokio mindestens so gravierend aber war ein inoffizieller Ausfuhrstopp: Seltene Erden, die für die Herstellung von Halbleitern und Batterien wichtigen Metalle, fanden plötzlich ihren Weg aus China nicht mehr nach Japan. Eine offizielle Erklärung für den Exportstopp gab es nicht.

Freilich hat auch Japan Anteil an den Spannungen. Eine offizielle Bitte um Entschuldigung für die Gräuel, die die japanischen Besatzer in China angerichtet hatten, gab es nie. Stattdessen besuchen japanische Staatsoberhäupter immer wieder Schreine, in denen die Kriegsverbrecher von damals verehrt werden.

Doch zurück ins Hier und Jetzt: Im Südchinesischen Meer zettelt Peking immer wieder Streit mit gleich mehreren Nachbarn an, indem es auf unbewohnten Inseln Militärbasen aufschüttet und diese für sich beansprucht. So eskalierten Ende 2023 die Spannungen mit den Philippinen. Um seinen Anspruch auf unbewohnte Riffe zu untermauern, organisierte Manila »Ausflugstouren« dorthin. Die chinesische »Küstenwache« (die Küste des chinesischen Festlandes ist über 1000 Kilometer entfernt) revanchierte sich mit Wasserkanonen.

Das dringlichste Problem aber ist Taiwan: »Unsere südlichste Insel ist gerade einmal 120 Kilometer von Taiwan entfernt«, sagt LDP-Politiker Furuya. »Ein Angriff Chinas auf Taiwan betrifft nicht nur Japan, sondern die ganze Welt.«

Japan müsse einen dritten Weg gehen, ähnlich dem der Schweiz, findet Friedensaktivist Ken Takada und setzt auf freundschaftliche Beziehungen zu allen Nachbarn: »Japan muss keine Angst haben vor Angriffen anderer, wenn wir selbst niemanden bedrohen, so wie unsere Verfassung es uns vorgibt.«

Man kann diese Meinung als naiv abtun, aber spieltheoretisch birgt die Abschreckung ein Risiko: Wer zu hoch pokert und aufrüstet, weil er einen Krieg vermeiden will, kann den Gegner erst recht zu einem Angriff provozieren. Dies wäre der Fall, wenn Peking seine neu gewonnene Macht schwinden sähe und glaubte, ein Zeitfenster nutzen zu müssen.

Natürlich sagen auch die Befürworter der Aufrüstung, dass sie einen Krieg verhindern wollen. Ähnlich wie in Taiwan aber folgt man hier dem lateinischen Sprichwort: Si vis pacem para bellum: Wenn du Frieden willst, rüste zum Krieg.

»Wenn wir davon ausgehen, dass China ein rationaler Akteur bleibt, dann ist Krieg keine gute Wahl. Unsere Strategie sollte sein, Peking klarzumachen, dass die Kosten sehr hoch sind, und so sie von einer Invasion Taiwans abzuhalten«, sagt Yoko Iwama von der GRIPS-Universität in Tokio. »Japan erhöht sein Verteidigungsbudget und kauft Waffen – zum ersten Mal auch Langstreckenraketen, die man auch als Offensivwaffen sehen kann. Aber es geht um Abschreckung. Die Situation in der Ukraine hat viele Leute hier überzeugt, dass dies notwendig ist. Es geht dabei nicht nur um uns, sondern um eine Allianz mit den USA, Australien, Korea und anderen Staaten.«

Ähnlich wie in Westeuropa ist die Notwendigkeit zur Aufrüstung allerdings ein Elitenprojekt. Politikberaterin Akiko Fukushima von der Tokyo Policy Foundation unterstützt die neue japanische Aufrüstung, ist sich des Spagats aber bewusst. »Eine öffentliche Mehrheit für eine Verfassungsänderung zu erhalten, ist sehr schwierig«, sagt sie. »Viele sind zwar für mehr Sicherheit, aber niemand will das mit Steuererhöhungen finanzieren.«

Und wenn es doch zum Äußersten kommt und China Taiwan angreift? »Wir spielen solche Szenarien durch, ich kann darüber nichts Genaues sagen«, sagt Akiko Fukushima. »Nur so viel: Für uns ist es sehr wichtig zu verhindern, dass Xi den Weg der Gewalt wählt. Deswegen müssen wir den Preis hochhalten und Peking Entschlossenheit signalisieren.«

Die Bedrohung ist akut: Anfang September 2023 zum Beispiel »übte« die chinesische Volksbefreiungsarmee mal wieder die Einkreisung Taiwans. Innerhalb weniger Tage drangen 143 Kampfflugzeuge und 56 Kriegsschiffe in den Luftraum und die Hoheitsgewässer der demokratischen Insel ein, die Peking als abtrünnige Provinz betrachtet. Für Japan wäre ein Krieg in der Straße von Taiwan eine Katastrophe. Das Land selbst hat kaum Rohstoffe und importiert diese über den Seeweg. Die verarbeiteten, meist hoch spezialisierten Produkte exportiert Tokio in die ganze Welt. Dies ist die Essenz des japanischen Geschäftsmodells, und so wurde Japan eines der reichsten Länder der Welt. Doch dies funktioniert nur, wenn die Schifffahrtswege frei und sicher sind. Wenig überraschend bereitet sich mit Ausnahme der USA wohl kaum ein Land wirtschaftlich so gut auf eine Eskalation vor wie Japan.

Mitsonubo Koshiba ist ein agiler 70-Jähriger. Der Leiter des Wirtschaftsschutzkomitees von Keizai Doyukai, dem größten Wirtschaftsverband des Landes, empfängt mich mit festem Händedruck in Tokios Regierungsviertel. Ihn begleitet eine Garde an jungen, übereifrigen Mitarbeitern, von denen mir jeder seine Visitenkarte überreicht. Das Interview schreiben sie alle mit.

Manches erinnere ihn an die frühen Neunzigerjahre, als man in Amerika große Sorgen hatte, Japan würde den USA den Rang als größte Volkswirtschaft ablaufen, erzählt er. »Damals standen wir in einem starken Wettbewerb mit den USA – wirtschaftlich und technologisch«, sagt Koshiba. »Aber dieser Wettbewerb ließ sich fair austragen. Mit China gibt es auch eine militärische Systemkonkurrenz, und die ist nicht so einfach zu lösen.«

Koshiba ist zudem Direktor von »Rapidus«, einem Zusammenschluss der acht wichtigsten Halbleiter-Produzenten des Landes. Ihm war schon relativ früh klar, dass Chinas wirtschaftlicher Aufstieg zu einer Bedrohung für japanische Unternehmen werden würde. 2016 hatte Peking ein Cyber-Security-Gesetz erlassen, das den chinesischen Behörden den Zugriff auf alle Daten ausländischer Unternehmen sicherte.»Damit war klar, dass China sich nicht dem Westen annähert, sondern sich weiter davon entfernt.« Koshiba erntete zunächst Kritik für seine Warnungen.»Damals war Konsens: Wir befinden uns in einem fairen Wettbewerb und müssen einfach schneller rennen.« Das sei im Prinzip natürlich noch immer so: Produktivität sei der Schlüssel, den Konflikt technologisch zu gewinnen und damit einen Krieg zu vermeiden. Nur seien die Bandagen härter geworden.

»Dass dieses Jahrzehnt einzigartig sei, betonen auch Autoren wie George Friedman und Ray Dalio«, fährt Koshiba fort.»Die Technologie ändert sich rapide, künstliche Intelligenz wird wichtiger. In China wuchs die Produktivität immer stärker, aber das ändert sich jetzt. Fällt das chinesische Wirtschaftswachstum unter sechs Prozent, wächst die Produktivität nicht mehr, und China bekommt ähnliche Probleme wie die USA: Die Schere zwischen Arm und Reich geht auf. Deswegen muss Peking technologisch aufholen.«

Für Japan bedeutet dies, China zwar weiterhin als Absatzmarkt zu nutzen, die kritischen Lieferketten aber zu verlagern. »Die Menschen waren zu naiv. Einige japanische Unternehmen haben das erkannt und deswegen jetzt Forschungszentren dort geschlossen und nach Japan zurückverlagert«, so Koshiba.

Die japanische Regierung unterstützt ihre Unternehmen dabei, essenzielle Forschungs- und Entwicklungsabteilungen aus China heim nach Japan zu holen. Seit 2020 wurden insgesamt 527 Milliarden Yen (rund 3,3 Milliarden Euro) an Subventionen bezahlt, um Lieferketten zu verlagern. So will man sich unabhängiger von Pekings Zwang machen. Die technologisch sensible Halbleiterbranche spielt hierbei eine besondere Rolle: Bei Rapidus versucht man, die japanischen Interessen mit denen der Partner zu koordinieren. So sollen in Japan Halbleiterwerke (sogenannte *Fabs*) aufgebaut und Halbleiter wieder im Inland produziert werden.

Das »De-Risking«, die Verlagerung von Produktion und Forschung aus China, betrifft nicht nur Halbleiter: Im Januar 2022 zum Beispiel schloss Kamerahersteller Canon ein Werk in Südchina. Das 1990 gegründete Werk war das wichtigste des Unternehmens für digitale Kompaktkameras. Auch japanische Autohersteller wie Honda und Mazda haben angekündigt, ihre Lieferketten umzustrukturieren und von China unabhängiger zu machen. Und die Tamura Corporation verlegte die Produktion von Rasenmähern und anderen Erzeugnissen aus ihrem Werk in China nach Rumänien.

Einen Krieg will niemand in Japan, weder Konservative wie Furuya noch Pazifisten wie Ken Takada. Die einen setzen auf Abschreckung, um ihn zu verhindern, die anderen fürchten, dass genau dies zum Krieg führen wird. Vielleicht aber liegt in der Strategie der japanischen Wirtschaft der Schlüssel, das Problem zu lösen: Den Konflikt technologisch zu gewinnen, um einen militärischen zu vermeiden.

Krieg ist stets das letzte Mittel, um wirtschaftliche und gesellschaftliche Hegemonie zu erringen oder zu behalten. Peking hat dies in den vergangenen Jahren bewusst und geschickt vermieden, seinen Einfluss aber trotzdem weit über seine Landesgrenzen ausgebaut.

8.

DIE DRECKIGE SEIDENSTRASSE

»Die Belt-and-Road-Kooperation wurde von China vorgeschlagen, aber ihre Vorteile und Chancen sind für die ganze Welt.«

XI JINPING

Für »den Westen« schien es wie ein Punktsieg in der sich immer stärker abzeichnenden Systemkonkurrenz zu China und seinen Verbündeten: Im Sommer 2023 gab die neue italienische Ministerpräsidentin Giorgia Meloni bekannt, ihr Land werde die Neue Seidenstraße, auch bekannt als »Belt-and-Road-Initiative«, verlassen.

Italien war dem geostrategischen Großprojekt Xi Jinpings 2019 unter der Vorgänger-Regierung beigetreten. Der Pakt hätte sich im kommenden Jahr automatisch verlängert. Überraschend kommt der Schritt nicht: Schon im Dezember vergangenen Jahres hatte Meloni sich klar positioniert und den Beitritt ihres Landes als »großen Fehler« bezeichnet. Die Entscheidung Roms dürfte aber auch auf Druck der USA zustande gekommen sein. Im Mai hatte Meloni dem Bündnispartner den Schritt bereits angekündigt. Dass ausgerechnet die als Rechtspopulistin geschmähte Meloni China eine Absage erteilte, dürfte für viele Regierungschefs in der EU besonders erleichternd gewesen sein. Denn gerade in Europa hatte sich Peking gerne in Staaten eingekauft, in denen Mitte-Rechts-Regierungen an der Macht waren. Für Washington bedeutete die Ankündigung auch einen PR-Erfolg. Schließlich erfolgte die Bekanntmachung nur kurz vor dem zehnjährigen Geburtstag des Projekts.

Die Neue Seidenstraße wurde im September 2013 vom chinesischen Präsidenten Xi Jinping ins Leben gerufen. China saß zu diesem Zeitpunkt auf einem gewaltigen Berg von US-Dollar-Devisen. Gleichzeitig hatten chinesische Staatsunternehmen viel Erfahrung beim Bau von Infrastrukturprojekten gesammelt. Die Idee war, beides zu exportieren und dabei Chinas globalen Einfluss zu erweitern. Entlang der Neuen Seidenstraße begann Peking ab 2013 Milliardenkredite an Schwellenländer vor allem in Asien und Afrika zu vergeben. Chinesische Banken verliehen Geld für den Bau von Häfen, Straßen, Bahnhöfen und Flughäfen mit der Auflage, für diese Projekte wieder chinesische Staatsunternehmen zu engagieren. Gerade in strukturschwachen Staaten wurde das Geld bereitwillig angenommen. Aber auch Europa bildete bald keine Ausnahme mehr. Vor allem in ost- und südosteuropäischen Staaten war das Geld aus Peking willkommen. So bauten chinesische Unternehmen eine Autobahn durch Montenegro und eine Zugstrecke von Belgrad nach Budapest, und sie stiegen beim griechischen Hafen Piräus ein.

Insbesondere in Afrika boten die Projekte Peking den Vorteil, dass Rohstoffe vom Kontinent schneller und effizienter Richtung China befördert werden konnten: Die Investitionen in die Häfen von Mombasa, Kenia, und Dar-es-Salam in Tansania sowie der Bau mehrerer Zugverbindungen hatten zum Ziel, Chinas Versorgung mit Kupfer, Kobalt, Lithium und anderen Metallen zu gewährleisten. Pipelines nach Myanmar, Kasachstan und Russland sollten den Hunger des Landes nach fossilen Brennstoffen decken. Die zahlreichen Straßen und Zugstrecken Richtung Westen öffneten wiederum die Märkte Zentralasiens, des Mittleren Ostens und Europas für chinesische Waren. Über eine Billion US-Dollar dürfte Peking bis dato weltweit investiert haben. Genaue Zahlen darüber gibt es nicht. Genauso wenig wie eine offizielle »Teilnehmerliste« der Neuen Seidenstraße.

In Schwellenländern in Asien und Afrika finanzierte Peking teils gigantische Projekte – und stürzte die entsprechenden Empfängerländer in eine Schuldenkrise. Das bekannteste und drastischste Beispiel dürfte der Hafen von Hambantota auf der Insel Sri Lanka sein. Die wirtschaftliche Notwendigkeit eines Tiefseehafens schien begrenzt, zumal auch der Hafen der nördlich gelegenen Hauptstadt Colombo hätte ausgebaut werden können. Trotzdem investierte Peking mehrere Hundert Millionen US-Dollar in den Hafen von Hambantota – der sich im Stammland des damaligen Präsidenten Rajapaksa befindet. 2017 geriet Sri Lanka in Zahlungsschwierigkeiten, und es kam zu einer folgenschweren Entscheidung: Peking »pachtete« den Hafen von Sri Lanka für 99 Jahre. Im Westen sorgte dies für Aufruhr. Die Geschehnisse dort führten zum Vorwurf der

»Schuldenfallen-Diplomatie«: Peking locke Schwellenländer mit Krediten für Infrastrukturprojekte bewusst in eine Form der Abhängigkeit, die bis zum Ausverkauf von Staatseigentum führen könne.

Sri Lanka ist auf dem Spektrum der Seidenstraße-Projekte tatsächlich eines der abschreckendsten Beispiele der chinesischen Strategie. Viel Gutes lässt sich an dem Projekt nicht finden. Die Ereignisse auf der Insel an der Südspitze des indischen Subkontinents wiederholen sich in dieser drastischen Form nicht, Abhängigkeiten aber entstanden in vielen Staaten. In Kenia beispielsweise baute Peking den Hafen von Mombasa für mehrere Hundert Millionen US-Dollar aus. Dieser wurde wiederum an eine neue Bahnstrecke angeschlossen, die einmal alle Hauptstädte des afrikanischen Kontinents miteinander hätte verbinden sollen. Der Zug fährt zwar seit 2017 von Mombasa aus in die kenianische Hauptstadt Nairobi, endet dann aber einige Hundert Kilometer westlich in der Savanne. Über drei Milliarden US-Dollar hatte Peking in das Projekt investiert. Nur hat sich die Strecke als weitaus weniger rentabel erwiesen als anfangs berechnet. In der Folge hat auch Kenia Zahlungsprobleme. Gerüchten zufolge war bereits der Hafen von Mombasa als Sicherheit für die Kredite im Gespräch.

Auch in seiner unmittelbaren Nachbarschaft investiert Peking unter dem wohlklingenden Namen »Neue Seidenstraße« viel Geld: Seit Ende 2021 verbindet ein Zug die südchinesische Großstadt Kunming mit Vientiane, der Hauptstadt von Laos. Die Kosten in Höhe von fünf Milliarden Dollar hierfür hätte der kleine Binnenstaat niemals allein aufbringen können, geschweige denn hätte die Weltbank dem kommunistisch regierten Land einen so hohen Kredit gegeben. Der sozialistische Bruderstaat aus dem Norden half gerne – und sicherte sich dafür Rechte für den Abbau von Bodenschätzen entlang der Zugstrecke.

Peking scherte sich beim Bau der Projekte nicht um Umwelt- oder Sozialstandards. Das ist ein Grund, weshalb die chinesischen Investitionen bei den Bürgern der Empfängerländer oft unbeliebt sind. Für die Machthaber der Empfängerländer aber sieht es anders aus: Sie erhalten Kredite, die ihnen westliche Institutionen nur in viel begrenzterem Ausmaß und unter Einhaltung zahlreicher Vorgaben geben würden. Das Geld aus Peking kommt schnell und unkompliziert, und nicht selten dürfte dabei auch einiges in die Taschen der Politiker selbst fließen.

Italien war bisher der einzige G7-Staat, der sich zu dem chinesischen Großprojekt bekannt hatte. 2019, als Rom das Memorandum unterzeichnete, war die Welt allerdings noch eine andere. Die Autonomie der Stadt Hongkong war noch nicht unter Bruch internationaler Verträge durch Peking beendet worden. Die Spannungen um die Insel Taiwan schienen händelbar, die desaströse Menschenrechtslage in der von Uiguren bewohnten Region Xinjiang war weniger bekannt. In Brüssel und Berlin sah man über die Asymmetrien in den Handels- und Wirtschaftsbeziehungen mit China gern hinweg und gab allein US-Präsident Donald Trump die Schuld an den neuen geopolitischen Spannungen.

In Europa begutachtet man chinesische Investitionen in »kritische Infrastruktur« heute wesentlich genauer als noch 2019. Der staatsnahe chinesische Konzern Huawei ist mittlerweile in vielen Staaten vom Ausbau der 5G-Netze ausgeschlossen. Die chinesischen Investitionen in der EU sind stark zurückgegangen: 2016 flossen knapp 37 Milliarden US-Dollar von China nach Europa, 2022 waren es bereits nur noch acht Milliarden.

Für das Projekt »Neue Seidenstraße« ist der Austritt Italiens zwar ein Imageschaden, konkret aber verändert sich wenig. Der Fokus des Programms liegt nach wie vor auf den Staaten des Globalen Südens, wo es Peking vielerorts gelungen ist, seinen Einfluss auszubauen. Im geostrategischen Wettstreit mit den USA aber hätte man die EU gerne als neutralen Wirtschaftspartner. Insofern klingen auch die Töne in der chinesischen Staatspresse nach einer Mischung aus Bedauern und Warnen. Es sei kein Wunder, dass die USA als globale Hegemonialmacht den Aufstieg anderer Staaten als Bedrohung wahrnehmen, schrieb die Parteizeitung *Global Times* daraufhin als Reaktion auf Italiens Ausstieg. Aber Europa solle »die Welt nicht mehr mit den Augen von 1950 betrachten«. Die Seidenstraße sei kein »trojanisches Pferd«, mit dem China seinen Einfluss vergrößere.

Genau das aber ist eben eine berechtigte Befürchtung. China übt Druck aus, wo es kann, mal subtil, mal direkt. Als Litauen im vergangenen Jahr eine diplomatische Vertretung Taiwans eröffnen ließ, verschwand das kleine EU-Land plötzlich von den chinesischen Zollregistern. Dies hatte Folgen für deutsche Automobilzulieferer, die nun in Litauen produzierte Teile nicht mehr nach China exportieren konnten. Mit einem Mal beschäftigte das Thema die gesamte Union. Nicht nur deswegen sehen heute mit Ausnahme von Ungarn nahezu alle europäischen Staaten das Geld aus China kritischer.

Die Wahrheit liegt in der Mitte. Tatsächlich gibt es Argumente dafür, dass das größte geopolitische Projekt Chinas gescheitert ist. Vier Jahre später haben sich nicht nur aufgrund der russischen Invasion der Ukraine und Chinas ambivalenter Positionierung in dem Konflikt die Zeichen verändert. Auch die Neue Seidenstraße ist in Verruf geraten. Zahlreiche Projekte haben sich als nutzlos oder überdimensioniert erwiesen. Durch die hohen Kredite, die Peking in den Jahren zuvor vergeben hatte, befinden sich zahlreiche Staaten aktuell in Zahlungsschwierigkeiten. Peking weigert sich bisher, sich mit internationalen Gläubigern an einen Tisch zu setzen und über eine Umschuldung zu verhandeln. Zwar ist Sri Lanka mit dem für 99 Jahre »verpachteten« Tiefwasserhafen nach wie vor eine Ausnahme, Dutzende Staaten in Afrika und Asien aber sind in eine Schuldenabhängigkeit von Peking geraten. China hat in den vergangenen vier Jahren geschätzt nochmals 240 Milliarden US-Dollar an Anschlusskrediten bereitgestellt, weigert sich jedoch nach wie vor, irgendwelche Schulden zu erlassen.

Die großen Visionen des Projekts, etwa die Bahnstrecke durch den afrikanischen Kontinent, sind zerplatzt. Auch die Bahnstrecke, die seit 2012 das chinesische Chongqing mit Duisburg verbindet, trägt nur marginal zum eurasischen Handel bei. Der Großteil der Güter wird nach wie vor über den Seeweg befördert. Peking exportierte entlang der Neuen Seidenstraße eben nicht nur Fortschritt und Entwicklung aus dem eigenen Land, sondern auch Geisterstädte und Brücken ins Nirgendwo.

Und trotzdem wird Peking in vielen Staaten des Globalen Südens anders gesehen, als man es in den Hauptstädten des Westens vermuten möchte. Schockiert musste man etwa im Frühjahr 2022 zur Kenntnis nehmen, dass bei einer Abstimmung im UN-Sicherheitsrat, in der Russlands Angriff auf die Ukraine verurteilt werden sollte, 40 Staaten des Globalen Südens dagegen stimmten oder sich enthielten. Als es darum ging, Russland seinen Sitz im Menschenrechtsrat zu entziehen, votierten sogar 50 Länder dagegen. Wer glaubt, es handle sich nur um korrupte Regierungen, die Geld aus Peking für ihr Abstimmungsverhalten bekämen, der irrt. Die Meinung, dass die NATO aufgrund ihrer Osterweiterungspläne mindestens eine Mitschuld am Krieg in der Ukraine trage, hört man auf der Straße und Social-Media-Kanälen von Buenos Aires über Istanbul bis Kuala Lumpur. Der südafrikanische Präsident Cyrill Ramaphosa sagte im März 2022 in einer Rede vor dem eigenen Parlament, der »Krieg hätte vermieden werden können, wenn die NATO im Laufe der Jahre die Warnungen ihrer eigenen Führer und Beamten beachtet hätte, dass ihre Osterweiterung zu größeren und nicht zu geringeren Folgen führen würde«. Der brasilianische Präsident Lula sagte sinngemäß, der ukrainische Präsident Wolodymyr Selenskyj trage die gleich Schuld am Krieg wie Putin.

Diese Äußerungen sind weitgehend deckungsgleich mit Pekings Position in dem Konflikt. Der Plan, den Peking im Februar 2023 vorgelegt hatte, um eine Waffenruhe in der Ukraine herzustellen, wurde im Westen verhöhnt oder ignoriert. Im Globalen Süden aber gelang es China dadurch, sein Image als »ehrlicher Makler« und friedvolle Weltmacht zu stärken. Eine Studie des PEW Instituts aus Washington fand zudem heraus, dass sich das Image von China in Schwellenländern wie Kenia, Nigeria und Mexiko im vergangenen Jahrzehnt deutlich gebessert hat.

Tatsächlich sind die Erinnerungen an die Kolonialzeit und die Fremdbestimmung während des Kalten Krieges in vielen afrikanischen, asiatischen und lateinamerikanischen Staaten noch präsent. China wird hier weniger als Supermacht empfunden, die versucht, ihren Einfluss auszudehnen. Vielmehr erscheint das Land als ein »Partner auf Augenhöhe«, dessen Entwicklungsmodell in mehrfacher Hinsicht attraktiv ist. Gerade autoritäre Systeme und »illiberale Demokratien« nehmen das Geld aus China gern, weil es eben nicht an Demokratisierungsauflagen und Reformen geknüpft ist.

Das zeigt sich nicht nur in politischer, sondern auch in wirtschaftlicher Hinsicht. Kredite von Weltbank und IWF sind gewöhnlich an Privatisierungsauflagen geknüpft. Dazu mag man stehen, wie man will. Problematisch sind solche Reformen aber stets besonders dann, wenn sie ohne Augenmaß und Landeskenntnis vollzogen werden. Die Forderung, bestimmte Sektoren zu öffnen und zu privatisieren, führte in vielen Ländern zu hoher Arbeitslosigkeit und dem Einzug westlicher Konzerne. Wettbewerb und freier Kapitalfluss fördern langfristig die wirtschaftliche Entwicklung und tragen am Ende zum Wohle aller bei. Eine ohne Augenmaß vollzogene »Schocktherapie«, wie sie zum Beispiel in den Neunzigerjahren in Russland durchgeführt wurde, macht die Bürger des betroffenen Landes nicht unbedingt zu Fans des westlichen Kapitalismus. China tritt hier als Gegenpol auf. Peking selbst widersetzte sich der Schocktherapie und privatisierte nur zögerlich und in eigenem Tempo Staatsunternehmen – wohl wissend, dass die eigene Wirtschaft in der Lage war, die Millionen von Arbeitslosen zu absorbieren. Noch heute ist das chinesische Finanzsystem abgeschottet. Ausländische Banken und Finanzkonzerne haben kaum Einfluss in China.

Ähnliches ließ sich in den 2000er-Jahren im Internetbereich beobachten. Anstatt seinen Markt für Silicon-Valley-Konzerne wie Facebook und Google zu öffnen, schottete sich China ab und begann, eigene Unternehmen großzuziehen. Heute dominieren Alibaba, Baidu und Tencent den chinesischen Markt – und unterwerfen sich bereitwillig den Zensurauflagen der KP.

Aus einer klassischen liberalen Weltsicht gibt es genug Gründe, dies zu kritisieren, widerspricht es doch den Ideen des freien Markts. Die Realität aber ist oft vielschichtiger. Für viele asiatische Staaten ist das chinesische Entwicklungsmodell, welches Kredite vermeintlich ohne Auflagen verspricht und keine Ansprüche hat, Politik, Gesellschaft oder Wirtschaftssystem des jeweiligen Landes zu verändern, eben attraktiver.

Diese Tendenz der Blockbildung dürfte in den vergangenen drei Jahren nochmals zugenommen haben. Nicht nur die Haltung des Westens im Ukrainekrieg führt zu Irritationen im Globalen Süden. Der Konflikt in Gaza wird in vielen Schwellenländern ebenso völlig anders bewertet. In der unbedingten Unterstützung Israels durch Washington und London zeigt sich für viele die Bigotterie des Westens: hier die Einhaltung von Menschenrechten einfordern, dort den Tod von Zehntausenden Zivilisten in Kauf nehmen. Insofern war der Ausstieg Italiens aus der Neuen Seidenstraße weniger ein Beleg dafür, dass das Projekt gescheitert ist, sondern vielmehr ein Zeichen für die stärkere Blockbildung. Selbst ein Italien mit einer rechtspopulistischen Regierung ist fest im westlichen Orbit verankert. Unterdessen aber wächst der Block der BRICS+-Staaten weiter. Immer mehr Länder schließen sich dem losen Bündnis, bestehend aus Brasilien, Russland, Indien, China und Südafrika, an. Auch wenn zahlreiche Projekte der Neuen Seidenstraße finanziell als Fehlinvestition zu werten sind, hat China damit viele seiner Ziele erreicht: Es hat seinen Einfluss in den Ländern des Globalen Südens ausgebaut und wird dort nicht selten als Partner und Friedensmacht gesehen, mit dem sich gute Geschäfte machen lassen.

9.

GRÜNES, GRAUES CHINA

»Wir werden der Umweltverschmutzung entschieden den Krieg erklären, so wie wir der Armut den Kampf erklärt haben.«

LI KEQIANG, FRÜHERER
CHINESISCHER MINISTERPRÄSIDENT

In Xingtai husten die Menschen. Die Erwachsenen husten, während sie sprechen, die Kinder husten beim Spielen, die Alten husten im Sitzen vor ihren grauen Häusern. Die einzigen Farben in Xingtai sind die der Leuchtreklamen. Über alles andere – Häuser, Pflanzen, Menschen – hat der Rauch der Kohle- und Stahlwerke einen gelb-grauen Schleier gelegt. Die Mittagssonne ist ein trüber rötlicher Ball am Himmel an diesem Dezembertag 2014. Die Luft hier schmeckt nach Metall und kratzt beim Atmen. Auf der Brücke über den Fluss der Stadt kommt es zu einer gespenstischen Szene. Ein Mann nähert sich uns auf einem Motorrad. Er trägt einen Cowboyhut und eine Atemschutzmaske. Kurz hält er an. »Das hier ist ein Albtraum«, ruft er den Besuchern zu, und verschwindet im Nebel.

Xingtai, eine Stadt mit sechs Millionen Einwohnern in der Provinz Hebei, trug damals einen traurigen Superlativ. Sie galt als die Stadt mit der schlechtesten Luft Chinas. Die Werte an dem Tag, als der Fotograf Eric Leleu und ich sie besuchten, lagen bei 280 PM2,5-Partikel pro Kubikmeter Luft. PM2,5-Partikel sind Feinstaub. Sie sind für den Menschen gefährlich, weil sie klein genug sind, um über die Lunge in den Blutkreislauf zu gelangen. In europäischen Städten wird bei Werten über 25 Smogalarm ausgelöst. »Very unhealthy« nennen das die Messstationen, »sehr ungesund«. Eine Smogkatastrophe oder die Simulation eines nuklearen Winters nennen es Umweltexperten. Die Bewohner von Xingtai nennen es einen ganz normalen Tag. Der Jahresmittelwert in Xingtai lag damals bei 190, das ist sechsmal höher als der Grenzwert der Weltgesundheitsorganisation.

Xingtai liegt in der Provinz Hebei im Norden Chinas. Die Provinz ist etwa halb so groß wie Deutschland, hat aber 70 Millionen Einwohner. Acht der zehn am stärksten verschmutzten Städte Chinas liegen hier. Die Provinz ist Chinas Energiezentrum.

Von Xingtai aus führte eine Schnellstraße rund 100 Kilometer Richtung Süden zur Stadt Wuhan. Kohletransporter, Lastwagen chinesischen Fabrikats, brettern mit Getöse die Straßen entlang. Die Sichtweite beträgt oft nicht mehr als 50 Meter. Am Straßenrand stehen Bauern, die die herabfallenden Kohlestücke aufklauben. Rechts und links davon Schornsteine, die auf Kraftwerke, Eisenerzmühlen und Stahlwerke deuten – viele davon menschenleer und stillgelegt, keines größer als ein halbes Fußballfeld. In einem Nudelimbiss erzählt ein Kohlefahrer, viele seiner Kollegen würden nur nachts fahren. Da kontrolliere die Polizei nicht.

»Ich kann mich nicht erinnern, dass die Luft irgendwann mal gut war«, erzählt Guo Na, die Kellnerin des Imbisses, mir in jenem Winter 2014. Nur wenige Meter von ihrem Lokal im Stadtzentrum raucht ein Schornstein. Man muss genau hinsehen, um ihn in dem Nebel auszumachen. Allein im engeren Zentrum Xingtais gibt es drei solcher Kraftwerke, vier Stahlwerke und zwei Kokereien. Wie viele es insgesamt in Hebei sind, weiß niemand.

Lange Zeit war der Regierung in Peking die schlechte Luft egal. Umweltschäden wurden als »notwendiger Preis des Fortschritts« gesehen. Doch zu Beginn der Regierung von Xi Jinping fand langsam ein Umdenken statt. Schlechte Luft ist ein Gleichmacher: Die Armen in Xingtai atmen sie genauso wie die reichen Kinder der Politiker in Peking 300 Kilometer weiter nördlich. Vor allem die zu Wohlstand gekommene Mittelschicht in den großen Metropolen der Ostküste sorgte sich um die eigene Gesundheit. Umweltschutz wurde zu einem immer größeren Faktor für die Stabilität des Landes. Wegen der Luftverschmutzung wurden Flüge gestrichen und sogar Autobahnen gesperrt. Die gesundheitlichen Folgekosten lagen bei 300 Milliarden Euro im Jahr, rechnete die Weltbank damals. Amerikanische Forscher hatten 2015 in einer Studie der Umweltorganisation Berkeley Earth geschätzt, dass in China jeden Tag 4000 Menschen an den Folgen der Luftverschmutzung starben und 17 Prozent aller Todesursachen darauf zurückzuführen waren. Hinzu kam der Imageschaden, den die Bilder versmogter Städte hinterließen: Immer mehr internationale Unternehmen hatten Schwierigkeiten, Mitarbeiter für ihr China-Geschäft zu finden. 2014 rief der damalige Ministerpräsident Li Keqiang dann zum »Krieg gegen die Umweltverschmutzung« auf.

Auch international begann China, dem Drängen von USA und EU nachzugeben und seine Emissionen zu reduzieren. Im November 2013 unterzeichneten die USA und die Volksrepublik ein Abkommen, das den CO_2-Ausstoß bis 2030 deckeln sollte. Es wurde als »revolutionär« bezeichnet, weil sich das Schwellenland China zum ersten Mal zu einer Begrenzung verpflichtete. Lange Zeit hatte man sich mit dem Argument dagegen gewehrt, die westliche Welt habe sich in ihrer wirtschaftlichen Entwicklungsphase Anfang und Mitte des 20. Jahrhunderts darum ebenfalls nicht gekümmert. Warum also sollten Schwellenländer, und als solches begriff sich China, nicht ebenfalls das Recht haben, zunächst den Aufbau der eigenen Industrie zu priorisieren? Klimaschutz müsse man sich eben leisten können. 1998, als das Kyoto-Protokoll beschlossen wurde, war China für 14 Prozent der CO_2-Emissionen weltweit verantwortlich, Ökonomen rechneten damit, dass die Volksrepublik 2020 die USA als größten Emittenten einholen würden. Es ging weitaus schneller: Schon 2006 war China der größte Verursacher von Treibhausgasen, 2020 waren 28 Prozent der globalen CO_2-Emissionen auf China zurückführen.

2023 legte Peking nochmals nach: Das Maximum der CO_2-Emissionen soll nun 2030 erreicht werden, bis 2060 will das Land klimaneutral sein. Der Anteil von nicht fossilen Energieträgern soll bis 2030 auf 25 Prozent anwachsen.

Tatsächlich kann China heute einige Erfolge im Kampf gegen die Luftverschmutzung aufweisen: So wurde beispielsweise die Elektromobilität in den Städten enorm erhöht. Doch Hauptursache der Luftverschmutzung sind nicht Autoabgase, sondern Kohlekraftwerke und Stahlfabriken. Hier setzte man auf neue Regeln und vor allem eine bessere Umsetzung der vorhandenen. Auflagen, in bestehende Anlagen Filter einzubauen, gab es auch 2014 schon, umgesetzt wurden sie damals aber nur von zehn Prozent der großen staatseigenen Betriebe in Hebei. Denn die Strafen waren geringer als die Anschaffungskosten. Im Zuge des »War on Pollution« wurden die Bußgelder drastisch erhöht.

Die Emissionsvorschriften unterschieden sich auch damals nicht wesentlich von denen westlicher Länder, das Problem war die Implementierung. Das dafür zuständige Umweltministerium war schwach. Da die Installations- und vor allem die Betriebskosten von Filtern hoch waren, schreckten insbesondere kleinere Unternehmen davor zurück. Das größte Hindernis aber war damals die Fragmentierung der Branche. Während der deutsche Strommarkt von einer überschaubaren Zahl von Versorgern dominiert wird, waren es in China Hunderte, wahrscheinlich sogar Tausende. Nach der Jahrtausendwende hatte man viele der Kraftwerke aus Peking in die Provinz ausgelagert – ein intransparenter und korrupter Prozess. Als eine der wichtigsten Maßnahmen im Kampf gegen die Luftverschmutzung gilt aber die Anpassung und Zentralisierung der Energiestruktur.

Und heute? Ist die Volksrepublik von einem »Klimasünder« zum »Musterschüler« geworden? China wird in der deutschen Diskussion immer wieder als Vorbild angeführt, wenn es um Investitionen in regenerative Energien geht. Und tatsächlich sehen die Zahlen zunächst beeindruckend aus: 2022 produzierte die Volksrepublik 2600 Terawattstunden Strom aus regenerativen Energiequellen, zehnmal so viele wie 20 Jahre zuvor. 140 Milliarden US-Dollar hat das Land allein 2023 in den Ausbau von Solar- und Windenergie investiert, mehr als jedes andere Land auf der Welt. Der Anteil von Kohle an der Primärenergie-Erzeugung ist von 70 Prozent im Jahr 2010 auf 55 Prozent im Jahr 2022 gefallen. All dies sind die Zahlen, die viele Befürworter der Energiewende erfreuen dürften. Nur trüben sie sich beim genaueren Hinsehen stark ein.

Zunächst einmal ist der relative Kohleverbrauch zwar gesunken, nicht aber der absolute. Von 2001, dem Beitritt Chinas zur Welthandelsorganisation, bis zu meinem Besuch 2014 in Chinas dreckigster Stadt hatte sich der Kohleverbrauch mehr als verdreifacht. Gefallen ist er seitdem nicht, aber der Anstieg hat sich etwas verlangsamt. Und 2020 wurden in China neue Kohlekraftwerke mit einer Kapazität von 29 Gigawatt in Betrieb genommen – fast doppelt so viel wie im Rest der Welt zusammen.

Warum so viel Kohle? Dies hat zwei Gründe. Der eine ist strategischer Natur, der andere wirtschaftlicher: Kohle ist bisher noch immer der Energieträger, mit dem sich am leichtesten die hohen Temperaturen herstellen lassen, die zur Erzeugung von Stahl notwendig sind. Chinas BIP-Wachstum hing bisher zu rund 30 Prozent an der Baubranche. Wer baut, braucht Stahl. China produzierte 2014 rund 826 Millionen Tonnen Stahl, die Provinz Hebei alleine 400 Millionen – doppelt so viel wie die Vereinigten Staaten.*

Bis 2017 wollte die Provinz Hebei ihre Stahlproduktion um 60 Millionen Tonnen und den Kohleverbrauch um 40 Millionen senken. Daraus wurde nichts: Vielmehr stieg die Stahlproduktion von 180 Millionen auf über 250 Millionen Tonnen 2021. Immerhin sank der Kohleverbrauch um zehn Prozent. Im Rest des Landes sieht es kaum anders aus: 2022 produzierte die Volksrepublik noch immer über eine Milliarde Tonnen – mehr als die Hälfte des gesamten Stahls weltweit. Erst im Zuge der beginnenden Immobilienkrise sank die Produktion leicht.

Dies dürfte die Erklärung dafür sein, weshalb der Kohleverbrauch der Volksrepublik in den vergangenen Jahren nicht mehr so rasant gestiegen ist. Weil weniger gebaut wird, ist weniger Stahl nötig, wird wiederum weniger Kohle verbrannt. Sollte die Baubranche in China erneut Fahrt aufnehmen oder die Regierung ein Infrastrukturprogramm auf den Weg bringen, dürfte auch der Anteil von Kohle am chinesischen Energiemix wieder stark zulegen.

Kohle bedeutet für China auch Sicherheit. Das Land verfügt über die viertgrößten Kohlereserven der Welt, hat aber nur sehr wenig Erdöl oder Gas. Während Gas in naher Zukunft über eine neue Pipeline aus Russland kommen dürfte, ist die Lage in der Ölversorgung weitaus kritischer. Ein Großteil der Importe muss zwei sensible Schifffahrtsstraßen durchqueren: Die Straße von Malakka bei Singapur ist ein

---

* https://www.rieti.go.jp/en/china/14071101.html

Nadelöhr und könnte im Konfliktfall von den USA gesperrt werden. Nicht weniger heikel ist die Straße von Taiwan. Sollte es zu einer militärischen Auseinandersetzung mit den USA um die Insel kommen, die Peking als abtrünnige Provinz betrachtet, steht auch die Ölversorgung des Landes auf dem Spiel. Kohle ist damit eine der Optionen, die Peking bleiben, um die Energiesicherheit seiner Wirtschaft zu garantieren.

Neben Strom und Wind setzt Peking vor allem auf Atomkraft. In keinem anderen Land befinden sich derzeit so viele Nuklearreaktoren in Bau wie in China. Derzeit trägt Atomkraft nur knapp 2,4 Prozent zum Energiemix Chinas bei, der Anteil wird in den kommenden Jahren jedoch sowohl absolut wie relativ stark zunehmen. Knapp 450 Milliarden US-Dollar will Peking investieren, um in den kommenden 35 Jahren 150 neue Atomkraftwerke ans Netz zu bringen. Die hohe Zahl ist damit zu erklären, dass China vor allem auf Kraftwerke der vierten Generation setzt, sogenannte Mini-Reaktoren. Deren Leistung liegt zwischen 200 und 300 Megawatt. Analysten sind sich einig, dass China damit zum »König der Atomkraft« aufsteigt und auch die USA hinter sich lassen wird. Um Proteste von Anwohnern und verängstigten Bürgern muss sich das autoritäre Regime ohnehin nicht scheren.

Eine weitere wichtige Grundlastenergie Chinas ist die Wasserkraft. Fast acht Prozent der erzeugten Energie kommen von Staudämmen vor allem in der Provinz Sichuan. Der berühmteste ist der Drei-Schluchten-Damm. Der Bau des Megaprojekts wurde 1992 begonnen und 2008 fertiggestellt. Weil es zu Zwangsumsiedlungen und Umweltschäden kam, stand der Drei-Schluchten-Damm oft in der Kritik. Tatsache aber ist, dass das größte Wasserkraftwerk der Welt 85 Terawattstunden Strom im Jahr liefert und damit den vielleicht umweltschonendsten Anteil am chinesischen Energiemix darstellt. Die Statistiken, welche das Land hinsichtlich der Nutzung regenerativer Energien oft so beispielhaft aussehen lassen, sind vor allem auf diese Energiequelle zurückzuführen. Wasserkraft hat einen höheren Anteil am chinesischen Energiemix als Wind- und Solarenergie zusammen.

Der chinesische Solarzellenboom hat in Deutschland für viel Aufmerksamkeit gesorgt, vor allem, weil er eng mit dem Niedergang der deutschen Solarindustrie verzahnt ist. China ist es gelungen, zum globalen Marktführer in dieser vermeintlich regenerativen Energiequelle aufzusteigen. Noch in den Nullerjahren waren deutsche Unternehmen wie Solarworld führend, bis chinesische Dumpingpreise sie in die Insolvenz trieben. 2013 wurden zwar Strafzölle gegen chinesische Produkte verhängt, gleichzeitig aber ein Mindestpreis und eine Einfuhrquote vereinbart. Dies aber hatte zur Folge, dass die Preise künstlich hoch gehalten wurden.

Heute kommen 80 Prozent aller Solarzellen weltweit aus China. Knapp zwei Drittel davon wiederum werden in der autonomen Region Xinjiang hergestellt. Zur Herstellung von Solarzellen benötigt man Polysilizium, welches unter dem Einsatz hoher Temperaturen aus Sand gewonnen wird. In der Region im Nordwesten des Landes wird aufgrund der großen Quarzvorkommen rund die Hälfte des weltweit produzierten Polysiliziums hergestellt. Ab 2014 hatte Peking dort ein Lagersystem errichtet und einen »kulturellen Genozid« an der muslimischen Minderheit der Uiguren begonnen. Millionen Menschen mussten seitdem mehrere Monate in den »Umerziehungslagern« verbringen, in denen Folter und Gehirnwäsche Alltag sind. Auch Zwangsarbeit ist dort an der Tagesordnung. Satellitenaufnahmen belegen, dass die Fabriken der großen Hersteller sich allesamt in der Nähe solcher Lager befinden. Gemäß des neuen Lieferkettenschutzgesetzes könnte es schwierig werden sicherzustellen, dass die deutsche Energiewende ohne uigurische Zwangsarbeit auskommt. Experten mahnen an, dass eine Alternative derzeit kaum vorhanden ist.

Anzahl und Ausmaß der Lager sind aktuell zurückgegangen, da aus Sicht der Kommunistischen Partei die »Operation erfolgreich war«: Jeglicher Widerstand der uigurischen Bevölkerung und selbst vorsichtig formulierte Forderungen nach Autonomie sind gebrochen und zerstört. In einem kleineren Maß aber existiert das Lagersystem weiter und damit auch die Zwangsarbeit.

Die ethisch oft fragwürdigen Produktionsbedingungen in Teilen der chinesischen Solarindustrie sprechen nicht gegen die Nutzung der Technologie im Allgemeinen. Doch während sie in manchen westlichen Ländern blind propagiert wird, geschieht dies in China anscheinend mit mehr Augenmaß und Sinn für Energiesicherheit. Wind- und Solarenergie werden dort bis auf Weiteres eine intermittente Beimischung sein, während die Grundlast aus Energieträgern kommt, die eine gewisse Autarkie gewährleisten: Kohle und Atomkraft.

Wenn es jedoch um Öl geht, bleibt China von Importen abhängig. 2022 war die Volksrepublik mit zwölf Millionen Barrel Öl pro Tag der zweitgrößte Importeur von Rohöl. Nur die EU importierte mit 14 Millionen etwas mehr. Das meiste davon kam aus Russland, dicht gefolgt von Saudi-Arabien und dem Irak. Auch der Iran spielt eine wichtige Rolle bei der Energieversorgung des Landes.

Die USA wurden durch den Schiefergas- und Ölboom seit etwa 2010 wieder zum größten Exporteur fossiler Brennstoffe und haben weitgehend Energieautarkie erreicht. Dies erlaubte es Washington, sich militärisch aus dem Nahen Osten zurückzuziehen beziehungsweise eine autonomere Politik zu verfolgen. Pekings Engagement in der Region dagegen wächst. 2022 gelang es chinesischen Diplomaten, die Erzfeinde Saudi-Arabien und Iran dazu zu bewegen, wieder offiziell Beziehungen miteinander aufzunehmen. 2017 und 2019 führte man sogar gemeinsame Militärmanöver mit dem Regime in Iran durch. Pakistan, traditionell einer der engsten Verbündeten des Landes, ist auch Ziel der mitunter größten Investitionen im Rahmen der Neuen Seidenstraße. Von Kashgar in Xinjiang führt mittlerweile eine Autobahn über eines der höchsten Gebirge der Welt, das Karakorum. Der »ökonomische Korridor« verbindet China mit der pakistanischen Hauptstadt Islamabad und der Metropole Karachi, bevor er am Persischen Golf am Hafen von Gwadar endet. Mehr als 60 Milliarden US-Dollar dürfte das Projekt Peking gekostet haben, um Zugriff auf die für den Ölhandel so wichtige Straße von Hormus zu haben.

Die Luftqualität vor allem in den großen Metropolen der Ostküste ist besser geworden. Die Wintertage sind noch immer grau und nicht selten von einer dichten toxischen Suppe belegt. Aber Peking, Shanghai und Guangzhou weisen heute wesentlich weniger Tage mit ungesunden Werten auf als 2014, und Tage mit guter Luftqualität sind häufiger geworden. Was sich dagegen nicht geändert hat: China ist nach wie vor der größte Emittent von Treibhausgasen. Und macht man sich die Mühe, die Energiepolitik Pekings zu dechiffrieren, erkennt man schnell, dass sich daran auf absehbare Zeit auch nicht viel ändern wird. Geschickt hat China bisher die Schwachstellen insbesondere der europäischen Energiepolitik ausgenutzt: Die EU ist mittlerweile von Solarzellen aus chinesischer Fabrikation abhängig. Anders als beispielsweise Deutschland riskiert China nicht, auf Nuklearenergie zu verzichten, sondern baut diese emissionsarme und grundlastfähige Quelle mit Reaktoren der vierten Generation weiter aus. Wasser und Kohle spielen weiterhin eine wichtige Rolle. Deren Anteil am Strom- und Energiemix wird in den kommenden Jahren abnehmen – auch das aber nur in relativen, nicht in absoluten Zahlen. Und schließlich baut China seinen globalen Einfluss entlang der Neuen Seidenstraße so aus, dass die Zufuhr an Öl und Gas, den einzigen Energieträgern, die in den eigenen Landesgrenzen kaum vorhanden sind, gesichert ist.

Einiges hat sich in Xingtai seit unserem Besuch im Dezember 2014 getan: Die Website AQICN.org, die weltweit die Luftdaten erfasst, zeigt eine deutliche Verbesserung der Werte: 2014 gab es 20 Tage, in denen die Luftverschmutzung als »hazardous« oder »extrem gesundheitsgefährdend« galt. Tage mit guter Luft gab es 2014 nicht. Knapp zehn Jahre später zählte Xingtai 15 Tage mit guter Luft und keinen einzigen »extrem gesundheitsgefährdenden« (allerdings immer noch 28 Tage »sehr ungesund«). Die unzähligen kleinen und veralteten Kohlekraftwerke und Stahlhütten wurden geschlossen, zusammengelegt und ins Inland verlagert. Hinzu kommt der Boom der chinesischen Elektrofahrzeuge. Das Leben in den chinesischen Städten ist angenehmer geworden.

Dass man in China aber nicht gewillt ist, ökonomische und strategische Nachteile für eine saubere Umwelt in Kauf zu nehmen, zeigt sich auch bei anderen Rohstoffen. In der Energiewende wird mit harten Bandagen gekämpft.

10.

NICHT SO SELTENE ERDEN

»Der Nahe Osten hat Öl,
China hat Seltene Erden.«

DENG XIAOPING, 1987

Die chinesische Stadt Baotou liegt in der chinesischen Autonomen Region Innere Mongolei – so nennen sich Verwaltungseinheiten in der Volksrepublik, in denen ethnische Minderheiten leben. Geografie und Ethnie ähneln zwar dem des eigenständigen Staats Mongolei, an den die Region nördlich angrenzt. Anders als der Nachbarstaat aber war die Region stets noch Teil des han-chinesischen Kulturkreises. Baotou liegt am Huang He, am Gelben Fluss, einem der zwei großen Kulturströme des chinesischen Universums. Auch Reste der Chinesischen Mauer lassen sich hier bestaunen, welche allerdings weit weniger beeindruckend sind als die gut erhaltenen und restaurierten Abschnitte in der Nähe Pekings. Wirtschaftliche Bedeutung erlangte die Stadt Anfang des 20. Jahrhunderts.

Ähnlich wie Xingtai gilt auch Baotou als einer der dreckigsten Orte der Welt. Die Stadt mit drei Millionen Einwohnern wurde 2021 in die Liste sogenannter Opferzonen aufgenommen. So werden Gebiete bezeichnet, die durch menschliche Handlungen derart beeinflusst und beschädigt wurden, dass in ihnen ein normales Leben für längere Zeit nicht möglich sein wird. Menschlicher und tierischer Lebensraum wurde in diesen Gebieten wirtschaftlichen Vorteilen geopfert. In Baotou äußert sich das in hohen Krebsraten in der lokalen Bevölkerung – in manchen Dörfern nahe der Stadt soll ein Drittel der Bewohner erkrankt sein. Grund für die massive Verschmutzung ist die nahe gelegene Bayan-Obo-Mine. Rund zehn Millionen Kubikmeter Wasser fließen jährlich ungefiltert in das Grundwasser. Für die hohen Krebsraten wiederum dürften neben dem giftigen Abwasser auch radioaktive Metalle wie Thorium und Uran verantwortlich sein, die ebenfalls hier abgebaut werden.

Die drei Haupterzkörper der Region erstrecken sich von Ost nach West über rund 18 Kilometer. 6000 Menschen bauen hier Seltene Erden ab. Die so bezeichnete Gruppe von 17 Metallen ist aufgrund ihrer physikalischen und chemischen Eigenschaften für zahlreiche Technologien notwendig. Dazu zählen Halbleiter, Katalysatoren, Magnete, Solarzellen und Computer – im Prinzip alles, was die Wirtschaft des 21. Jahrhunderts prägt. Zudem sind die Stoffe für die Energiewende unabdingbar. Ohne Indium zum Beispiel lassen sich keine Solarzellen herstellen, Neodymium ist für die Herstellung von Windrädern notwendig. Allein durch Elektrofahrzeuge wird sich die Nachfrage nach Seltenen Erden bis 2040 verfünfzehnfachen, schätzt die Internationale Energiebehörde IEA.

Der Begriff »selten« ist dabei etwas irreführend, da ihr Vorkommen in der Erdkruste gar nicht so gering ist. Der Abbau ist nur extrem umweltschädlich und erfordert einen hohen energetischen Aufwand. Um eine Tonne Seltene Erden zu lösen, braucht man um die 200 Kubikmeter Wasser sowie zahlreiche Säuren und Chemikalien.

Aufgrund der hohen Umwelt- und Gesundheitsbelastung haben westliche Staaten schon früh begonnen, den Abbau von Seltenen Erden in andere Staaten auszulagern. China übernahm die Rolle bereitwillig. Deng Xiaoping hatte schon 1987 verkündet, »der Nahe Osten hat Öl, China hat Seltene Erden«. Bis vor einigen Jahren kamen bis zu 97 Prozent dieser Metalle aus China. Ein großer Teil der chinesischen Produktion stammt aus der Bayan-Obo-Mine in der Inneren Mongolei. Mittlerweile ist der Anteil etwas zurückgegangen, China aber dominiert den Markt weiterhin mit über 75 Prozent. An zweiter und dritter Stelle folgen Brasilien und Russland, enge Verbündete Pekings. Seltene Erden sind Pekings Trumpf im globalen Wirtschaftskrieg.

Ein zweites großes Abbaugebiet liegt rund 2000 Kilometer südlich der Bayan-Obo-Mine in der Provinz Jiangxi. Geologen zufolge ist die Konzentration Seltener Erden hier zwar einzigartig dicht, in absoluten Mengen aber noch immer sehr gering: In einer Tonne Ton stecken zwischen 300 und 3000 Gramm Seltenerdoxide. Und so bleibt der Abbauaufwand ungewöhnlich hoch. Obwohl die Vorkommen oft nur wenige Meter unterhalb der Erdoberfläche liegen, kommen zahlreiche Chemikalien zum Einsatz, um die sogenannten schweren Seltenen Erden herauszulösen. Laut Wissenschaftlern des Magazins *Nature* wird dafür mit Ammoniumsulfat versetztes Wasser verwendet, welches Wälder und Anbauflächen nachhaltig schädigt – das legen zumindest Satellitenaufnahmen nahe. Sie zeigen ganze Landstriche mit sogenannten Laugenbecken durchsetzt. Dem Wasser wird hier eine weitere Chemikalie zugesetzt, um die Seltenen Erden zu lösen. Dabei werden dem Boden auch wichtige Nährstoffe entzogen, weshalb Flora und Fauna oft absterben. Die Satellitenaufnahmen zeigen, dass die kargen Stellen nun mit Solarzellen verdeckt werden.

In der Nachbarprovinz Hunan hat das Unternehmen Minmetals 2020 die aktuell größte Mine der Welt in Betrieb genommen. Problematisch ist dabei, dass legaler und illegaler Abbau Hand in Hand gehen. Es ist davon auszugehen, dass letzterer zumindest geduldet wird. Offiziell nämlich dürfen seit einigen Jahren nur noch sechs staatliche Unternehmen Seltene Erden abbauen. Illegale Minen haben den Zweck, Preisschwankungen abzufedern, ohne dass die großen Unternehmen davon betroffen sind. Bei hohen Preisen boomen die illegalen Minen. Bei fallenden Preisen stellen diese schneller ihren Betrieb ein und sorgen so für eine Verknappung des Angebots – dieses Muster lässt sich auch bei den Bergbauaktivitäten chinesischer Unternehmen im Ausland beobachten, etwa im Kongo.

Viele Unternehmen sind auch ins Nachbarland Myanmar ausgewichen. Peking unterhält beste Verbindungen zum Regime in Naypyidaw, aber auch zu den Kriegsherren im Grenzgebiet. Um die 16 000 chinesische Experten für die

Metalle sollen in Myanmar aktiv sein, nachdem Peking Minen in Jiangxi geschlossen hatte. Gut zwei Drittel der Seltenen Erden, die China 2023 offiziell importiert hat, stammten aus dem Land, das einst Burma hieß.

Ähnliche Entwicklungen zeichnen sich im Nachbarland Laos ab. Dort hat China im Rahmen der Neuen Seidenstraße 2022 eine Zugstrecke fertiggestellt und sich Schürfrechte entlang der Strecke gesichert.

Es gab Zeiten, in denen hatte die Volksrepublik kein Quasi-Monopol für Seltene Erden. Zwischen 1965 und 1985 dominierten die USA die Produktion sowie die Weiterverarbeitung dieser besonderen Metalle. Und noch in den Achtzigerjahren befand sich eine der wichtigsten Raffinerien in Frankreich. China übernahm in den folgenden Jahren gerne, was den Europäern und Amerikaner zu dreckig wurde. 1986 verabschiedete Deng Xiaoping das »Programm 863«. Es sah vor, dass China hinsichtlich der gesamten Wertschöpfungskette von Seltenen Erden an die Weltspitze gelangen sollte. Der »Vater der Seltenen Erden«, Professor Xu Guangxian, gründete 1987 das erste darauf spezialisierte chinesische Labor. In den Folgejahren wuchs die chinesische Produktion jährlich um 40 Prozent.

Dabei waren weder Strategie noch die technologischen Voraussetzungen dafür sonderlich neu oder bahnbrechend. Die Volksrepublik war schlicht billiger. Um die Jahrtausendwende kostete ein Kilogramm Seltene Erden aus China durchschnittlich halb so viel wie in den USA. Fehlte die neueste Technologie für einen effizienten Abbau der Metalle, lud man ausländische Unternehmen nach China ein und bediente sich des aus der Automobilindustrie bekannten Konzepts des »Joint-Venture-Zwangs«. Oder aber man kaufte die durch Preisdumping in die Insolvenz getriebenen Unternehmen auf und transportierte Förderanlagen in die Volksrepublik – so geschehen mit dem amerikanischen Unternehmen Magnequench: 1995 erwarb das chinesische Unternehmen Thong Ke San Huan die Firma. Fünf Jahre später wurden die Produktionsanlagen demontiert und nach China abtransportiert.

Die Produktion verstärkt nach China auszulagern, erschien aus westlicher Sicht sogar sinnvoll. China war schließlich gerade erst in die Welthandelsorganisation eingetreten. Ein systemischer Feind war vor 20 Jahren nicht auszumachen. Die USA dominierten nach dem Zusammenbruch der Sowjetunion das Weltgeschehen »unilateral« – ein wirklicher Rivale war nicht mehr vorhanden. Globalisierung lautete das Schlagwort, unter dem die Welt zusammenwachsen sollte. Durch die Verlagerung der Produktion nach China löste man aus Sicht westlicher Politiker gleich zwei Probleme: Nicht nur, dass Unternehmen von den nun günstigeren Einkaufspreisen profitierten, man konnte auch die Wünsche von Umwelt- und Bürgerrechtsbewegungen nach einer sauberen Lebenswelt in der Heimat erfüllen. Gleichzeitig zeigte sich ein Problem, welches sich durch verschiedene Sektoren zieht: Vor der sogenannten Zeitenwende hielt sich die Politik größtenteils aus der Wirtschaft heraus. Die Idee des freien Marktes, die ab den Neunzigerjahren eine Renaissance erlebte, beinhaltete auch, Subventionen abzubauen und auf Marktkräfte zu vertrauen. Die Regierung regulierte höchstens dort, wo das Marktversagen eklatant war oder die Umweltschäden zu groß waren. »Indem man den Abbau von

Seltenen Erden nach China verlagerte, entschied sich der Westen auch dafür, seine Umweltverschmutzung zu verlagern«, schreibt Autor Guillaume Pitron in seinem Buch *The Rare Metals War*. In einer friedlichen und zusammenwachsenden Welt schien das kein Problem zu sein. Schwellenländer wie China erhielten Investitionen und Arbeitsplätze, im Westen bekamen die Konsumenten dafür billigere Waren und Digitalunternehmen wie Facebook und Amazon. Was man dabei vergaß: China verfolgte ein anderes Prinzip. Im Vordergrund stand die strategische Dominanz in gewissen Sektoren. Um diese zu gewinnen, wurden Staatsunternehmen mit entsprechenden Subventionen und Steuererleichterungen unterstützt. Zu einem Subventionswettlauf – wie heute bei der Elektromobilität – kam es erst gar nicht. Westliche Unternehmen überließen den chinesischen Konkurrenten das Geschäft, sobald sie nicht mehr profitabel wirtschaften konnten.

Die strategische Dimension dieser Verlagerung ignorierte man. Kurzsichtigkeit könnte man heute den verantwortlichen Politikern vorwerfen. Andererseits macht die Welt in den Neunziger- und Nullerjahren auch einen friedlicheren Eindruck. China, so lautete das Credo in Wirtschaft und Politik, würde sich schon liberalisieren. Die Globalisierung schaffe wechselseitige Abhängigkeiten, die langfristig dazu führten, dass sich auch die Kommunistische Partei Chinas in die Weltgemeinschaft integriere.

Ein erstes Warnsignal, dass diese Annahme blauäugig war, erlebte Japan 2010. Nachdem der Streit um die Senkaku- oder chinesisch Diaoyu-Inseln eskaliert war, verhängte

Peking einen Exportstopp Seltener Erden nach Japan. (Mehr dazu in Kapitel 8.) Das japanische Wirtschaftsministerium ließ verlauten, man prüfe eine Klage gegen Peking bei der Welthandelsorganisation WTO. Doch dort gibt es viele Beschwerden. Sie führen meist zu nichts, oder werden umgehend von Peking mit ebensolchen gekontert.

2023 folgte ein weiterer Warnschuss aus Peking: Man erließ Exportkontrollen für die Elemente Gallium und Germanium. Der südkoreanische Wirtschaftsminister berief umgehend ein Notfallgremium ein, um über die Folgen für die heimische Chip- und Autoindustrie zu beraten.

Eigentlich war es ein offenes Geheimnis, dass Peking früher oder später im globalen Handelskrieg um die Chipindustrie zurückschlagen würde. Im vergangenen Oktober hatten die USA Exportkontrollen für modernste Halbleitertechnologie verhängt. Damit sollte der stetig schrumpfende Technologieabstand bei Chips zwischen den USA und China wieder vergrößert werden. Die Lieferketten für Halbleitertechnologie sind äußerst komplex. Die wichtigsten Fertigungsschritte finden in Taiwan, Japan, Südkorea, den Niederlanden und den USA statt. In vorangegangenen Monaten hatten sich immer mehr westliche Verbündete dem Embargo angeschlossen.

Die Stoffe Gallium und Germanium zählen streng genommen nicht zu den Seltenen Erden, aber die beiden Elemente teilen, was Eigenschaften und Abbau betrifft, viel mit dieser Gruppe. 95 Prozent des weltweiten Galliums werden in China gewonnen, und zwei Drittel des Germaniums. Beide Stoffe werden für die Produktion von Halbleitern benötigt, die ihre Anwendung in modernen Solarzellen finden und auch militärisch genutzt werden können. Wie andere Seltene Erden sind auch die Elemente Gallium und Germanium eigentlich nicht so selten, aber sie fallen gewöhnlich als Abbauprodukte von anderen Metallen an. Gallium zum Beispiel entsteht als Nebenprodukt bei der Aluminiumproduktion.

Wie sich aktuell die Exportquoten bei den Metallen Gallium und Germanium auswirken, ist noch unklar. Es scheint, als übe sich Peking noch in Zurückhaltung, um die Unterlegenheit im Halbleitersektor zu kaschieren.

Besonders kritisch ist das Quasi-Monopol Pekings im militärischen Bereich. Laut einer Analyse der Bundesakademie für Sicherheitspolitik aus dem Jahr 2019 werden für die Herstellung eines amerikanischen F35-Kampfjets 400 Kilogramm Seltene Erden benötigt. Ein U-Boot der Virginia-Klasse erfordert sogar vier Tonnen der Metalle. »Derzeit beträgt die Importabhängigkeit der NATO von Chinas Seltenen Erden nahezu 100 Prozent«, heißt es im Fazit der Analyse. Das sei »weit höher als etwa die Energieabhängigkeit von Moskau, die je nach Staat variiert und für die notfalls Alternativen existieren«. Und Greg Hayes, Chef des amerikanischen Rüstungsunternehmens Raytheon, warnte, dass es im Fall einer schlagartigen Unterbrechung der Lieferketten »Jahre dauern würde, bis man Ersatz in der Heimat oder befreundeten Ländern gefunden hätte«.

China ist allerdings nicht nur der größte Produzent Seltener Erden, sondern auch wichtigster Konsument. Durch die Dominanz über diese Rohstoffe gelang es China, den Markt für Solarzellen zu beherrschen. Auch was die Herstellung von Magneten betrifft, dominierten noch in den Neunzigerjahren Japan, die EU und die USA. Heute ist die Volksrepublik mit einem Anteil von 75 Prozent führend. Dafür sind die Seltenen Erden Neodymium und Dysprosium notwendig, und selbst nicht chinesische Unternehmen haben ihre Produktion in die Volksrepublik verlagert, weil sie dort schnelleren und günstigeren Zugang zu den Metallen haben. Die verarbeiteten Produkte exportiert Peking dann wieder zurück. So führte Deutschland 2023 die Liste der Importe aus China im Bereich Magneten an. Gleich darauf folgten die USA, Südkorea, Vietnam und Frankreich.

Aktuell lässt sich dieselbe Entwicklung im Markt für Batterien beobachten. Zwar sind Australien und Chile die größten Produzenten von Lithium, einem Metall, das für die Herstellung der Kathode einer Batterie als auch für den Elektrolyt notwendig ist. Verarbeitet aber wird das Material in China. Die fertigen Batterien werden dann wieder an westliche Unternehmen verkauft.

2022 kamen sechs der zehn größten Batteriehersteller aus China. Die Volksrepublik verfügt über 70 Prozent der globalen Produktionskapazitäten und besitzt damit das Fundament für den Elektroautomarkt. Zu einem der größten Hersteller gehört Autoproduzent BYD, der damit von kurzen Lieferwegen und einer abgestimmten Fertigung von Batterie und Auto profitieren kann. Der größte Batteriehersteller CATL expandiert mittlerweile in den Westen und mitunter nach Deutschland. Der chinesische Konzern beliefert Unternehmen wie Tesla, Peugeot, Hyundai, Honda, BMW, Toyota, Volkswagen und Volvo.

In den USA hat man das strategische Problem mittlerweile erkannt. Die Mountain Pass-Mine, die man in den Neunzigern an chinesische Unternehmen verkauft hatte, produziert mittlerweile wieder. Die Kapazität der Batterieherstellung wollen die USA bis 2026 verzehnfachen. Trotz dieser Kraftanstrengung gehen Prognosen wie die der Analyse-Firma »BloombergNEF« davon aus, dass China auch dann noch eine erdrückende Marktübermacht von 69 Prozent haben wird.

Auch in der EU ist man sich dessen bewusst und sucht nun nach Alternativen. Aktuell aber gibt es innerhalb der EU keine einzige nennenswerte Mine für Seltene Erden, abgesehen von einem kleinen Abbaugebiet in Estland. Vorkommen in Grönland, Norwegen und Schweden werden ins Spiel gebracht. Selbst Tiefseeschürfungen am Meeresboden zieht man wieder in Betracht. Aber auch hier sind es vor allem chinesische Unternehmen, die aktiv werden, nicht zuletzt weil sie mittlerweile die größere Erfahrung besitzen.

Gleichzeitig steht der Westen vor einem Dilemma: Will er die für die Energiewende notwendigen Lieferketten zurück in den eigenen Machtbereich holen, steigen die Kosten. Umweltstandards müssen eingehalten oder schlicht große Investitionen getätigt werden, um an die Seltenen Erden zu kommen. Dies wirkt sich preissteigernd für die gesamte Wertschöpfungskette aus. Steigende Energiepreise führen zu einer höheren Inflation, die wiederum gesellschaftliche Spannungen vertieft und den finanziellen Spielraum der Regierungen verkleinert.

Zudem hat Peking mittlerweile Hebel, um seine Dominanz zu verteidigen. Jede westliche Initiative, sich Marktanteile zu sichern, kann mit Dumpingpreisen im Keim erstickt werden. »Peking könnte mit seinen sechs staatlichen Unternehmenskonglomeraten den Markt mit seinen Überkapazitäten fluten und damit das Angebot erhöhen, was jedes Investment zunichtemachen würde«, heißt es in dem Papier der Bundesakademie für Sicherheitspolitik. Ein »Fund« größerer Erden, wie im Januar 2023 in Schweden, nützt also zunächst nicht viel. Es geht darum, diese in großem Stil kostengünstig zu fördern, ohne gigantische Umweltschäden zu verursachen.

In der Bayan-Obo-Mine wird dagegen immer weiter gegraben. Erst im Januar 2024 berichteten chinesische Medien vom Fund eines neuen Minerals, welches sich aus den Stoffen Yttrium, Dysprosium und Gadolinium zusammensetzt. »Ein bahnbrechender Fund«, zitierte die Zeitung *China Daily* einen Geologen. In der Mine lägen zudem noch immer 80 Prozent der chinesischen Vorkommen Seltener Erden und 38 Prozent der globalen Reserven.

11.

WIE DEUTSCHLAND SEINE AUTOINDUSTRIE VERLOR

»Wir müssen respektieren, dass jedes Land Überlegungen zum Schutz lokaler Industrien anstellt.«

WILLIAM LI, CHEF VON NIO, IM APRIL 2023

Als der chinesische Präsident Xi Jinping an einem Freitag im Juli 2023 die 21-Millionen-Stadt Chengdu besuchte, wurden kurzerhand alle Tesla-Fahrzeuge aus jenen Gegenden verbannt, in denen der oberste Führer der Volksrepublik verweilte. Ausländische Elektrofahrzeuge wollte der Präsident der zweitgrößten Volkswirtschaft einfach nicht sehen, möchte man meinen. Schließlich ist der amerikanische Autohersteller für Chinas Unternehmen der einzige ernst zu nehmende Konkurrent im Bereich E-Mobilität.

Doch das Tesla-Verbot in Xi-Nähe hatte andere Gründe: Schon seit Längerem dürfen sich Teslas in China militärisch wichtigen Einrichtungen nicht nähern. Das Verbot wird nicht mit Strafzetteln umgesetzt, sondern geschieht automatisch: Die Steuerung versagt. Ganz so wie bei Computerspielen älterer Generation, wo man seine Spielfigur einfach nicht über den Rand der bekannten Welt steuern konnte. Kurz zuvor machte die Nachricht die Runde, dass der deutsche Autokonzern Volkswagen beim chinesischen Unternehmen Xpeng eingestiegen war. 700 Millionen US-Dollar hatte VW für nicht ganz fünf Prozent der Anteile von Xpeng hingeblättert. 120 000 Fahrzeuge verkaufte Xpeng im vergangenen Jahr in China. Marktführer BYD bringt es auf das Vierfache. Warum also, könnte man sich fragen, zahlt einer der ältesten und größten Autokonzerne der Welt so viel Geld für ein chinesisches Unternehmen aus der zweiten Liga? Und warum dürfen sich Elektrofahrzeuge der Marke Tesla dem Präsidenten nicht nähern?

Die Antworten auf beide Fragen haben mit dem Niedergang der deutschen Autoindustrie zu tun und Pekings geschickter Strategie, die wichtigsten Lieferketten der Welt zu dominieren.

Es ist das erste Mal seit der Pandemie, dass Mitte April 2023 wieder Besucher nach Shanghai zur Automesse strömten. Drei Jahre lang waren Reisen nach China aufgrund der strikten Zero-Covid-Politik kaum möglich. Diesmal geht es fast wie in alten Zeiten zu: Manager, gefolgt von Journalisten, bestaunen neue Modelle und schwärmen vom größten Wachstumsmarkt der Welt. Ein Drittel aller Pkw weltweit wird in China verkauft, mit steigender Tendenz. Der Unterschied zur Zeit vor der Pandemie: Im Rampenlicht stehen nun chinesische Marken mit Elektromotoren: Nio, BYD oder Great Wall.

Als sich der Vorhang der Zero-Covid-Politik, der das Land von der Außenwelt abgeschirmt hatte, lichtete, war

China plötzlich an den Konkurrenten Deutschland, den USA und Südkorea vorbeigezogen. Exportierte das Land 2018 noch 600 000 Autos ins Ausland, sind es mittlerweile 2,6 Millionen. Nur Japan bringt es auf noch mehr. Im selben Zeitraum verfünffachte sich auch die Produktion von Elektrofahrzeugen. Zwar hat Tesla noch immer einen globalen Marktanteil von über 50 Prozent. An zweiter Stelle aber folgt nun schon der chinesische Hersteller SAIC. In China selbst dominiert BYD das Geschäft.

»Wir müssen respektieren, dass jedes Land Überlegungen zum Schutz lokaler Industrien anstellt«, sagt William Li, Chef von Nio am Rande der Automesse. Ein Jahr später bereits drohen die chinesischen E-Autos westliche Märkte zu überschwemmen. Wie kam es zu diesem sagenhaften Aufschwung?

Die Autoindustrie galt im Ausland jahrzehntelang als die Visitenkarte Deutschlands. Teure Limousinen made in Germany fuhren selbst Staatschefs, die sonst eine protektionistische Wirtschaftspolitik machten und ausländische Produkte eher ungern vor den eigenen Bürgern zur Schau stellten. In Deutschland hängen an der Industrie rund 800 000 Arbeitsplätze. Vor allem im Süden des Landes sind es Hunderte mittelständische Unternehmen, die mit ihren hoch spezialisierten Produkten für die Konzerne einen Großteil der Arbeitsplätze stellen. Der Erfolg in China erhöhte die Bedeutung dieser Industrie umso mehr.

Den Anfang machte VW. Schon 1978 besucht eine chinesische Delegation Wolfsburg, um mögliche Kooperationen auszuloten. Trotz der Ost-West-Konfrontation und des nach Jahren der Kulturrevolution desaströsen Zustands der chinesischen Wirtschaft lassen sich die Wolfsburger auf das Experiment ein. 1983 läuft der erste VW Santana vom Band, ein für den chinesischen Markt entworfenes Modell, in Zusammenarbeit mit dem chinesischen Staatsunternehmen Shanghai Automotive Industry Corporation (SAIC). 1988 kommt ein zweiter Hersteller hinzu: Audi gründet ein Gemeinschaftsunternehmen mit der chinesischen Firma First Automotive Works (FAW) in Changchun, im Nordosten des Landes. Bald folgen weitere deutsche Autobauer: Daimler findet sich mit Beijing Automotive Industry Holding, kurz BAIC, zusammen, BMW siedelt sich im nordostchinesischen Shenyang an und geht eine Partnerschaft mit Brillance ein. Folgen »müssen« ihnen bald auch Zulieferbetriebe. Dazu zählen große Unternehmen wie Bosch und ZF Friedrichshafen. Viele sind aber auch kleine, hoch spezialisierte Mittelständler aus Baden-Württemberg, Bayern und Nordrhein-Westfalen. Die Entscheidung, eine Produktion in China zu eröffnen, fällt nicht immer ganz freiwillig. Vielen bleibt schlicht keine Wahl, wollen sie ihren wichtigsten Auftraggeber nicht verlieren. Und so entsteht um die großen Standorte der deutschen Autobauer in China, Shanghai, Peking, Shenyang und Foshan bald ein Biotop aus westlichen Unternehmen. Die Stadt Taicang, keine 50 Kilometer nördlich von Shanghai, ist ein solches Beispiel: Mit 700 000 Einwohnern gilt der Ort für chinesische Verhältnisse als Kleinstadt. Über 500 deutsche Unternehmen haben sich in den vergangenen 20 Jahren hier angesiedelt. Es gibt deutsche Restaurants, deutsche Bäckereien und deutsche Stammtische. Einmal im Jahr wird hier auch das Oktoberfest gefeiert. Mit dem chinesischen Wirtschaftswunder werden die Chinesen immer reicher – und deutsche

Autos gelten nicht nur als qualitativ am hochwertigsten, sondern auch als Statussymbol. Der größte Konsumentenmarkt der Welt ist angezapft, und ab jetzt eilen die deutschen Konzerne von Umsatzrekord zu Umsatzrekord. Bis ins Jahr 2020 steigen die Absätze der deutschen Autohersteller und ihrer Joint-Venture-Partner immer weiter: Über ein Drittel aller deutschen Autos wird bald in China verkauft.

Mahnende Stimmen sprechen von einer zu großen Abhängigkeit. Schließlich, so fürchtet man, könne es so laufen wie bei den Hochgeschwindigkeitszügen oder der Solarindustrie: Die erst durch billige Produktionskosten und später von dem gigantischen Konsumentenmarkt angelockten Unternehmen würden ihre Technologie an chinesische Mitbewerber abgeben und anschließend von diesen ausgestochen werden.

Optimisten entgegnen, eine solche Industrie sei nicht einfach zu kopieren. Schließlich hatte Peking 30 Jahre lang versucht, eine eigene Verbrennerproduktion samt Zuliefernetzwerk aufzubauen. Darin lag auch der tiefere Sinn des Joint-Venture-Zwangs. Statt wie andere Schwellenländer westlichen Unternehmen einfach den heimischen Markt zu überlassen, lautete der Deal: Marktzugang gegen Technologietransfer. So gesehen waren die deutschen Investitionen auch Entwicklungsarbeit. Allein: Es funktionierte nie.

Alle paar Jahre machte ein chinesischer Hersteller (meist üppig ausgestattet mit zuvor bei der westlichen Konkurrenz abgeworbenem Personal) von sich reden. Qoros zum Beispiel kaufte sich Designer von BMW/Mini und Vorstände von VW ein und kündigte großspurig an, bald auf westlichen Märkten Fuß zu fassen. Ein Werk mit einer Kapazität von 150 000 Autos im Jahr entstand 2013. Doch wie viele ähnliche Projekte floppte auch Qoros: 2015 verkaufte das mit Staatsgeldern gefütterte Unternehmen gerade einmal 14 000 Wagen. Das feine und komplexe Netz, das sich Autobauer und Zulieferer vor allem im deutschsprachigen Raum aufgebaut hatten, ließ sich auch mit großen Anstrengungen und viel staatlichen Subventionen nicht einfach replizieren.

Erst der Elektromotor gab China die Chance, die Autoindustrie zu dominieren. Und die Ansage kam von ganz oben. Angeblich soll Präsident Xi Jinping 2014 verkündet haben, der Elektromotor sei die einzige Chance, von einem großen Automobilkonsumenten zu einem Produzenten aufzusteigen. Zwischen 2009 und 2022 flossen umgerechnet 29 Milliarden US-Dollar an staatlichen Subventionen in die Branche.

Hoch spezialisierte Zulieferbetriebe wie im Falle des Verbrennermotors sind bei Elektrofahrzeugen nicht notwendig. Dafür braucht es vor allem leistungsfähige Batterien, und diese wiederum sind auf bestimmte Rohstoffe angewiesen. Also sicherte man sich die Rohstoffe in Afrika und Südamerika, die für die Herstellung der Batterien notwendig sind: Lithium, Nickel, Kobalt. Mit Investitionen entlang der Neuen Seidenstraße in Häfen und Zugstrecken erleichterte man den Zugriff. Kobalt und Kupfer holte man sich aus dem Kongo und Sambia, Nickel aus Indonesien.

In der Folge begannen die chinesischen Provinzen, mit Subventionen untereinander zu wetteifern, wer schneller ein chinesisches E-Fahrzeug auf den Markt bringen konnte. Wie oft bei staatlichen Subventionen endeten diese an der falschen Stelle und trieben Blüten: So wurden zwar Tausende Autos produziert, der teuerste Teil, die Batterie, die bis zu 40 Prozent der Kosten ausmachen kann, aber weggelassen. Manche der Fahrzeuge fuhren nie. Aber im Großen und Ganzen funktionierte die Strategie.

Ein Grund für die Ansiedlung von Tesla nahe Shanghai 2018 dürfte der erwünschte Wettbewerbsdruck gewesen sein. Die chinesischen Unternehmen sollten durch die Konkurrenz fitter werden und langsam von den Subventionen entwöhnt werden.

Eine Erklärung für den Erfolg der chinesischen Hersteller in den vergangenen drei Jahren sind schlicht die einheimischen Konsumenten, die andere Schwerpunkte beim Autokauf setzen. »Salopp formuliert: Nicht Freude am Fahren, sondern Unterhaltung im Stau und Konnektivität stehen im Zentrum. Einheimische Autohersteller haben das früher begriffen als westliche Marken«, sagt Georg Stieler von der Unternehmensberatung STM in Shanghai.

Den chinesischen Käufern ist vor allem eine Vernetzung mit der omnipräsenten App WeChat wichtig, ohne die der chinesische Alltag eigentlich nicht mehr zu bewältigen ist. Hinzu kommt eine digitale Infrastruktur mit Gesichts- und Nummernschild-Erkennung. Zwar tendieren Beobachter von außen manchmal dazu, die Gefahren des Social-Credit-Systems zu überzeichnen (in den meisten Provinzen sind Pilotprojekte dazu gescheitert), aber die digitale Vollüberwachung ist im chinesischen Alltag eben auch Realität.

In den Ballungsräumen existiert mittlerweile eine entsprechende Ladeinfrastruktur. »Sowohl was den Anschaffungspreis als auch die Betriebskosten angeht, ist elektrisch fahren in China günstiger als Autos mit Verbrennungsmotor«, sagt Stieler. Aufgrund des starken Verdrängungsdrucks drängen die chinesischen Autohersteller jetzt auch auf andere Märkte, etwa nach Europa.

Die deutsche Strategie beziehungsweise eher das völlige Fehlen einer Strategie hat absurde Blüten getrieben: Zuerst verlagerte man den umweltschädlichen Abbau von Seltenen Erden und anderen Metallen nach China, weil man den Dreck nicht im eigenen Land haben wollte. Man sah zu, wie ein autoritäres System die Lieferketten zu dominieren begann, die für die Energiewende notwendig sind. Und anschließend verbot die EU den Verbrennermotor (ab 2035) – die Erfindung, um die in gewisser Weise die deutsche Wirtschaft in den vergangenen Jahrzehnten gekreist ist und die beständig die Exportüberschüsse erwirtschaftet hat, die für einen großen Sozialstaat notwendig sind.

»De-Industrialisierung« ist zu einem Kulturkampfbegriff geworden, aber man kommt bei nüchterner Betrachtung schwer daran vorbei, es als solche zu sehen: De-Industrialisierung bei gleichzeitiger Abhängigkeit von einem autoritären Regime. Aber statt sich breiter aufzustellen und die Abhängigkeit vom chinesischen Markt zu verringern, geschah das Gegenteil: BMW verkaufte im vergangenen Jahr fast 37 Prozent seiner Autos in China, VW knapp 40 Prozent. Der Chemiekonzern BASF hat angekündigt, die Produktion in Deutschland aufgrund gestiegener Energiekosten herunterzufahren – und gleichzeitig zehn Milliarden Euro in den Aufbau eines neuen Verbundes im südchinesischen Guangdong zu investieren. VW will eine Milliarde in ein »Innovationszentrum« in China stecken.

Man kann es auch so sehen: Zuerst ging die Produktion nach China, dann war der Markt in China, und seit ein paar

Jahren wird nicht mal mehr in Deutschland geforscht. Das sind dann eben »Deutsche Unternehmen chinesischer Prägung«, in Anlehnung an den berühmt gewordenen Ausdruck von Deng Xiaoping »Sozialismus chinesischer Prägung aufbauen«.*

Die deutschen Autohersteller hinken mittlerweile hinterher – nicht nur, was Batteriemetalle und Seltene Erden betrifft, sondern auch in Bereichen wie Verbindungsflexibilität und Datenverarbeitung. Und das erklärt den Einstieg VWs beim bis dato kaum bekannten Unternehmen Xpeng. Damit will man in eine bessere Marktposition kommen und jene Nähe zum chinesischen Kunden schaffen, die man in den vergangenen Jahren verloren hat. Zwei Elektrofahrzeuge wollen VW und Xpeng bis 2026 zusammen auf den Markt bringen.

Die deutschen Konzerne sind dabei freilich nicht die einzigen. Die Geschichte ließe sich genauso anhand des amerikanischen Autobauers General Motors oder des japanischen Toyota-Konzerns erzählen. Peking lockte mit dem größten Markt der Welt, um an die begehrte Technologie zu kommen, doch erst mit dem Elektroauto gelang der Sprung an die Spitze.

Langfristig aber geht es um noch mehr: Elektrofahrzeuge sammeln Daten, und diese Daten dürfen China nicht verlassen. Das ist der Grund, weshalb die amerikanischen

---

* Mit diesem Ausdruck versuchte Deng in den Achtzigerjahren, die Öffnung der formell sozialistischen Wirtschaft gegenüber ausländischen Investitionen zu rechtfertigen.

Fahrzeuge vom chinesischen Präsidenten bei seinem Besuch in Chengdu ferngehalten wurden – könnten diese doch chinesische Daten ans Ausland liefern.

Der Automarkt ist dabei nicht der einzige Sektor, in dem Peking an eigenen Internet- und Datenstandards arbeitet. Experten befürchten in den kommenden Jahren eine »Teilung« des Internets. »Es geht hier um anwendungsbasierte Fragen des Internets. Peking ist viel daran gelegen, hier autonome Standards zu etablieren, nachdem man in den vergangenen 20 Jahren immer westlichen Digitalstandards hinterherhinkte«, sagt Kai von Carnap, Analyst bei Merics, dem Mercator Institute for China Studies in Berlin. »Gleichzeitig ist auf beiden Seiten das Sicherheitsbewusstsein stark gestiegen. Man möchte nicht, dass sensible Daten in die Hände des anderen geraten und zum Beispiel Autos Daten über strategische Knotenpunkte akquirieren.«

Peking will eine Datenplattform mit eigenen Standards und Kompatibilität, die sich vom Rest der Welt unterscheidet. Anfang 2022 verabschiedete das Ministerium für Industrie und Information Richtlinien für das »Internet of Vehicle«, IoV, das eine ganze Reihe von Standards für vernetzte Fahrzeuge auf chinesischen Straßen setzt. Ab 2025 soll über die Hälfte aller Autos auf chinesischen Straßen aktiv in Echtzeit Daten senden, automatisch auf Verkehrsmeldungen reagieren und natürlich auch Personendaten und Regelverstöße erfassen. Dass es dann ein chinesisches und ein nicht chinesisches Internet gibt, ist noch ein Best-Case-Szenario. Denn entlang der »digitalen Seidenstraße«, einem Art Nebenprojekt der Belt-and-Road-Initiative, exportiert Peking seine Internetstandards längst in andere

Länder. Der Markt für Fahrzeuge dieser Art soll bis dahin auf 140 Milliarden US-Dollar gewachsen sein. Alle ausländischen Autohersteller in China müssen sich an dieser Plattform ausrichten. Das ist teuer, und Software-Ingenieure sind aktuell hoch begehrt. Mit dem fünfprozentigen Einstieg bei Xpeng kauft sich VW also Zugang zu gut ausgebildetem Personal und zu einer Datenplattform.

Wie sich der Markt für Elektrofahrzeuge entwickelt, ist offen. 2024 zeichnen sich erste Ermüdungserscheinungen ab. Die EU-Kommission will den heimischen Markt jetzt mit Schutzzöllen vor chinesischen Importen abschirmen. In China hängen tatsächlich viele Unternehmen an staatlichen Subventionen. Ohne Preisnachlässe würde die Branche weitaus schlechter dastehen. Laut Analyst Jochen Siebert von der Unternehmensberatung JSC in Singapur ist dies auch auf die geopolitischen Spannungen mit den USA zurückzuführen: »China und die USA befinden sich mittlerweile in einer Art Subventionswettbewerb. Das hat zur Folge, dass die meisten Hersteller von E-Autos große Überkapazitäten aufgebaut haben. Irgendwann muss eine Marktbereinigung stattfinden.« Nur wann ist die Frage. Die Absätze vieler Hersteller sinken oder bleiben hinter den Erwartungen zurück. In der Folge gehen auch die Preise für wichtige Batteriemetalle wie Lithium zurück. Manche Analysten rechnen sogar mit einer Rückabwicklung der Mobilitätswende und einer »friedlichen Koexistenz« von Verbrenner-, Elektro- und Hybridmotor. »Derzeit ist auch viel Hype im Spiel. Ob die Zukunft wirklich den Elektro-Autos alleine gehört, wird sich noch zeigen«, meint Siebert.

12.

DIE DUNKLE SEITE DER ENERGIEWENDE

»Bitte schürft mehr Nickel! Tesla wird euch einen gigantischen Vertrag für eine lange Zeit geben, wenn ihr Nickel effizienter und umweltfreundlicher abbaut.«

ELON MUSK, TESLA-CHEF, IM JULI 2020

Es ist eine apokalyptische Szene, als täte sich im Paradies die Hölle auf: Eine Frau mit rosa Kopftuch stakst, umgeben von toxischen Rauchschwaden, durch einen Haufen brennenden Mülls. Sie lächelt durch eine klaffende Zahnlücke in ihrem Mund. Viel sagt sie nicht über ihre Arbeit, nur dass es früher noch schlimmer gewesen sei. »Da mussten wir noch länger arbeiten, jetzt sind es nur noch acht Stunden am Tag.« Sie setzt sich neben ein Mädchen mit einer Hasenscharte, das 13 Jahre alt sein soll, aber eher halb so alt wirkt. Als westlicher Besucher möchte man dem Elend ein Ende bereiten oder zumindest einen Schuldigen finden: Das chinesische Unternehmen zum Beispiel, das nur wenige Meter hinter den beiden Nickel verarbeitet. Doch so einfach ist es nicht in Morowali.

Morowali ist der Name eines Regierungsbezirks auf der indonesischen Insel Sulawesi. Die Gegend wirkt wie ein Straßendorf entlang einer mehrere Hundert Kilometer langen Teerstraße, an deren Rändern fast immer Häuser stehen, die aber manchmal zu einer Stadt anschwellen. Der Ort liegt an der Ostküste und war bis vor wenigen Jahren das, was man im Englischen »Backwater« nennt – wirtschaftlich unwichtiges Hinterland, in dem es außer Fischen und ein bisschen Muskatnuss nicht viel zu holen gab. Paradiesisch hätte man es nennen können, wenn man die Moskitos, die drückend-feuchte Hitze und die völlig fehlende Infrastruktur ignorierte. Dann kamen die Energiewende, Elektrofahrzeuge und die Chinesen. 2013 wurde der Indonesia Morowali Industrial Park, kurz IMIP, gegründet.

Denn in Morowali gibt es Nickel. Viel Nickel. Etwa 30 Prozent der gesamten global bekannten Vorkommen. Die *New York Times* nannte Indonesien deswegen schon mal das »Saudi-Arabien des Nickels«. Der damalige indonesische Präsident Susilo Bambang Yudhoyono und sein chinesischer Amtskollege Xi Jinping einigten sich auf die Großinvestition: Rund 1,2 Milliarden US-Dollar stellte die China Development Bank bereit, damit chinesische Unternehmen Nickel abbauen können. Die weltweit größten Nickel-Produzenten waren 2019 die Tsingshan Group, Norilsk Nickel (Nornickel), Vale, Glencore, Delong and Jinchuan. Alle drei chinesischen Unternehmen – Tsingshan, Delong und Jinchuan – haben sich hier in Morowali angesiedelt. Und sie expandieren immer weiter.

Zumindest bis Mittag fliegt Wings Air, eine Tochter von Lion Air, die wiederum regelmäßig zu den schlechtesten Fluggesellschaften der Welt gewählt wird, von der Insel-Hauptstadt Makassar im 30-Minuten-Takt Morowali an. Die Flüge mit kleinen Propellermaschinen sind ausgebucht, die Gäste ein südasiatischer Mix aus Indonesiern und Chinesen. Das Terminal in Form einer Halle mit Wellblechdach wird gerade erweitert.

»24 Stunden Musik«, sagt Syafaat sarkastisch und deutet auf die Baustelle hinter seinem Haus. Er meint den Lärm. Früher, erzählt er, hätten er und seine Freunde sich hier auf der Veranda getroffen. »Seit die Baustelle da ist, will keiner mehr kommen.« Nicht weit davon an der Küste sieht man ein Beton- und Stahlgerüst. Türme ragen hoch in den Himmel; nachts sind sie beleuchtet. Arbeiter essen spätabends Nasi Goreng in kleinen Restaurants an der Straße. Das Kraftwerk soll Strom für die Minen und Schmelzanlagen schaffen. Betrieben werden soll es mit Kohle. Der Lärm aber ist das geringste Problem des drahtigen 41-Jährigen und vieler anderer Einwohner des Dorfes Tondo.

Vor fünf Jahren baute er sich hier ein Haus für seine Frau und seinen Sohn – nichts Spektakuläres, aber komfortabel genug für eine kleine Familie. Es liegt zwischen dem Meer und einer Straße, der einzigen, die durch diesen Teil der Insel führt. Öffnet man die Haustür, blickt man auf einen zur Hälfte kahl rasierten Hügel. »Das wurde alles in den vergangenen zwei Jahren abgeholzt«, sagt er. »Und es geht weiter.« Syafaat hat einen Rechtsstreit mit der Nickelmine. Es geht um einen Stall für seine 50 Kühe. Er liegt nicht weit vom Minengelände, wo hektisch Lkw auf und ab fahren.

Baracken für die Arbeiter reihen sich aneinander. Zum Streitobjekt führt ein kleiner Weg durch Gestrüpp und Palmen. Der hölzerne Freiluftstall steht dort seit zwei Jahren. Genutzt hat Syafaat ihn nicht, die Minengesellschaft kam dazwischen. Die Kühe, sagt er, laufen jetzt irgendwo auf den ehemaligen Reisfeldern herum. Die Bewässerung für diese wiederum musste aufgegeben werden. Die Nickelminen brauchten eine Straße.

Versprochene Entschädigungen, die nie gezahlt wurden, Enteignungen und Rechtsstreits sind an der Tagesordnung in Morowali, dem größten Nickel-Abbaugebiet der Welt. Etwa eine Autostunde nördlich in Molores leben Samsul Atu, 63, und seine Frau Hadija, 53. Nachbar Amin, 62, schaut auch noch vorbei. Es ist schon dunkel geworden, Geckos lauern an der gelben Holzwand auf Insekten. Die Männer rauchen dicke, indonesische Zigaretten. Ihre Geschichte reicht etwas weiter zurück als der aktuelle Nickel-Boom. Bis 2010 bauten sie hier Palmen an, die später zu Palmöl verarbeitet wurden. Dann kam eine Firma namens GenBa Multimineral und wollte das Gelände kaufen, um Nickel abzubauen. Den Arbeitern wurde eine Entschädigung versprochen. »Das Nachbardorf hat sie auch bekommen, wir aber nicht«, schimpft Samsul. »Wir warten seit Jahren darauf. Es ist noch immer vor Gericht.« Amin zeigt Fotos von roter Erde und Abhängen, die durch den Nickelabbau entstanden sind. Es gibt viele solcher Geschichten in Morowali: versprochene, aber nicht gezahlte oder als unzureichend empfundene Entschädigung. Der daraus entstandene Frust addiert sich zu den gewaltigen Umweltschäden, die der Nickelabbau verursacht.

Nickel braucht man zur Herstellung von Batterien, und diese wiederum sind integraler Bestandteil von Elektrofahrzeugen. Für eine Li-Ionen-Batterie sind die Metalle Nickel, Lithium, Kobalt, Grafit und Mangan nötig. Man kann also sagen: Ohne Nickel keine Energiewende. Und weil die Umstellung von Verbrennermotoren auf elektrobetriebene Fahrzeuge im Westen beschlossene Sache ist, steigt die Nickel-Nachfrage: Die internationale Energiebehörde IEA geht von mindestens einer Verzehnfachung bis ins Jahr 2030 aus. Lag der globale Verbrauch 2018 noch bei 65 000 Tonnen, sind es im Jahr 2030 voraussichtlich 925 000 Tonnen.

Wie bei anderen für die Energiewende wichtigen Metallen ist es China gelungen, sich eine absolute Vormachtstellung zu sichern. »Um das Jahr 2018/19 begann der Batteriehersteller CATL groß zu investieren«, sagt Jochen Siebert von der Unternehmensberatung JSC in Singapur. Die Ursprünge aber liegen weiter zurück. Nachdem Deng Xiaoping in den Achtzigerjahren die Strategie vorgegeben hatte, entwickelte sich China zum größten Produzenten Seltener Erden. Gleichzeitig schlossen westliche Staaten ihre Minen wegen der hohen Umweltbelastung. Selten ist Nickel eigentlich nicht. Im Gegenteil: In der Erdkruste zählt es zu den fünf am häufigsten vorkommenden Metallen. Das Problem ist nur: Nickel findet man selten allein, sondern meist zusammen mit anderen Stoffen wie Zink, Kobalt, Kupfer, Eisen oder Arsen. Das silbern schimmernde Metall zu filtern und zu verfeinern, ist die eigentliche Herausforderung. Dies geht nur unter massivem Einsatz von Chemikalien und Energie. Und selbst im chinesischen Staatskapitalismus wird der Preis in Form von Umweltschäden langsam zu hoch.

Nach 2010 begann China daher vermehrt, außerhalb der eigenen Staatsgrenzen Rohstoffe abzubauen, vor allem Kobalt im Kongo und in Sambia sowie Nickel in Indonesien.

Dies lag mitunter daran, dass um die Jahrtausendwende die Elektromobilität für die chinesische Führung immer attraktiver wurde. Damals begann China, Öl zu importieren, weil die Produktion im eigenen Land den Bedarf nicht mehr decken konnte. Man wollte die Abhängigkeit vom Öl verringern.

Mittlerweile ist China führend bei der Herstellung von Batterien. Während das für diese notwendige Lithium zwar überwiegend aus Südamerika kommt (wo Chile gerade die Lithium-Produktion verstaatlicht hat), besitzt China die größten Kapazitäten, das Material zu verarbeiten. Bei Lithium-Ionen-Batterien hat das Land einen Marktanteil von 80 Prozent. »Niemand will den Abbau und die Produktion von Metallen und Seltenen Erden vor Ort haben«, sagt Unternehmensberater Siebert. »Nur in den USA ist man langsam aufgewacht und baut diese wieder auf.«

Die deutsche Autoindustrie war von der Entwicklung überrumpelt. Sie ist heute mit der Frage beschäftigt, ob und wie sie die einstige Vormachtstellung zurückerobern kann. »Viele Autobauer wissen natürlich um die Problematik. Man versucht deswegen, auf andere Batterien zu setzen, bei denen weniger Nickel zum Einsatz kommt«, sagt Siebert. Letztendlich aber könne man derzeit nur die Anteile etwas verschieben: Etwas weniger Nickel und Kobalt hier, etwas mehr Aluminium da. »Der größte Teil der Wertschöpfung aber bleibt in chinesischer Hand.«

Der Kampf um die für die Energiewende unverzichtbaren Metalle ist längst entbrannt. Das US-Außenministerium wirbt um eine »Mineral Security Partnership« unter 13 befreundeten Staaten, um mehr Einfluss auf die Lieferketten zu bekommen. Aktuell »kontrollieren« die G7-Staaten rund 30 Prozent der Lithium- und 20 Prozent der globalen Nickel-Produktion.

Indonesien seinerseits will eine Art OPEC einrichten für Nickel und andere Metalle. Mit Japan und der EU gibt es bereits Vereinbarungen. Indonesien steigt so zu einem geopolitischen Player auf – eine Entwicklung, die sich durch den Krieg in der Ukraine nochmals beschleunigt hat. 2022 kam über die Hälfte der globalen Nickel-Produktion aus Indonesien.

Anfang 2023 kündigte BASF zusammen mit dem französischen Minen-Unternehmen Eramet an, 2,4 Milliarden Euro in Nickel-Werke auf der Molukken-Insel Halmahera in Indonesien zu investieren. Das Werk soll 2026 fertig sein und jährlich rund 67 000 Tonnen Nickel und 7000 Tonnen Kobalt produzieren. Auch australische Unternehmen sind mit von der Partie. Die Verhandlungen über die Mine aber gerieten ins Stocken, nicht zuletzt aufgrund der Berichte von NGOs: Die Werke richten Umweltschäden an und gefährden die Existenz von Ureinwohnern.

Aber auch hier haben die Chinesen bereits die Nase vorn: Die französische Eramet besitzt 39 Prozent der Anteile der Mine in der Weda-Bucht, das chinesische Unternehmen Tsingshan hält 51 Prozent. Auch aus diesem Grund dürfte Joko Widodo, Präsident von Indonesien, im April 2023 in Hannover die Handelsmesse besucht haben. Nach der Eröffnungsrede mit Bundeskanzler Olaf Scholz traf er auf die Chefs von BASF, um mit ihnen über Umweltfragen hinsichtlich der Investition auf der indonesischen Insel Halmahera zu sprechen.

»Die USA versuchen gerade, beim Abbau von Seltenen Erden wieder größer zu werden«, sagt Berater Siebert aus Singapur. »Bei manchen Metallen haben die Amerikaner wieder einen globalen Marktanteil von 16 Prozent. Europa ist bisher komplett außen vor. Dieses geopolitische Wettrennen aber führt zu starken Preisschwankungen. Für die Autohersteller ist das nur negativ.«

Indonesien weiß um seine Bedeutung als Rohstofflieferant für die Energiewende: Zwischen 2009 und 2020 hat das Land den Export von Nickel immer weiter erschwert, um größere Teile der Wertschöpfung im Land zu behalten. In der Folge hat China seinerseits Nickel-Verarbeitungswerke nach Indonesien verlagert. Rund 14 Milliarden US-Dollar haben die Chinesen in Schmelzhütten vor Ort investiert: In ihnen wird aus dem Nickelerz sogenanntes Nickel-1 gewonnen, mit dem dann die Batterien für Elektrofahrzeuge hergestellt werden. Die Nickel-Exporte des Landes haben sich seit 2014 im Wert verzehnfacht und machen aktuell 30 Milliarden US-Dollar aus.

Wie das aussieht, kann man in Morowali überall beobachten: Dröhnende Lkw bringen ihre Ladung entweder auf Schiffe oder direkt in die gewaltigen Hüttenwerke: rotbraune Erde, aus der dann in einem langwierigen Prozess das Nickel-1 gewonnen wird. Dieses wird wiederum auf Schiffe verladen und nach China gebracht, in sogenannten

Mega-Factories wird es dort in Batterien verarbeitet. Auch hier scheint die Volksrepublik uneinholbar in Führung: China verfügt derzeit über 77 Prozent der globalen Kapazitäten zur Herstellung von Batterien. Danach erst folgen weit abgeschlagen Polen, Ungarn, die USA und Deutschland. »Deutsche Batterienhersteller gibt es eigentlich nicht. Das hat man aufgegeben, weil es zu kapitalintensiv ist«, sagt Siebert. »China dominiert den Markt komplett. Im Falle eines Konflikts in der Taiwan-Straße würden deutsche Autohersteller ziemlich blank dastehen.«

Umweltorganisationen weisen seit Langem auf die gravierenden Schäden, die der Nickelabbau für Menschen und die Natur mit sich bringt, hin. Die Luft ist dick und trüb. Der aufgewirbelte Staub kann sich mit toxischen Metallen vermischen und so Atemwegserkrankungen bis hin zu Lungenkrebs verursachen. Noch stärker aber beschäftigt die Menschen in Morowali das Wasser: Mit den Unternehmen kam zwar ein gigantischer Wirtschaftsaufschwung. Nur fragen sich viele, ob er nicht mehr Schlechtes als Gutes gebracht hat. Amit ist 43 Jahre alt, klarer Blick und gerade Haltung. Er war lange Fischer. Jetzt betreibt er eine Art Wasser-Taxi für Leute, die schnell zu den Häfen müssen, auf denen die nickelhaltige Erde für die Schmelzereien entladen wird. Sein Sohn turnt auf ihm herum. »Es juckt«, sagt er. »Wenn wir uns waschen, juckt danach der ganze Körper.« Die Menschen hier waschen sich mit Meerwasser, und das ist rotbraun gefärbt, genauso wie das Wasser der Flüsse. Seinen Job als Fischer hat er aufgegeben. Die Fangquoten gingen massiv zurück, als die Fabriken kamen. Außerdem verdient er als Taxifahrer mehr.

Wie Amit geht es auch Uanti Adam, die um die Ecke ein Hotel betreibt. Vier Räume vermietet die 34-Jährige mit jeweils sechs Betten. »Das Geschäft ist gut«, erzählt sie. »Wir sind fast immer ausgebucht.« Die Zimmer sind aufs Meer hinausgebaute Sperrholz-Buden ohne Ventilator und natürlich auch ohne Klimaanlage. Die Küche: ein verbeulter Wok auf einem Kohleofen.

Wie viele Leute in Morowali Arbeit gefunden haben, weiß niemand genau. Statistiken gibt es nicht. Jemand erzählt, die Unternehmen erhielten bis zu 1000 Bewerber am Tag. Und genauso wuchert Morowali auch: unkontrolliert, ohne Regeln.

Den ganzen Tag über sieht man sie: junge Männer mit gelben Helmen auf kleinen Motorrädern, denn irgendwo ist immer gerade Schichtende und Schichtbeginn. Die Gesichter sind kaum älter als 30 Jahre, die Körper feingliedrig und zäh. Viel zu erleben gibt es nicht in dem islamisch geprägten Ort. Die Vergnügungen beschränken sich auf Kaffeetrinken, Handyspiele und Besuche von »Massage Spas« – Bretterbuden-Bordellen alle paar Hundert Meter.

Von den chinesischen Arbeitern bekommt man nichts zu sehen, auch wenn mindestens 6000 hier sein sollen. Wie oft bei solchen globalen Projekten arbeiten und leben die chinesischen Angestellten abgeschirmt von der lokalen Bevölkerung auf einem umzäunten Gelände. Auf dem gibt es chinesische Restaurants, Wäschereien, Karaokebars – und keinen Grund mehr, die Fabrik zu verlassen. Der Morowali-Industrie-Park verfügt zudem über einen eigenen Flughafen.

Von Wut auf die Chinesen aber ist kaum etwas zu hören. »Wir haben nichts gegen die Chinesen, wir haben nichts gegen die Nickelminen«, sagt Jabir, ein aufgeweckter, entschlossener 29-Jähriger. Er hat sich mit anderen dafür eingesetzt, dass sein Dorf frei von Minen und Schmelzereien bleibt. Auf seinem Grundstück, auf dem er Bananen, Nelken und Muskatnüsse anbaut, bekommt man eine Ahnung, wie Morowali früher einmal ausgesehen hat: Hühner laufen frei herum, kurz dahinter beginnt dichter, tropischer Urwald. Er reißt eine Nuss vom Baum und sagt: »Deswegen sind die Holländer hierhergekommen und haben Kriege geführt, verrückt, nicht?« Der Nickelabbau sei nichts Schlechtes, aber er brauche Regeln und Vorschriften, an die sich alle zu halten haben.

Auch auf der Müllhalde gibt es Hoffnungsschimmer. Der Chef der Frauen, die dort Plastikflaschen sortieren, ist ein junger Mann namens Davis. Er trägt eine Designerbrille und hat Recyclingtechnik studiert. Stolz zeigt er auf einen gepressten Ziegel aus Plastik – das Resultat der vorher aussortierten Plastikflaschen, die, vom Papier und anderen Resten befreit, gepresst wurden. Die Plastikziegel werden später zum Bauen verwendet. Bezahlt wurde die Pressmaschine von der Stadtverwaltung, um das Müllproblem besser in den Griff zu kriegen.

Doch nicht nur im benachbarten Asien hat sich China die für die Energiewende notwendigen Rohstoffe gesichert. Auch in Afrika ist Peking seit Jahrzehnten ein beliebter Partner, der seinen Einfluss, relativ unbeachtet von den USA, immer weiter ausbauen konnte.

13.

WETTLAUF UM ROHSTOFFE IN AFRIKA

»Ein Elektroauto ist im Prinzip eine Batterie, und was in der Batterie ist, kommt aus Afrika.«

AMOS HOCHSTEIN,
BERATER VON US-PRÄSIDENT JOE BIDEN

Auf dem Weg zum Black Mountain bei der Stadt Kitwe verkaufen Menschen Möbel und Melonen, Türen und Blumen direkt an der Straße. Viele laufen zu Fuß über die rote Erde. Der Black Mountain liegt im Copperbelt, zu Deutsch »Kupfergürtel«. Der Name ist offensichtlich. In Sambia heißt es, der Copperbelt entscheide, wer Präsident wird. Denn ohne die Kupferexporte aus der Region kommt kein Geld ins Land. Viel ist es ohnehin nicht: In Sambia sieht man zwar kein Elend, aber viel Armut und Einfachheit. Offiziell leben rund 40 Prozent unterhalb der Armutsgrenze.

Der Schwarze Berg trägt seinen Namen zurecht. Am Fuße haushoher schwarzer Hügel suchen Menschen vereinzelt nach Metallen. Die großen Minen aber scheinen stillzustehen. Vor einigen Wochen soll es hier wieder zu Protesten gekommen sein. Auf das Werksgelände erhalten wir keinen Einlass. Doch etwas weiter entfernt treffen wir Minenarbeiter. Er will noch arbeiten, sagt ein Mann um die 60. Sein Alter will er nicht nennen. »Wie alt ich bin, ist egal«, sagt er und offenbart eine Lücke, wo zwei Schneidezähne sein sollten. »Wichtig ist, dass ich noch genug Energie habe, um zu arbeiten.«

Auf die Chinesen sind die Arbeiter nicht gut zu sprechen – zu niedrige Löhne, zu schlechte Arbeitsbedingungen. Immer wieder war es zu gewaltsamen Zusammenstößen mit der Polizei gekommen sein. Viele der Leute, die hier leben, suchen auf eigene Faust nach Kupfer, Kobalt und anderen Metallen. »Artisanal Miners«, kurz ASM, werden sie genannt. Einerseits gelten sie als die Ärmsten der Armen, ohne Schutz und Versicherung. Andererseits bevorzugen viele diese Arbeit, weil sich bei hohen Weltmarktpreisen so schneller mehr Geld verdienen lässt. Nicht selten lassen sie die Minenbetreiber gewähren, da sie Produktionsengpässe ausgleichen können.

In Ndola, einer Stadt mit 600 000 Einwohnern und internationalem Flughafen, beherbergt ein »Golf Hotel« im Stadtzentrum die aus China und dem Westen eingeflogenen Bosse der Minenunternehmen. Denn seit Kurzem ist Sambia ins internationale Rampenlicht gerückt: Im Februar 2024 heißt es, ein neues Start-up namens KoBold Metals habe mithilfe künstlicher Intelligenz Sambia gescannt und riesige Kupfervorkommen gefunden. Investoren sind unter anderem AI-Guru Sam Altman, Amazon-Gründer Jeff Bezos und Bill Gates. 150 Millionen US-Dollar will das Unternehmen investieren, und es wäre die erste amerikanische

Mineninvestition in Sambia. Vor 2030 aber dürfte sie nicht in Betrieb gehen. Die Meldung scheint lanciert und mit Buzzwords gespickt gewesen zu sein. Trotzdem aber verdeutlicht sie einen Trend: Der Kontinent rückt zunehmend in das Interesse der Geopolitik. Nahezu sämtliche Zukunftstechnologien sind ohne Rohstoffe aus Afrika nicht möglich: »Ein Elektroauto ist im Prinzip eine Batterie, und was in der Batterie ist, kommt aus Afrika«, sagte Amos Hochstein, Bidens Chefberater für Energieinvestitionen. Für den Kontinent sei es deswegen »eine große Chance, Teil einer sauberen Energiezukunft des 21. Jahrhunderts zu sein«. Das Problem: Dort, wo der Westen hinmöchte, ist China schon lange.

Die Provinz Copperbelt im Norden Sambias ist fest in chinesischer Hand. NFC Africa Mining, ReBa, Sinotruk, Cosco oder Sinopec lauten die Namen, die auf den Schildern der abgezäunten Minengelände stehen – in lateinischer Schrift und chinesischen Zeichen. Hin und wieder taucht eine »China Mall« auf, mit allem, was Chinesen so zum Entspannen brauchen: Restaurants, Karaokeläden und »Spas«, womit Bordelle gemeint sind. Man sieht der Region den Rohstoffreichtum an: Die Straßen sind von guter Qualität. Es gibt sogar Modellsiedlungen mit Einfamilienhäusern. Der Copperbelt aber ist nicht nur eine sambische Provinz, sondern auch eine geologische Region, die sich nördlich in den Kongo erstreckt. Hier liegen die größten Kupferreserven des Kontinents und damit über zehn Prozent der weltweiten Vorkommen. Hinzu kommen Uran, Mangan, Gold und Smaragde.

First Quantum Minerals ist für die Hälfte der sambischen Kupferexporte verantwortlich. Dem Namen nach ist das Unternehmen zwar ein kanadisches, größter Anteilseigner ist jedoch wiederum die chinesische Firma Jiangxi Copper Corp. Im benachbarten Kongo baut Ivanhoe Mining die derzeit größte Kupfermine – doch auch diese gehört zum größten Teil der chinesischen Firma Zijin Mining Group Co. Und nicht nur das: China dominiert alle Verarbeitungsschritte der Metalle. 40 Prozent des weltweiten Kupfers und über die Hälfte des Kobalts werden in China raffiniert und weiterverarbeitet.

Washington will das ändern: zukünftig sollen mehr Rohstoffe über den Atlantik Richtung USA und Europa transportiert werden. Das größte Projekt ist eine Eisenbahn, die das Binnenland Sambia mit dem Atlantik verbinden soll. Es trägt den Namen »Lobito-Railway«. Kosten soll es 2,3 Milliarden US-Dollar für 2600 Kilometer Schienen, die Sambia, den Kongo und Angola verbinden. Allein der Abschnitt von Sambia bis nach Angola wird mit 1,6 Milliarden US-Dollar veranschlagt. Finanzieren wollen das Projekt die African Infrastructure Bank, das Schweizer Rohstoffunternehmen Trafigura und vor allem die amerikanische Regierung. Auch die EU ist interessiert. Ist die Strecke einmal fertiggestellt, erhöht sich die Transportkapazität von einer Million auf fünf Millionen Tonnen jährlich. Die Bahnstrecke existiert eigentlich schon. Sie ist ein Relikt der Kolonialzeit, noch unter der portugiesischen Herrschaft in Angola Anfang des 20. Jahrhunderts wurde sie gebaut. Mit dem Bürgerkrieg in den Siebzigerjahren verfiel die Strecke allerdings. Heute wird kaum irgendetwas über den kleinen Hafen Lobito in Angola exportiert. Auch Angola ist tief verschuldet bei China. Von bis zu 45 Milliarden Dollar ist die Rede – zurückzahlen soll das Land die Summe mit seinen Bodenschätzen, insbesondere Erdöl.

Ob sich all das lohnt, ist noch unsicher. Die Energiewende und die damit verbundene Elektrifizierung ist eben beschlossene Sache – und diese will man nicht China überlassen. Nicht nur die Rohstoffe sollen deswegen zügig aus dem Herz des afrikanischen Kontinents den Westen erreichen. Auch westliche Importe erreichen Sambia dann schneller und günstiger.

Die EU will mitmischen. Ich treffe Ian Mwiinga in der Hauptstadt Lusaka, nur wenige Tage bevor sich eine EU-Delegation in die Provinz Copperbelt aufmacht. »2021/22 brachte die Wende«, sagt er. Seither habe der Westen plötzlich ein riesiges Interesse an den Bodenschätzen Sambias. Prinzipiell sei das natürlich gut für das Land mit nur 20 Millionen Einwohnern südlich des Kongos. Bei genauerem Hinsehen aber gibt es viele Probleme. »Alles ist sehr vage, wir haben ja nicht mal genaue Zahlen über Marktanteile der verschiedenen Bergbauunternehmen«, sagt Mwiinga. Chinesische Unternehmen würden ihre Daten nicht einfach veröffentlichen. Außerdem wisse niemand, wie viele der sambischen Exporte ursprünglich Importe aus dem Kongo seien. Mwiinga arbeitet für die Zambia Extractive Industries Transparency Initiative, kurz ZEITI. Das Projekt wird unter anderem von der Europäischen Union finanziert. ZEITI will mehr Transparenz und bessere Standards in der

Industrie fördern. Doch das ist nicht einfach: So gut die ESG-Richtlinien* sind – für viele westliche Unternehmen bedeuten sie Wettbewerbsnachteile. Seitdem diese gelten, wird zum Beispiel vermehrt Kobalt aus dem Kongo Richtung Sambia geschmuggelt – das Material wird dann als sambischer Export deklariert und weiterverarbeitet. Sambia nämlich gilt im Gegensatz zum nördlichen Nachbarn als relativ sicher und frei von Kinderarbeit.

»Für Sambia steht im Vordergrund, dass wir eine eigene Wertschöpfung im Land entwickeln«, sagt Mwiinga. Sambia verdiene zwar über ein relativ komplexes Konstrukt an den Gewinnen der Minenunternehmen mit. Anders als etwa Indonesien verarbeite das Land seine Rohstoffe oft nicht selbst, sondern überlasse das dem Ausland. Mwiinga nennt simple Kupferkabel als Beispiel: »Das Kupfer stammt von hier, die Kabel aber importieren wir aus Südafrika.«

Ursprünglich sollte Sambia gar nicht Teil der Eisenbahn sein. Die Pläne für den Lobito-Railway kamen unter dem amtierenden Präsidenten Hakainde Hichilema, kurz »HH«, der anders als sein Vorgänger als prowestlich gilt. 2027 soll der Abschnitt fertig sein, sodass dann Kupfer, Kobalt, Nickel und Lithium Richtung Atlantik abtransportiert werden können. Südafrika gilt als Gegner des Projekts. Und wie China sich verhält, bei dem Sambia mit mehr als sechs Milliarden US-Dollar in der Kreide steht, ist noch unklar.

---

* ESG steht für Environment, Social und Governance, zu Deutsch »Umwelt, Soziales und Unternehmensführung«. Die Richtlinien sollen Unternehmen zu nachhaltigerem Wirtschaften veranlassen.

Im Sinzozam-Friendship-Hospital wartet Calvin Kuleba auf seine Entlassung. Zwei Tage zuvor sind ihm in der Mine Steine auf den Fuß gefallen. Der Knöchel ist angebrochen. Sein geschwollener Fuß liegt auf dem Bett, während der muskulöse 33-Jährige auf einem Stuhl sitzt. Sein größtes Problem aber ist derzeit nicht der Fuß, sondern der Umstand, dass er und seine Kollegen über eine Agentur bei der chinesischen Firma NSC Africa angestellt sind. Diese aber behält fast die Hälfte ihres Lohnes ein. »Wir wollen eine Direktanstellung bei NSC«, sagt Kuleba, der in der Gewerkschaft der Minenarbeiter organisiert ist. Damit würde sich sein Lohn von 200 US-Dollar fast verdoppeln.

Kuleba arbeitet seit zehn Jahren als Minenarbeiter. Der Job ist hart: »Manchmal sind wir zwölf Stunden am Stück unter der Erde. Es ist anstrengend, nicht einfach und manchmal auch gefährlich«, sagt er. »Trotzdem mag ich meine Arbeit.« Das Problem seien neben den Gehältern die Arbeitsbedingungen. »Diejenigen, die direkt angestellt sind, bekommen auch mehr zu essen.« Bei ihnen seien es vier chinesische Baozi am Tag, Hefeteigtaschen gefüllt mit Gemüse oder Fleisch. Mit den chinesischen Arbeitern habe er nicht viel zu tun. Sie leben in abgezäunten Geländen und bleiben meist unter sich. »Viele sind arrogant und verhalten sich rassistisch«, sagt John, der unser Gespräch mitgehört hat und mir auf dem Gang hinterhereilt.

In Sambia sind chinesische Unternehmen dominant. Ähnlich wie in Indonesien verursacht der Abbau der Metalle große Umweltschäden. Sie sind weniger sichtbar als im indonesischen Morowali. Doch auch das südlich gelegene Kabwe gilt als »Opferzone«. Und doch ist die Erzählung von den bösen chinesischen Unternehmen und den humanen westlichen Arbeitgebern zu einfach.

Die Verbindungen zwischen Lusaka und Peking reichen weit zurück. In den Siebzigerjahren, China war selbst noch ein Entwicklungsland, bauten die Chinesen die TAZARA-Eisenbahn. Damit hatte Sambia eine Möglichkeit, Kupfer zu exportieren und dabei Südafrika und Zimbabwe zu umgehen. Es war die Zeit eines »panafrikanischen Sozialismus«. Sambia hatte 1964 seine Unabhängigkeit erlangt und sich vom südlich gelegenen Rhodesien abgespalten, dem heutigen Simbabwe. Der neue Staat war arm, Kupfer das einzige Exportgut, das Devisen ins Land brachte. Zudem war Sambia zwar nicht umzingelt, aber doch von vielen feindlichen Staaten umgeben. In Südafrika, dem wirtschaftlichen Riesen des Kontinents, regierte ein Apartheidregime. Nicht viel anders sah es im heutigen Simbabwe aus, das seine volle Unabhängigkeit erst 1980 unter Robert Mugabe erlangte. Im westlich gelegenen Angola herrschte ein Bürgerkrieg, weil sich die Kolonialmacht Portugal an ihre Herrschaft klammerte. Und im nördlich gelegenen Kongo hatte Joseph Mobuto zwar die belgischen Kolonialherren vertrieben, aber einen Einparteienstaat samt bizarrem Personenkult errichtet. Viele Freunde hatte das relativ dünn besiedelte Sambia also nicht. Die Tatsache, dass China, damals selbst von den Wirren der Kulturrevolution schwer gebeutelt, eine Eisenbahnlinie zum Indischen Ozean bauen ließ, ist deswegen unvergessen in Sambia. Die TAZARA-Bahn war über die Jahrzehnte die wirtschaftliche Lebensader des Binnenstaats ohne eigenen Zugang zum Meer. Sambia gilt heute als relativ stabile Demokratie. Anders als viele seiner Nachbarländer blieb es von einem Bürgerkrieg verschont.

Sambia ist auch Teil der Neuen Seidenstraße – und darüber in eine starke Schuldenabhängigkeit von China geraten. 2020 konnte das Land einige Euro-Anleihen nicht bedienen und steckt seitdem in ständigen Verhandlungen mit internationalen Gläubigern über Umschuldungsmaßnahmen. Sich mit allen Parteien an einen Tisch zu setzen, lehnt Peking meist ab. Lieber springt man mit Notkrediten hier und da ein. Aus westlicher Sicht könnte man die guten Beziehungen zu Peking auch als Abhängigkeit bezeichnen. Aber das ist eben nicht zwingend auch die sambische Perspektive.

Anthony Mukwita hat etwas Extravagantes an sich. Der ehemalige sambische Botschafter in Deutschland empfängt mich in einem gehobenen Lokal, die nackten Füße auf den Polstern, die goldene Rolex locker am Handgelenk. Auf den neuen Präsidenten Hakainde Hichilema ist er nicht gut zu sprechen. Der hat ihn mehr oder weniger seines Amtes enthoben. Mukwita war zunächst Finanzjournalist, dann Chefredakteur, dann Botschafter in einer Reihe von europäischen Hauptstädten, von 2017 bis 2021 auch in Berlin. Da anders als im deutschen System in Sambia mit einem Regierungswechsel auch der Beamtenapparat ausgetauscht wird, musste Mukwita in die Heimat zurückkehren. Heute schreibt er vor allem Bücher. Gerade erst erschien sein Buch *China in Africa – The Zambia Story*. Darin macht er keinen Hehl aus seiner Abneigung gegen die aktuelle Regierung. Da diese unter HH in eine prowestliche Richtung schwenkte, klingen Mukwitas Positionen eher prochinesisch. Vor allem aber sieht er die Welt längst in einem Übergang zu einer neuen, multipolaren Ordnung begriffen. »Wir waren zu lange abhängig von den USA«, sagt er. »Mit China ist ein neuer Wettbewerber entstanden, und für Länder wie Sambia ist das eine positive Entwicklung. Für viele afrikanische Länder bedeutet das mehr Autonomie und Souveränität, denn sie können selbst entscheiden, mit wem sie zusammenarbeiten.« Sambia sei zudem ein Gewinner der Energiewende. Denn zahlreiche für die grüne Wende erforderlichen Rohstoffe liegen hier unter der Erde.

Allerdings ist Mukwita auch desillusioniert über westliche Werte. Lange echauffiert er sich über den Krieg in Gaza, insbesondere die Rolle der USA. Er sieht darin eine gewaltige Heuchelei des Westens. »Der Westen hat kein Recht mehr, sich moralisch überlegen zu fühlen. Zu behaupten, die USA setzten sich für Menschenrechte ein, während man gleichzeitig das Bombardement von Hunderttausenden von Menschen gutheißt, ist Doppelmoral. Es geht um reine Machtpolitik.« Während die USA vor allem Milliarden in den Kampf gegen Terrorismus in Afrika gesteckt hätten, habe Peking Infrastrukturprojekte gebaut.

Und Chinas »Schuldenfallendiplomatie«? »Blödsinn«, sagt Mukwita. Die Schulden bei westlichen Institutionen seien weitaus höher, und anders als das Geld aus China seien daran eben sehr wohl Bedingungen geknüpft, nämlich in Form von Privatisierungen und anderen Vorgaben.

Es wäre müßig, alle Aussagen Mukwitas im Einzelnen auf ihre Stichhaltigkeit zu überprüfen. Wichtiger ist, dass der ehemalige Botschafter zum Ausdruck bringt, was viele in

Afrika denken: Man will ein Ende der Bevormundung und seine eigene Perspektive global stärker zum Ausdruck bringen. Auch einen offiziellen Beitritt zu den BRICS+ kann sich Mukwita deshalb vorstellen. Der lose Staatenbund scheint dieses neue Selbstbewusstsein zu repräsentieren.

Vieles deutet darauf hin, dass Mukwita recht hat mit seiner Prognose. Afrikanische Staaten können, wenn sie ihre Karten gut spielen, von der neuen multipolaren Ordnung profitieren. Im September 2023 reiste der sambische Präsident HH nach Peking und Shenzhen. Es ging dabei weder um Schulden noch um Rohstoffe: Sambia will nun auch chinesische Direktinvestitionen. Die Rede ist von einem Werk des Smartphone-Herstellers ZTE im Land. Noch konkreter ist die Planung für ein Lithium-Batterien-Werk des chinesischen Unternehmens Jiangxi Special Electric Motor. Gleichzeitig versprach Peking, eine Milliarde Dollar in die Modernisierung der TAZARA-Eisenbahn zu investieren.

All dies waren keine Werbegeschenke aus China, sondern die Ergebnisse aktiver Bemühungen seitens der sambischen Regierung. Auch das zeigt, dass afrikanische Regierungen eine aktivere Rollen spielen können und wohl auch werden. Es wäre tatsächlich das erste Mal in der Geschichte des Kontinents, dass die Konkurrenz zweier Großmächte nicht zur Ausbeutung des Kontinents führt, sondern zu dessen Prosperität beiträgt.

14.

KAMPF UM DIE WELTWÄHRUNG

> »Jede Nacht frage ich mich,
> warum alle Länder der Welt ihren Handel
> in Dollar abwickeln müssen.«
>
> LUIZ INÁCIO LULA DA SILVA, BRASILIANISCHER PRÄSIDENT

Geschickt gestreute Falschmeldungen, sogenannte Desinformation, ist zwar mittlerweile ein Metier aller Großmächte – Russland geht dabei aber besonders geschickt vor. Im Juli 2023 tauchte die Meldung auf, die Staaten Brasilien, Russland, Indien, China und Südafrika (BRICS) würden bei einem im August geplanten Treffen im südafrikanischen Johannesburg eine goldgedeckte BRICS-Währung bekannt geben und damit dem US-Dollar als Leitwährung Konkurrenz machen, wenn nicht gar ihn vom Thron stoßen.

Die Nachricht machte in bestimmten Zirkeln der Finanzwelt die Runde und sorgte für zahlreiche Spekulationen. Eine neue goldgedeckte Währung wäre erstmals eine ernst zu nehmende Alternative zum US-Dollar. Nicht nur das: Die Wiedereinführung einer Golddeckung, wie sie 1971 von

US-Präsident Richard Nixon beendet wurde, würde den Preis des Metalls in ungeahnte Höhen treiben.

Vor allem in alternativen Medien überschlugen sich die Prognosen der »Contrarians«, wie man in der Finanzwelt all jene nennt, die stets konträr zum Mainstream denken. Ein goldgedeckter BRICS-Coin wäre »hart im Wert«, schließlich verhindert eine Golddeckung, dass die Währung nach Belieben vermehrt werden kann, sie würde dementsprechend im Wert steigen. Internationale Anleger, immer auf der Suche nach Rendite, würden ihr Kapital in diesem neuen goldgedeckten BRICS-Geld investieren.

Das wiederum würde bedeuten, dass Kapital aus dem nun relativ schwachen US-Dollar abfließt und dieser an Wert verliert. Amerikanische Staatsanleihen würden unattraktiver werden, was die US-Regierung dazu zwingen würde, die Zinsen zu erhöhen. Das wiederum würde die Überschuldung der USA erst so richtig offensichtlich machen. Kurzum: Ein Kollaps der seit 1971 bestehenden globalen Finanzarchitektur stünde unmittelbar bevor. All diese Szenarien kursierten auf X, der Nachfolgeplattform von Twitter, und in einschlägigen Szenepodcasts. Immer wieder bezogen sich die Contrarians auf die Meldung vom Juli 2023.

Längst nicht alles an diesem Szenario war oder ist ein Hirngespinst. Die Spekulationen um eine BRICS-Währung hatten guten Nährboden, spätestens seit einer Rede des brasilianischen Präsidenten Luiz Inácio Lula da Silva im April 2023 bei einem Staatsbesuch in Peking. Was er dort sagte, war Wasser auf den Mühlen der chinesischen (und russischen) Propagandamaschinerie. Lula nämlich erzählte recht emotional davon, dass er sich »jede Nacht selbst fragt, weshalb alle Länder ihren Handel in Dollar abwickeln«. »Warum«, fragte er in seiner Rede in der New Development Bank in Shanghai, »warum können wir nicht in unseren eigenen Währungen handeln?« Die Frage, die den brasilianischen Präsidenten um den Schlaf bringt, ist berechtigt. Die Antwort ist in den Siebzigerjahren zu finden.

Nach dem Zweiten Weltkrieg lagerten die größten Goldreserven der Welt in den USA. Der US-Dollar war zwar nicht mehr für Privatpersonen in Gold umtauschbar, alliierte Staaten aber besaßen nach wie vor das Recht, ihre Devisenreserven zu einem festgelegten Kurs in Gold umzutauschen. Wechselkurse schwankten nicht, der Gold- und US-Dollar-Anker stabilisierte das westliche Wirtschaftssystem. Das funktionierte in den ersten Jahren nach 1949. Mit der Zeit aber türmten sich enorme Ungleichgewichte auf. Durch den Wirtschaftsaufschwung Europas in den Fünfzigerjahren, insbesondere den der Exportnation Deutschland, floss immer mehr Gold aus den USA in Richtung Europa. (Allerdings nicht physisch – das Gold blieb weiterhin in New York eingelagert, hatte nun aber auf dem Papier einen anderen Eigentümer.) Aus dieser Zeit stammen auch die Goldreserven der Bundesrepublik, die weltweit die dritthöchsten sind. Als im Vietnamkrieg die amerikanischen Ausgaben aus dem Ruder liefen, entschloss sich Präsident Nixon deswegen zu einem radikalen Schritt. Er schloss das »Goldfenster«, was bedeutete, dass die USA sich ab nun nicht mehr verpflichtet fühlten, Dollarreserven befreundeter Staaten in Gold umzutauschen. Die Goldbindung war damit aufgehoben. Stattdessen sollten die Währungen in einem freien Wechselkurssystem zueinander stehen (*free float*). Der Markt sollte fortan den Wert nationaler Währungen bestimmen.

Dadurch aber drohte der nun an nichts mehr gekoppelte Wert der amerikanischen Währung drastisch einzubrechen. 1973 trat an die Stelle des Goldstandards allerdings der sogenannte Petrodollar, der den Aufstieg des US-Dollars zur internationalen Leitwährung begründete. Die USA schlossen einen Deal mit dem damals größten Ölproduzenten Saudi-Arabien. Gegen Waffenhilfe verpflichtete sich das Königreich, Erdöl von nun an nur noch gegen US-Dollar zu verkaufen (die die Scheichs dann in amerikanische Staatsanleihen investierten). Bald übernahmen andere Erdöl exportierende Länder das System und rechneten ihr Öl ebenfalls in US-Dollar ab. Wenn also Japan in Kuwait Öl kaufte, brauchte es US-Dollar, um zu bezahlen. Aus der Gewohnheit wurde bald auch Zweckmäßigkeit: Wenn Deutschland Autos nach Mexiko verkaufte, wurden diese ebenfalls mit US-Dollar bezahlt.

Nach dem Zusammenbruch des Kommunismus 1991 und der nun einsetzenden Globalisierung gab es wenig an diesem System auszusetzen. Das Petrodollar-System erfüllte praktische Bedürfnisse. Denn wenn, um im Beispiel zu bleiben, deutsche Autoexporteure sich mit mexikanischen Pesos bezahlen ließen, müssten sie damit entweder auch mexikanische Waren kaufen oder die Pesos an anderer Stelle umtauschen. Mit der globalen Währung US-Dollar vereinfachte sich dieser Prozess für beide Parteien.

Den wohl größten Vorteil aber hatten die USA. Sie genossen das, was der ehemalige französische Präsident

Valéry Giscard d'Estaing einmal das »exorbitante Privileg« nannte: Da die ganze Welt ständig Dollar braucht, um ihren Handel abzuwickeln, bleibt die Nachfrage nach der amerikanischen Währung konstant hoch. Dies wiederum erlaubt es der US-Regierung, sich wesentlich höher zu verschulden, als dies anderen Staaten möglich ist. Die USA können das Geld zur Schuldendeckung selbst drucken. Wollen andere Staaten dies tun, verliert die heimische Währung massiv an Wert. Die konstante Nachfrage nach der amerikanischen Währung verhinderte, dass der Kurs des US-Dollars fällt. Die Staatsverschuldung stieg von 400 Milliarden US-Dollar 1971 auf 33 Billionen 2023.

Doch die Schuldenorgie hat auch negative Folgen für die USA: 2023 zahlte die US-Regierung 659 Milliarden US-Dollar Zinsen. Wohlgemerkt: Zinsen auf bereits aufgenommene Schulden, von Tilgung ist gar nicht die Rede. Erstmals in diesem Jahr hat der Schuldendienst auch das Verteidigungsbudget übertroffen. Schließlich haben die Schulden auch den Wert des US-Dollars verwässert, was vor allem private Sparer zu spüren bekamen.

Ginge es nach den USA, könnte dieses System noch lange Bestand haben. Das Problem ist nur: Die Weltwirtschaft hat sich in den vergangenen 30 Jahren grundlegend verändert. Die USA herrschen zwar nach wie vor noch militärisch und finanzpolitisch. Die realwirtschaftlichen Gewichte aber haben sich längst Richtung China verschoben. Dabei werden nur knapp 16 Prozent der globalen Güter in den USA produziert. Aus China stammen dagegen knapp 30 Prozent aller Waren weltweit.

Bevor China 2001 der Welthandelsorganisation WTO beitrat, handelten 80 Prozent aller Staaten weltweit in einem größeren Umfang mit den USA als mit der Volksrepublik. Dieses Verhältnis hat sich 20 Jahre später komplett verschoben. Heute ist Peking für mehr als 120 Länder der wichtigste Handelspartner. China hat zudem Handelsüberschüsse gegenüber 174 Staaten. 2022 importierte es Waren im Wert von 2,71 Billionen und exportierte Güter im Wert von 3,57 Billionen US-Dollar.

Nach Asien und Afrika exportiert China in erster Linie verarbeitete Güter und importiert dafür Rohstoffe, vor allem Öl und Gas, aber zunehmend auch Batteriemetalle wie Kobalt, Nickel und Lithium. Nur mit den ostasiatischen Anrainerstaaten ist die Handelsbilanz noch negativ, da Peking vor allem auf die hoch entwickelten Halbleiter aus Taiwan und Maschinen und Elektronik aus Japan und Südkorea angewiesen ist.

Aus chinesischer Sicht ergibt es also immer weniger Sinn, den Umweg über den US-Dollar zu nehmen. Dasselbe gilt für die Handelspartner Chinas. Das zeigt sich besonders bei den Staaten Brasilien und Russland. Mit 240 Milliarden US-Dollar, 26 Prozent mehr als im Vorjahr, erreichte das russisch-chinesische Handelsvolumen 2023 einen neuen Rekordwert – und das, obwohl die russische Wirtschaft nach dem Einmarsch in die Ukraine eigentlich durch die westlichen Sanktionen in die Knie gezwungen werden sollte. Oder gerade deswegen: Denn Moskau ist es gelungen, das entgangene Geschäft mit dem Westen zu kompensieren: Rund die Hälfte aller Öl- und Gasexporte gingen in diesem Jahr nach China. Mit einer neuen Gaspipeline namens »Power of Siberia 2« will Moskau die Verluste ersetzen, die durch die Sprengung der »NordStream-2-Pipeline« 2022 entstanden sind. Das energiehungrige China kann dieses Gas gut gebrauchen, weil sich damit auch das Problem der Luftverschmutzung in den chinesischen Städten lösen lässt.

Moskau dagegen kauft aus China genau die Produkte, die es aus den USA und der EU nicht mehr bekommen kann: Autos, Smartphones and Maschinen. Russland ist zudem eines der wenigen Länder auf der Welt, die mehr nach China exportieren, als sie von dort importieren.

Etwas durchwachsener, aber in der Tendenz ähnlich, sieht die Situation zwischen Brasilien und China aus. Lula steht politisch Moskau und Peking näher, obwohl das Land von der Carnegie Foundation als »Major Non-NATO«-Alliierter geführt wird: als wichtiger Verbündeter, der nicht Teil der NATO ist. Lula setzte sich im Herbst 2023 – zum Ärger Washingtons – für einen Waffenstillstand in der Ukraine ein und kritisierte deutlich Israels Vorgehen im Gaza-Streifen.

Das Land ist der größte Exporteur von landwirtschaftlichen Produkten, und um dies zu gewährleisten, bezieht Brasilien rund ein Viertel seines Düngers aus Russland. Peking wiederum kauft ein Drittel aller landwirtschaftlichen Erzeugnisse des Landes, vor allem Sojabohnen, Zucker und Rindfleisch. Aber auch Eisenerz, Öl und andere Rohstoffe spielen eine wichtige Rolle.

Brasilien ist zwar nicht offiziell Mitglied der Neuen Seidenstraße. Allerdings haben chinesische Unternehmen in den vergangenen 15 Jahren über 71 Milliarden US-Dollar in dem Land investiert – wesentlich mehr als in vielen anderen Ländern, die Teil der Initiative sind. Wie auch Russland kauft Brasilien vor allem Maschinen und Techprodukte aus China. Lula beugte sich nicht dem amerikanischen Druck, Huawei aus seinen Netzen zu verbannen. Stattdessen bekam Peking den Auftrag, eine Halbleiterfabrik in Brasilien zu bauen.

Die geografisch viel näher gelegenen USA sind als Handelspartner weit abgeschlagen. 2022 betrug der bilaterale Handel zwischen Brasilien und Washington 88 Milliarden US-Dollar. Im selben Zeitraum wurden mit Peking Waren im Wert von 150 Milliarden US-Dollar getauscht.

Nicht viel anders sieht es beim Erdölgiganten Saudi-Arabien aus, ohne den das Petrodollar-System in den Siebzigern nicht hätte entstehen können. Auch hier ist China mittlerweile der größte Handelspartner. Noch 2012 lagen China und die USA in etwa gleichauf. In diesem Jahr verkaufte Riad Erdöl im Wert von 70 Milliarden Dollar an die USA und bekam in etwa denselben Gegenwert in Form von Waffen und technischem Gerät. Heute ist Peking der wesentlich wichtigere Handelspartner für die Scheichs: 2021 lag das saudisch-chinesische Handelsvolumen bei 87 Milliarden US-Dollar, das saudisch-amerikanische nur noch bei 25 Milliarden. Dies hatte zwei Gründe: Zum einen hat sich Peking nie dem westlichen Credo der Dekarbonisierung angeschlossen, zum anderen ist die chinesische Wirtschaft seit 2012 mit durchschnittlich fünf Prozent im Jahr gewachsen, und somit auch die Nachfrage nach saudischem Öl. Die USA haben durch grüne Rhetorik, vor allem aber durch billiges Fracking-Gas und -Öl die Saudis ihren Bedeutungsverlust spüren lassen. Dass dies ausgerechnet das Ursprungsland des »Petrodollar-Systems« zu spüren bekommt, dürfte die Machthaber in Riad doppelt enttäuschen. Die Beziehungen zwischen beiden Ländern erreichten einen vorübergehenden Tiefpunkt, als der saudische Journalist und Kolumnist der *Washington Post*, Jamal Khashoggi, ermordet wurde. Kashoggi galt als Kritiker des saudischen Herrschaftssystems und lebte im Exil in den Vereinigten Staaten. Als Kashoggi am 2. Oktober 2018 auf dem saudiarabischen Konsulat in Istanbul Dokumente für eine Heirat abholen wollte, entführten ihn saudische Geheimagenten. Der türkische Geheimdienst konnte nachweisen, dass Kashoggi in der Nacht gefoltert und ermordet worden war. Die USA verhängten daraufhin Sanktionen gegen mehrere hochrangige saudische Politiker, EU-Staaten übten laut Kritik an der Tat und am saudischen Regime.

China schwieg dazu – und bot zugleich an, die nötige Technik für das saudische Modernisierungsprogramm »Vision 2030« zu liefern. Für das von Kronprinz und Premierminister Mohammed Bin Salman, kurz »MBS«, erdachte Projekt soll das Königreich technologisiert werden und sich auf eine Zukunft ohne Öl vorbereiten. Teil von »Vision 2030« ist auch eine megalomane Kunststadt namens NEOM. Peking liefert dafür alles, von der Telekommunikationsinfrastruktur, Drohnen und Cloud-Computing bis hin zu modernster Überwachungstechnologie. Das Königreich bereitet sich nicht nur auf eine Zukunft ohne Öl, sondern auch auf eine Zukunft ohne die USA vor.

Dies sind nur drei Beispiele von Ländern, für deren Wirtschaft der Handel mit China wichtiger ist als der mit den USA oder der EU. 120 weitere könnte man hier noch aufführen. Für all diese Staaten ergibt es nur noch bedingt Sinn, ihren Handel weiterhin mit US-Dollar abzufertigen. Hinzu kommt, dass die Fokussierung auf diese Währung in zahlreichen Schwellenländern immer wieder zu großen wirtschaftlichen Verwerfungen führt. Als die amerikanische Zentralbank Anfang 2022 begann, die Leitzinsen zu erhöhen, brachen wenige Monate später in Sri Lanka Unruhen aus, die zum Sturz der Regierung führten. Und Sri Lanka ist kein Einzelfall: Zinserhöhungen in den USA führen dazu, dass internationales Kapital vermehrt in US-Staatsanleihen fließt, die nun wegen ihrer höheren Rendite attraktiver sind. In der Folge verlieren andere Währungen an Wert. Dadurch verteuern sich Importe. Im Falle Sri Lankas wurde Benzin so teuer und knapp, dass die Regierung es rationierte. Auch Staaten wie die Türkei oder Argentinien geraten regelmäßig in Schwierigkeiten, wenn die New Yorker Fed eine Zinswende verkündet. Abhilfe schafft eine sogenannte *Swap Line*, eine direkte Dollar-Leitung in die USA, um die eigene Währung zu stabilisieren. Damit aber belohnen die Vereinigten Staaten nur enge Verbündete wie die EU oder Japan.

Und schließlich dürfte auch der Versuch, den russischen Präsidenten Wladimir Putin für seine Invasion der Ukraine zu strafen, den gegenteiligen Effekt erzielen. Die westlichen Sanktionen gegen Moskau hatten zwar zum Ziel, Putin und sein Regime zu isolieren, letztlich dürften sie aber eher dazu geführt haben, dass sich Moskau und Peking weiter annähern und eine Konkurrenzwährung zum US-Dollar wahrscheinlicher wird. Denn die amerikanischen US-Dollars sind mittlerweile für beide Staaten weder nötig noch erwünscht. Die Entscheidung, russische Auslandsvermögen im Umfang von 300 Milliarden US-Dollar zu beschlagnahmen, hat dies nochmals untermauert. Anlagen in amerikanischer Währung gelten nur noch als sicher, wenn man sich politisch Washington unterordnet. Das wurde in zahlreichen BRICS-Staaten und auch von deren Sympathisanten registriert.

Dies trägt dazu bei, dass immer mehr Staaten mit der bestehenden Finanzordnung unzufrieden sind und sich auf die Seite Pekings stellen. China selbst weiß zwar, dass der eigene Yuan noch nicht reif genug dafür ist, eine globale Leitwährung oder zumindest eine Alternative zum US-Dollar zu sein. Dafür müsste Peking Kontrolle abgeben, genauer gesagt: Kapitalverkehrskontrollen abschaffen und die Währung frei handelbar machen. Aber eine direkte Konkurrenz zum US-Dollar ist vielleicht auch gar nicht notwendig. Stattdessen könnte eine »harte« BRICS-Währung eine echte Alternative darstellen. Der BRICS-Coin müsste dafür auch gar nicht in die Hände von Privatpersonen gelangen. Reichen würde eine Art digitale Verrechnungseinheit für den internationalen Handelsverkehr. Diese Entwicklung ergänzt sich wunderbar mit den sogenannten *CBDCs*, den *Central Bank Digital Currencies*. Dieses neue digitale Geld kombiniert technologische Innovationen wie die Blockchain-Technologie der Kryptowährung Bitcoin mit staatlicher Kontrolle. Zahlreiche Zentralbanken arbeiten derzeit daran; in China soll man bereits besonders weit sein. Kritiker weisen nicht zu Unrecht auf das dystopische Potenzial von CBDCs hin. Unter multilateraler Kontrolle und mit Rohstoffen gedeckt, könnte ein solcher BRICS-Coin aber für Staaten wie Russland, Brasilien oder Saudi-Arabien wesentlich attraktiver sein als der von Washington kontrollierte und ständig zugunsten der USA verwässerte Dollar. Für die Vereinigten Staaten wäre eine solche Währung tatsächlich bedrohlich, da gerade diese rohstofffreichen Staaten ihre Überschüsse künftig nicht mehr in US-Staatsanleihen anlegen könnten, sondern im hypothetischen BRICS-Coin. Auch diese Tendenzen sind jetzt schon zu beobachten. Russland hat nach der Invasion der Halbinsel Krim und den darauffolgenden Sanktionen seine US-Dollar-Reserven und Anleihen verkauft. Auch China hat seinen Bestand an amerikanischen Staatsanleihen reduziert. Mit rund 800 Milliarden Dollar ist dieser so niedrig wie zuletzt 2008. Saudi-Arabien macht keine Ausnahme: Dort erreichte der Bestand 2023 ein Sechsjahrestief. Dafür hat Riad seit 2023 eine *Swap Line* nach Peking.

Trotz all dieser Entwicklungen käme ein Abgesang auf den »König Dollar« zu früh. Nach wie vor werden 70 Prozent aller Devisentransaktionen in der amerikanischen Währung abgewickelt, und über 60 Prozent aller Devisenreserven weltweit sind US-Dollar. New York und die Wallstreet sind das Zentrum der globalen Hochfinanz und die USA nach wie vor die größte Volkswirtschaft der Welt.

Selbst wenn China für immer mehr Staaten der wichtigste Handelspartner wird, ist es fraglich, ob sich eine lose Gruppe von Staaten tatsächlich auf eine gemeinsame Währung einigen kann. Indien, in vielen anderen Bereichen

Konkurrent, wenn nicht sogar Feind Chinas, erteilte dem Projekt als Erster eine Absage. Sollte eine solche Währung mit Rohstoffen oder gar Gold gedeckt sein, stellte sich die Frage, wo diese gelagert würden und wer die Kontrolle darüber hätte.

Die Anreize einer gemeinsamen Währung sind zwar vorhanden, ebenso wie die Probleme, die der US-Dollar als globale Leitwährung mit sich bringt. Auch kann man konstatieren, dass sich durch den wirtschaftlichen Aufstieg Chinas das Gleichgewicht für Dutzende von Staaten stark verschoben hat. Bisher aber gibt es eben noch keine realistische Alternative zur amerikanischen Währung.

Und so wurden auch die Spekulanten enttäuscht, die auf eine Explosion des Goldpreises Ende August 2023 gewettet hatten. Das Treffen der Staatschefs von Indien, Brasilien, Südafrika und Russland (der chinesische Präsident nahm überraschend nicht teil, sondern schickte Handelsminister Wang Wentap) endete als sogenannter *Nothingburger*: Weder wurde der Start einer gemeinsamen Währung verkündet, noch war von Gold als alternative Zahlmethode die Rede.

Verfolgt man die Gerüchte über den »BRICS Coin« weiter zurück, stößt man auf einen Artikel des russischen Auslandssenders *Russia Today* vom August 2023. Hier finden sich aber keine Anhaltspunkte für diese Behauptung – das meiste davon ist im Konjunktiv verfasst, die einzige belastbare Quelle wiederum ist ein Tweet der russischen Botschaft in Kenia.

15.

CBDCS – ÜBERWACHUNGSGELD AUS CHINA FÜR DIE WELT

> »Alles, was bargeldlos läuft, lässt sich theoretisch auch heute schon überwachen. Und gleichzeitig kann kein System der Welt alles überwachen, was vor sich geht.«
>
> JOSEPH HUBER,
> WIRTSCHAFTSWISSENSCHAFTLER

Ralf Wintergerst hat eine Vision. »Stellen Sie sich vor«, sagt der schlanke, sportliche Manager in seinem Büro im Münchener Osten, »Sie sind auf dem Weg zum Flughafen. Sie verlassen morgens Ihr Haus, und bis Sie in einen Flieger steigen, läuft alles automatisch, ohne auch nur ein einziges Mal ein Dokument herzeigen zu müssen. Sie checken auf der Couch ein, steigen in die S-Bahn und passieren die Passkontrolle am Flughafen, ohne irgendwas berühren zu müssen.« Biometrische Daten würden auf der Reise von Scannern automatisch ausgelesen. Und bezahlt wird all das mit digitalen Euros, die der Reisende in seinem Wallet trägt, den schon erwähnten *CBDCs*.

Der 62-jährige Wintergerst ist CEO von Giesecke+ Devrient. Das Münchener Unternehmen ist eine Art deutscher Hidden Champion: wenig bekannt, aber Weltmarktführer. Das Kerngeschäft der Münchener ist Geld. Jahrzehntelang druckte G+D nicht nur die Banknoten für Deutschland, sondern für zahlreiche andere Länder. Doch das Unternehmen hat sich längst angepasst und ist heute führend bei so ziemlich allem, was Digitalisierung, digitale Identität, digitale Gesundheitsakten, digitales Geld und digitales Bezahlen betrifft. Gerade da, glauben viele, findet gerade eine lautlose Revolution statt. Andere wiederum sind der Meinung, dass CBDCs geradewegs in die digitale Dystopie führen: in die totale Kontrolle aller Finanztransaktionen und eine manipulative Geldpolitik der Regierungen.

Die Human Rights Foundation warnt, dass CBDCs vor allem in autoritären Staaten Verbreitung finden. Die Stiftung schätzt, dass Experimente mit dieser neuen Geldform aktuell mit rund 3,7 Milliarden Menschen durchgeführt werden, das ist knapp die Hälfte der Weltbevölkerung. Am weitesten fortgeschritten ist das Projekt in China, wo es bereits 2014 gestartet ist. 2020 aber wurde zum ersten Mal ein konkretes Pilotprojekt in vier Städten gestartet: Shenzhen, Suzhou, Xiong'an und Chengdu. Um die Bürger zur Teilnahme zu motivieren, wurde über ein Lotterieverfahren »Helikopter-Geld« ausgezahlt. So bekamen in Shenzhen 50 000 Menschen insgesamt umgerechnet 1,5 Millionen US-Dollar in Form von e-yuan, die diese an ausgesuchten Geschäften innerhalb einer bestimmten Zeit ausgeben konnten. Dasselbe geschah in Suzhou, wo man knapp drei Millionen auf 100 000 Leute verteilte. 2022 wurden die

Projekte nochmals auf eine Reihe weiterer Großstädte ausgedehnt.

Schon seit einigen Jahren erntet man genervte Blicke in China, wenn man das Essen im Restaurant oder den Einkauf im Supermarkt mit Bargeld bezahlen möchte. Soll die Rechnung unter mehreren Personen aufgeteilt werden, ist derjenige, der mit Bargeld bezahlen möchte, das schwarze Schaf, welches das gemeinsame Vorhaben auf kaum fassbare Weise verkompliziert. Kellner müssen mühsam ihr Wechselgeld zusammensuchen, wenn sie denn überhaupt welches haben. Wie viel einfacher und praktischer ist da doch das bargeldlose Bezahlen: zwei, drei Handgriffe – und die Rechnung ist auch unter sieben oder acht Personen aufgeteilt. Die Beträge werden abgebucht, ohne dass jemand einen bakterien- und keimverseuchten Yuan-Schein berühren müsste.

Selbst Bettler stellen mittlerweile lieber einen Karton mit aufgedrucktem QR-Code auf, damit sie ihre Almosen digital über die in China omnipräsenten Apps WeChat Pay oder Alipay empfangen können. Ein digitaler Yuan, oder e-Yuan, scheint da nur konsequent.

Doch um was geht es eigentlich, wenn wir über digitales Geld sprechen? Und warum ist China hier so fortgeschritten?

Um das zu verstehen, ist ein kurzer Ausflug in die Geschichte des Geldes notwendig. Zwar sind die Theorien über die Entstehung von Geld mannigfaltig, Konsens aber ist, dass es in den vergangenen zwei Jahrtausenden vor allem Münzgeld war, worauf es ankam. Gold, und zu geringerem Maße auch Silber, hatte Wert – darauf konnten sich die meisten Menschen einigen. Einen König oder Staat, der den Wert des Geldes garantierte, brauchte es dazu nicht. Im Hochmittelalter kam dann das sogenannte Buchgeld hinzu. Um den Fernhandel zu erleichtern, stellten sich Bankhäuser Wechsel aus, die oft nur in der Buchhaltung auftauchten. Später, etwa im 18. Jahrhundert, gab dann eine Zentralbank Papiergeld aus, das damals noch mit Gold gedeckt war. Seit 1971 entsteht Geld vor allem durch Kredite der Banken. Wer sich zum Beispiel bei der Bank Geld leiht, um eine Immobilie zu kaufen, trägt zur Geldschöpfung bei. Die Bank nämlich drückt dann einen Knopf, und das Geld wird geschaffen. Aus dem Nichts. Das funktioniert tatsächlich so, und deswegen spricht man auch von »Fiat«-Geld, vom lateinischen Wort »es werde«. Genauso geschieht es bei wirtschaftlicher Aktivität. Jedes Unternehmen, das sich bei der Hausbank Geld leiht, trägt zur Ausweitung der Geldmenge bei. Diese Form macht derzeit rund 85 Prozent der gesamten Geldmenge aus. Die Zentralbank hat darauf nur noch wenig Einfluss. Sie kann nur den Preis des Geldes über die Leitzinsen steuern. Aber auch das funktioniert immer schlechter.

Joseph Huber ist Geldtheoretiker und emeritierter Professor für Wirtschaftssoziologie an der Universität Halle. Seiner Meinung nach dienen CBDCs vor allem dazu, den Zentralbanken wieder mehr Steuerungsmöglichkeiten an die Hand zu geben. »Zu 90 Prozent zahlen wir heute über Kontoguthaben, und das ist kein Zentralbank-Geld mehr«, sagt er. »Wenn Bargeld verschwindet und dazu Kryptowährungen kommen, dann ist die Zentralbank als Währungshüterin quasi überflüssig geworden. Deswegen müssen diese nun nachziehen.«

Wie wäre es also, wenn es digitales, direkt von der Zentralbank ausgegebenes Geld gäbe? Digitales Zentralbankgeld, auf Englisch »Central Bank Digital Currencies«, kurz »CBDC«. Jeder Bürger hätte direkt bei der Europäischen Zentralbank ein sogenanntes Wallet, und dieses könnte wieder vollen Einfluss auf die Geldschöpfung nehmen. Im Extremszenario wären Geschäftsbanken dann sogar überflüssig. Derzeit forschen alle nennenswerten Zentralbanken dieser Welt an CBDCs.

Befürworter betonen die Vorteile: Gerade in Entwicklungs- und Schwellenländern können CBDCs Milliarden Menschen helfen, ein Bankkonto zu haben und so am wirtschaftlichen Leben teilzunehmen. »Banking the Unbanked«, heißt das Motto. »Da geht es vor allem darum, Menschen, die kein Bankkonto haben, eine Teilhabe am wirtschaftlichen und digitalen Leben zu ermöglichen – und das mit Geld, das wertstabil und fälschungssicher ist«, sagt Ralf Wintergerst von Giesecke+Devrient.

Die Europäische Zentralbank hat Ende 2023 eine zweijährige Implementierungsphase gestartet, sodass die ersten digitalen Euros bereits 2026 zu haben sein werden – allerdings komplementär zu allen bereits bestehenden Geldformen.

CBDCs sind programmierbares Geld. Sie ermöglichen eine Feinsteuerung wirtschaftlicher Prozesse. Als während der Covid-Pandemie und den Lockdowns viele Amerikaner in wirtschaftliche Schwierigkeiten gerieten, griff die amerikanische Regierung 2020 zu einem plumpen Hilfsmittel:

Helikopter-Geld. Jeder Amerikaner bekam einen Scheck in Höhe von 1000 US-Dollar, egal ob er bedürftig war oder nicht. Viele, die es nicht so dringend brauchten, investierten das Geld sofort in den Aktienmarkt und lösten einen gewaltigen Boom aus. CBDCs hätte man so programmieren können, dass die 1000 digitalen Dollar nur zum Kauf von Lebensmittel hätten verwendet werden können. Und wenn eine Regierung beispielsweise der Meinung ist, elektronisch angetriebene Lastenräder sollten gefördert werden, um Benziner von der Straße zu bekommen – warum nicht jedem Bürger ein paar Hundert Euro zukommen lassen, die nur für ein Lastenrad ausgegeben werden können? Man kann sich CBDCs auch als digitale Bezugsscheine vorstellen, die je nach Bedarf von der Regierung oder Zentralbank umprogrammiert werden können.

Allerdings könnten Bürger mit CBDCs der schleichenden Geldentwertung voll ausgesetzt sein. Denn CBDCs ermöglichen auch Negativzinsen. Digitales Geld bekäme dann sozusagen ein Verfallsdatum: Deflationäre Zeiten, in denen Menschen in der Hoffnung auf eine Wertsteigerung ihres Geldes viel sparen, gehörten dann der Vergangenheit an. Mit Verfallsdatum programmiertes Geld kann nicht gespart und muss quasi ausgegeben werden, wodurch die Wirtschaft gezielt stimuliert werden könnte.

»Zentralbanken waren in den vergangenen 20 Jahren sehr besorgt darüber, dass sie am unteren Ende der Leitzinsen angekommen waren. Digitale Währungen erlauben die komplette Überwachung von Kriminellen und gleichzeitig die Einführung von Negativzinsen«, erklärt Kristoffer Mousten Hansen. Er ist Ökonom und wissenschaftlicher

Mitarbeiter am Institut für Wirtschaftspolitik der Universität Leipzig.

All das ergebe nämlich nur Sinn unter einer Voraussetzung: »Ich tue mir schwer, den Nutzen von CBDCs zu sehen, solange es noch Bargeld gibt«, sagt Hansen. Seiner Meinung nach ebnen CBDCs den Weg in die digitale Überwachung. Alle Finanztransaktionen wären dann erstmals an einer Stelle gespeichert. Eine Regierung könnte, sofern sie Zugriff auf diese Daten bekommt, einem Kriminellen oder einem Dissidenten einfach das Wallet sperren und ihn so vom Zahlungsverkehr abschneiden.

Große Kritik an CBDCs kommt deswegen auch aus der Bitcoin-Szene. Das dezentrale Netzwerk steht dem Gedanken von CBDCs diametral gegenüber. Bitcoin ist in seiner absoluten Menge auf 21 Millionen begrenzt und so aufgebaut, dass Zahlungen nicht zensierbar sind. Keine Regierung kann die Transaktionen kontrollieren oder stornieren, wie das aktuell beim US-Dollar möglich ist. Ironie der Geschichte: Erst die Entwicklung von Bitcoin hat die Zentralbanken der Welt wachgerüttelt und unter Zugzwang gesetzt. Bitcoin schuf ein mysteriöser Programmierer namens Satoshi Nakamoto im Jahr 2009 als Antwort auf die große Finanzkrise. Freies, unzensierbares und in seiner absoluten Menge begrenztes Geld sollte einen Gegenpol zum Fiat-Geld bilden, deren Menge Zentralbanken in den vergangenen Jahren beständig ausgeweitet haben.

Ein noch größerer Schock für die Zentralbanken war der Versuch von Facebook-Gründer Mark Zuckerberg, 2019 eine eigene Digitalwährung namens Libra zu etablieren. Die US-Aufsichtsbehörden erteilten dem Projekt eine Absage.

Aber seither steht die Möglichkeit einer privaten, digitalen Währung im Raum, die einer staatlichen Konkurrenz macht. Bitcoin-Fans ist auch diese ein Gräuel. Da Geld, das von einer zentralen Stelle kontrolliert wird, sei es ein Staat oder ein Unternehmen, immer auch anfällig für Manipulationen sei, bleibe ein dezentrales Netzwerk die einzige Alternative. Sie fordern wie zum Beispiel Analyst und Publizist Tuur Demester in seinem 2019 erschienenen Report »The Bitcoin Reformation« deswegen nichts weniger als die Trennung von Staat und Geld – in Anlehnung an die Umwälzungen im 16. Jahrhundert, die zur Trennung von Staat und Kirche führten.

Eine digitale Zentralbankwährung wäre demnach ein Schritt in die entgegengesetzte Richtung: mehr Staat, mehr Kontrolle, mehr Möglichkeiten zur Manipulation. Insofern ist es nur konsequent, dass Peking als einer der ersten Staaten weltweit nicht nur das Schürfen von Bitcoin verbot,* sondern auch führend bei der Entwicklung von CBDCs ist. Das staatliche Geldmonopol hat in China eine lange Tradition. 1024 wurde im Kaiserreich erstmals staatliches Papiergeld ausgegeben, welches zunächst mit Gold und Silber gedeckt war. Während der Fremdherrschaft der Mongolen löste Kublai Khan die Deckung auf und schuf damit 1273 die erste »Fiat-Währung«. Nebenbei bereicherte er sich damit auf Kosten der Bürger. Damit dies funktionieren konnte,

---

* Alle Transaktionen im Bitcoin-Netzwerk werden durch ein dezentrales Netzwerk aus Computern weltweit geprüft. Als Anreiz, um diese Rechenleistung zur Verfügung zu stellen, erhalten die Rechner neue Bitcoins in einer Art Lotterieverfahren. Diesen Prozess nennt man »Mining« oder »Schürfen«.

verbot er den privaten Gold- und Silberbesitz. Auch die Kaiser der Ming-Dynastie bedienten sich dieses »Tricks«. Selbiges wiederholte sich bei der Machtergreifung der Kommunisten 1949.

Warum also die Aufregung, könnte man einwenden, wenn sich Regierungen und Staaten immer wieder dieses Mittels bedienen, um wirtschaftliche Prozesse besser steuern zu können?

Der potenziell dystopische Charakter von CBDCs wird umso deutlicher, wenn sie mit einem »Sozialkreditsystem« verknüpft werden, wie es in China seit 2014 aufgebaut wird. Es zielt auf die Bewertung des Verhaltens der Chinesen ab – erwünschte Handlungen werden belohnt, Abweichungen von der Norm bestraft. Im ganzen Land gibt es Pilotprojekte. Dabei starten Bürger den Angaben zufolge zunächst mit 1000 Punkten. Durch gute Führung können sie maximal 1300 Punkte erreichen. Wer auf 600 Punkte fällt, darf zum Beispiel nicht mehr bei Staatsunternehmen oder Behörden arbeiten, oder ihm wird die Reiseerlaubnis entzogen.

Als ich im November 2019 nach vier Jahren nach Shanghai zurückkehre, wo ich bereits zwischen 2011 und 2015 gelebt hatte, weiß ich aus Erzählungen, dass sich in dieser Zeit viel verändert hat: Propaganda und Zensur haben zugenommen, Patriotismus und Nationalismus ebenso. Gleichzeitig, erzählen mir Freunde, sei alles irgendwie sauberer und »zivilisierter« geworden. Was sofort auffällt, ist der Verkehr: Fahrer, die noch vor vier Jahren nahezu jede Verkehrsregel ignoriert haben, halten plötzlich vor einem Zebrastreifen an, um Fußgänger passieren zu lassen. Das wirkt fast schon pedantisch. Was ist der Grund? Zunächst mal hat die Zahl der Überwachungskameras massiv zugenommen. Keine Straßenkreuzung in Shanghai kommt mit weniger als vier Kameras aus. Wer über eine rote Ampel fährt, wird erfasst und das Bußgeld teils direkt abgebucht, da die Nummernschilder mit Personendaten und Payment-Apps verknüpft sind. Einige Ampeln besitzen ein »Public Shaming«-Element: Wer die Straße bei Rot überquert, dessen Porträt wird auf einem Screen für alle sichtbar gemacht.

Später spreche ich mit einem Professor für Stadtentwicklung darüber. Er sagte, dies sei erst der Anfang. In den kommenden Jahren soll das ganze Land mit Überwachungskameras und Gesichtserkennungssoftware gepflastert werden. Wer fünfmal bei Rot über die Ampel geht, erhält einen Punktabzug. Das Gleiche gilt für jemanden, der mit den Ratenzahlungen seines Kredits in Verzug gerät oder von einem Gericht wegen Versicherungsbetrug verurteilt wird – so zumindest die Idee. Denn das chinesische Sozialkreditsystem ist auch zum Abziehbild dystopischer Fantasien geworden. Mit der realen Umsetzung aber ging es nicht so schnell voran wie geplant.

Noch arbeiten die verschiedenen Punktsysteme unabhängig voneinander. Sogar von einem Scheitern der Zusammenführung ist die Rede »Ja, es kam in China vor, dass Leute, die ihre Schulden nicht gezahlt hatten, öffentlich gedemütigt wurden«, sagt Vincent Brussee vom Mercator-Institut für China-Studien in Berlin. In der westlichen Berichterstattung seien jedoch zu viele Nachrichten vermischt worden. »Genauso gab es die Anweisung der Regierung, weniger Stunden mit Computerspielen zu verbringen. Hinzu kamen Loyalty-Programme von Unternehmen wie Alibaba, die bestimmte Produktkäufe mit Punkten bewerteten. Ein universelles System zur Bewertung von Verhalten aber gibt es bisher nicht.« Dafür seien Datenmengen und der Aufwand, der sich durch die Erfassung und Speicherung ergibt, vielleicht auch zu groß. Er stünde in keinem Verhältnis zum Nutzen.

Derzeit soll das System wohl vor allem dazu dienen, die Kreditwürdigkeit von Unternehmen zu erfassen, auch um Schuldenkrisen vorzubeugen. Das ähnelt eher einem digitalen Schufa-System, das man mit der Flensburger Punktekartei aus dem Straßenverkehr kombiniert hat, als Orwells *1984*.

Was die Ausweitung des Sozialkreditsystems in die Welt der Finanzen erschwert, ist die Tatsache, dass der digitale Yuan aktuell gerade 0,13 Prozent der chinesischen Geldmenge ausmacht, 13,6 Milliarden Renminbi.* Die meisten Chinesen sehen wenig Sinn darin, den digitalen Yuan zu nutzen, anstatt die omnipräsenten Apps WeChat Pay und Alipay.

Einen direkten Nutzen aber hat der digitale Yuan für Peking beim internationalen Zahlungsverkehr. China arbeitet mit Hochdruck daran, alternative Zahlungssysteme zu etablieren, die unabhängig vom US-Dollar funktionieren. Je größer die geopolitischen Spannungen zwischen den

---

* »Renminbi« steht für »Volkswährung«, während »Yuan« die Rechnungseinheit bezeichnet. Beide Begriffe werden oft, so auch in diesem Buch, synonym verwendet.

beiden größten Volkswirtschaften der Welt sind, desto dringender wird dieses Projekt.

Insofern sind Szenarien realistisch, in denen internationale Konzerne wie Siemens oder Volkswagen ihre Rechnungen in digitalen Yuan bezahlen. Dies wiederum würde die Währung stärken und unter Umständen eine Aufwärtsspirale in Gang setzen. Ob das allein allerdings ausreicht, um den Status des US-Dollar als internationale Leitwährung zu untergraben, ist fraglich. Eine internationale Reservewährung braucht starke Institutionen, viel Wirtschaftskraft und wohl auch ein starkes Militär, zudem muss sie frei handelbar sein. Vieles davon erfüllen die Chinesen bereits. Der Renminbi ist allerdings nicht frei handelbar, es gelten Kapitalverkehrskontrollen.

Ein CBDC in Form eines digitalen Yuan hilft China also, seinem im vorangegangenen Kapitel beschriebenen Ziel näher zu kommen: bilateralen Handel abwickeln zu können, ohne dabei auf die von den USA kontrollierte Zahlungsinfrastruktur zurückgreifen zu müssen.

Auf der anderen Seite ließe sich einwenden, dass ein temporäres Scheitern des Sozialkreditsystems keineswegs das Ende dieser Überwachungsdystopie bedeute. Demnach wäre es nur eine Frage der Zeit, bis die verschiedenen Punktesysteme zu einem zusammengeführt werden, an dessen Ende der gläserne Bürger stünde. Die Region Xinjiang ist dafür das Labor, die Uiguren sind die menschlichen Versuchskaninchen. Dort werden nicht nur Bewegungsdaten erfasst, sondern auch emotionale Zustände, die Algorithmen über die Mimik auslesen. Die Daten sind mit Ausweis- und Kontoinformationen gekoppelt. Verdächtige

Personen können so vom Kauf eines Zug- oder Flugtickets und sogar am Betreten eines Gebäudes gehindert werden. Dass Demonstranten in Hongkong 2019 die in der Stadt für öffentliche Verkehrsmittel nötige »Octopus-Card« nicht mehr benutzen, hat einen ähnlichen Hintergrund: Auch damit lassen sich Bewegungsdaten überwachen.

Man muss nun kein Fan der britischen TV-Serie *Black Mirror* sein, um sich auszurechnen, was passiert, wenn digitaler Yuan und Sozialkreditsystem kombiniert würden: Es entstünde eine Kontrollstruktur, aus der es kaum ein Entkommen gäbe. Wer gegen Regeln verstößt, ist »gegroundet«; er kann nicht mehr auf sein Konto zugreifen, sich nicht mehr von A nach B bewegen und selbst einfache Besorgungen nicht mehr tätigen.

Natürlich erteilt man im Westen solchen Möglichkeiten eine klare Absage. »Ich sehe solche Entwicklungen höchst kritisch und glaube nicht, dass es erstrebenswert ist, Verhalten digital zu bewerten. Unsere Firma arbeitet auch nicht an solchen Projekten«, sagt Wintergerst von Giesecke+Devrient. Und überhaupt, ob der digitale Euro sich etabliert, darüber würden die Bürger entscheiden. »Der digitale Euro muss sich beweisen, damit er seinen Nutzen demonstrieren kann und die Menschen ihn akzeptieren. Eine zentrale Aufoktroyierung wird es nicht geben«, sagt Wintergerst. »Der digitale Euro wird komplementär sein, er wird weder Bargeld noch jetzige digitale Bezahlvorgänge ersetzen.« Seine Entwicklung sieht er eher »als Plattform für Digitalisierungsvorhaben in der Euro-Zone«. Bisher gibt es zudem keine offiziellen Verlautbarungen der Europäischen

Zentralbank, den Besitz von Gold, Bargeld und Bitcoin zu beschränken. Ein Nebeneinander verschiedener Anlageklassen und Bezahlmöglichkeiten ist geplant.

Und auch die Frage der finanziellen Privatsphäre halten Befürworter von CBDCs bei genauer Betrachtung für überholt. »Alles, was bargeldlos läuft, lässt sich theoretisch auch heute schon überwachen. Und gleichzeitig kann kein System der Welt alles überwachen, was vor sich geht«, sagt Geldtheoretiker Joseph Huber.

So gesehen sind »wir im Westen« sicher vor dem chinesischen Kontrollwahn. Bei genauerem Hinsehen aber entpuppt sich diese vermeintliche Sicherheit als löchrig. Insbesondere während der Covid-Krise gab es ähnliche Tendenzen, eine elektronische Überwachung des Bürgerverhaltens einzuführen. Was zunächst unvorstellbar klingt, erscheint gar nicht mehr so dystopisch, wenn zum Beispiel der vermeintliche Schutz der eigenen Gesundheit im Vordergrund steht. Wurden während der Pandemie die meisten PCR-Nachweise von Menschen kontrolliert, könnten dies auch Maschinen automatisch übernehmen. Sollten ungeimpfte Personen keine Fernreisen antreten, warum sollte ein digitaler Impfausweis nicht schon beim Kauf des Flugtickets erbracht werden?

Ein privates CO_2-Kontingent für den Klimaschutz dürfte ebenso Zuspruch in großen Teilen westlicher Gesellschaften finden. Flugreisen wären dann nur noch in eingeschränkterem Maß möglich, da jedem Bürger nur eine bestimmte Ration zugeteilt werden würde, die er in Form von Flugzeugkerosin oder anderen Beförderungsformen verbrauchen kann. Wie aber sollte eine solche Maßnahme umgesetzt werden, wenn nicht digital?

Es liegt nahe, Identität, Zahlungsverkehr, Gesundheit und Grundrechte an Verhalten zu koppeln – nicht weil boshafte Politiker die totale Kontrolle wollen, sondern einfach weil es machbar ist. In Wien kann man in Form eines Klimaschutzprojektes »Kultur-Token« sammeln. In Bologna ist man noch einen Schritt weiter. Dort gibt es Bonuspunkte für eine Reihe von bestimmten Verhaltensweisen. Die Teilnahme ist freiwillig.

Es gehört zum guten Ton im Westen, alle autoritären Facetten des chinesischen Systems abzulehnen. Das Problem ist nur: Die Währung von demokratisch legitimierten Politkern und Kadern ist dieselbe: Machbarkeit. Die erzeugt eine Faszination.

Gerade weil wir uns fern von jeder Diktatur wähnen und uns für aufrechte, den Menschenrechten verpflichtete Demokraten halten, laufen wir Gefahr, in die Falle zu tappen, und kopieren ein System, das in letzter Konsequenz niemand so gewollt hat.

Die Debatte um digitale Währungen und Regierungsinstrumente zum Nudging, also zur sanften und verdeckten Verhaltenssteuerung der Bevölkerung, zeigt eine eigene Facette des chinesischen Albtraums: Weil das autoritäre System in Peking voranschreitet, ohne auf Gegenstimmen Rücksicht zu nehmen, geraten liberale Demokratien entweder unter Zugzwang oder verfallen dem Machbarkeitswahn.

16.

KISSINGER UND DIE FALLE DES THUKYDIDES

»China wird einen moderaten Einfluss in Südostasien ausüben und Amerika nicht in anderen Teilen der Welt herausfordern.«

HENRY KISSINGER, US-AUSSENMINISTER VON 1969 BIS 1977

Wenige Monate vor seinem Tod wird Henry Kissinger nochmals nach China geflogen. Im Juli 2023 landet der alte Staatsmann in Peking, um dort den chinesischen Präsidenten Xi Jinping zu treffen. Etwas zusammengesunken und gebrechlich wirkt der ehemalige Außenminister der USA auf dem Foto, das um die Welt geht. Der 30 Jahre jüngere Xi macht im Vergleich einen geradezu vitalen Eindruck. Geistig aber ist Kissinger klar. Er scheint auf einer Friedensmission zu sein. Die Vereinigten Staaten und China sollten »Missverständnisse ausräumen, friedlich koexistieren und Konfrontationen vermeiden«, so zitieren ihn die Nachrichtenagenturen. Die Geschichte und die Praxis hätten immer wieder bewiesen, dass es sich beide Staaten nicht leisten könnten, den anderen als Gegner zu behandeln. Xi wiederum verweist auf Kissingers historische Verdienste, die dazu beigetragen hätten, »das Eis« zwischen China und den USA zu brechen.

Nicht viel ist über die wahren Hintergründe dieses Treffens bekannt. Kissinger ist offiziell als Privatperson nach China gereist, weswegen sich weder Washington noch Peking dazu veranlasst sehen, der Weltöffentlichkeit mehr darüber mitzuteilen. Haben hochrangige Funktionäre den »ehrwürdigen Freund Chinas« gebeten zu kommen, um eine Lockerung des Handelskriegs zu erwirken? Kaum vorstellbar, dass sich der 100-Jährige aus reiner Freundschaft entschlossen hat, die beschwerliche Reise auf sich zu nehmen.

Oder haben die Amerikaner ihn über den Pazifik geschickt, um die Chinesen dazu zu bewegen, sich gegen Russland zu positionieren? Soll Kissinger also eine Verständigung sondieren, wie er es ziemlich genau 52 Jahre zuvor schon einmal getan hat?

Der chinesische Chefdiplomat Wang Yi verweist beim Besuch des alten Freundes auf ein historisches Ereignis: »Die US-Politik gegenüber China erfordert diplomatische Klugheit im Stil von Kissinger und politischen Mut im Stil von Nixon.«

Im Juli 1971 war der Sohn zweier jüdischer Deutscher aus Fürth schon einmal nach China gereist. Seine geheime Ankunft in Peking hatte damals zu einer der größten geopolitischen Veränderungen des 20. Jahrhunderts geführt: die endgültige Herauslösung der Volksrepublik China aus dem kommunistischen Block.

Kissinger gilt als Vertreter der Realpolitik, so wird verkürzt ein Stil genannt, der sicherheitspolitische und wirtschaftliche Interessen über ideelle Werte wie Menschenrechte und Demokratie stellt. Realpolitik scheint in den vergangenen Jahren etwas aus der Mode gekommen zu sein. Sie wirkt bisweilen zynisch und berechnend und widerspricht dabei dem, was manche abwertend als »woken Zeitgeist« bezeichnen. Befürworter wenden ein, dass gerade ein realistischer Umgang mit ideologischen Gegnern Kriege vermeiden kann. In den Siebzigerjahren, als Kissinger Außenminister war, begann nach 20 Jahren Kalten Krieges und ideeller Konfrontation zwischen den beiden Blöcken, mehr Realismus in die Außen- und Geopolitik Einzug zu halten.

In Deutschland fand dies Ausdruck in der »Entspannungspolitik« der sozialdemokratischen Bundeskanzler Willy Brandt und Helmut Schmidt. Unter ihrer Ägide besserten sich allmählich die Beziehungen zur kommunistischen DDR. Man einigte sich auf nicht konkurrenzfreie, aber doch weitgehend friedliche Koexistenz mit dem Systemrivalen.

Aus amerikanischer Sicht aber war die innerdeutsche Grenze stets nur eine von vielen Fronten. Die eigentliche Weichenstellung der neuen Realpolitik fand in Asien statt. Die USA führten damals noch einen unpopulären Krieg in Vietnam. Gemäß der »Domino-Theorie« hätte eine kommunistische Machtübernahme unbedingt verhindert werden müssen, weil ansonsten weitere ostasiatische Länder fallen würden. Nach über 15 Jahren Krieg aber erkannte Nixon 1971, dass die Theorie wenig zielführend war und immer mehr amerikanischen Soldaten das Leben kostete. Was aber, wenn es gelänge, das größte kommunistische Land der Welt aus dem Orbit Moskaus zu lösen? Spannungen zwischen Moskau und Peking gab es seit Längerem. Die Sowjets blickten mit Argwohn und Abscheu auf die kolossalen Fehler von Maos Wirtschaftspolitik. Nachdem die Sowjets 1960 ihre Zusage brachen, den Chinesen beim Bau der Atombombe zu helfen, beschuldigte Mao die Russen, die Weltrevolution zu verraten. Der sowjetische Staatschef Nikita Chruschtschow wiederum beschimpfte Mao als »ein Paar abgetragener Galoschen«. Als während der Kulturrevolution Rotgardisten die sowjetische Botschaft in Peking angriffen, war das Verhältnis so sehr beschädigt, dass Moskau Truppen am Grenzfluss Amur aufmarschieren ließ. Die Schießereien kosteten mehrere Hundert Menschen das Leben.

Mao wusste jetzt zwar, dass China einen Krieg gegen den mächtigen Nachbarn nicht gewinnen könnte. Bessere Beziehungen zu den USA aber, glaubte er, könnten die Sowjets abschrecken – und eventuell sogar Taiwan wieder unter die Kontrolle Pekings bringen. Denn dort, in der letzten Provinz Chinas, die seit dem Bürgerkrieg noch in der Hand Chiang Kai-sheks war, hatten die USA GIs stationiert, und noch immer vertrat der Inselstaat ganz China bei den Vereinten Nationen.

Aber auch Nixon sah in einer Annäherung an die Volksrepublik China seine Chance: Er hoffte, dass die Chinesen Nord-Vietnam zum ersehnten Friedensschluss bewegen könnten. Doch wie hätte eine solche diplomatische Offensive aussehen können? Öffentlich hätte Nixon sie nur schwer vertreten können: Seine Partei, die konservativen Republikaner, hätte ihm den Ausverkauf amerikanischer Ideale vorgeworfen. Nixon und Kissinger nutzten deshalb zunächst geheime Kontakte über die Botschaft in Warschau, um die Chance auf ein Treffen auszuloten. Die Chinesen signalisierten Bereitschaft. Doch Mao hatte ebenfalls Probleme, eine Annäherung zu rechtfertigen. Schließlich hatte er noch kurz zuvor getönt, dass »die US-Aggressoren und all ihre Hunde« vernichtet werden sollten.

Schließlich brachte der Sport das Eis zum Tauen. Weil sich bei der Tischtennis-Meisterschaft in Japan amerikanische und chinesische Spieler anfreundeten, war ein erster Kontaktaustausch möglich – und deswegen trägt diese Periode auch den Namen »Pingpong-Diplomatie«.

Kurz darauf wurden über Pakistan, einen Verbündeten Chinas, geheime Treffen vereinbart. Nur enge Vertraute des Präsidenten wussten davon. Als Kissinger im Juli 1971 in Pakistan Station machte, gab er vor, an Magenschmerzen zu leiden. Heimlich flog er zwei Tage nach Peking und sprach dort mit Zhou über den Vietnamkrieg, Taiwan und die Sowjetunion: Kissinger versicherte Zhou, die USA hätten weder Interesse an einem geteilten China noch an einer dauerhaften Präsenz in Taiwan oder Vietnam. Nach dem Gespräch erfolgte die offizielle Einladung an Nixon. In einer TV-Ansprache verkündete der Präsident, er breche auf zu einer »Reise für den Frieden«.

Am Ende seines Besuchs wurde das »Shanghai Communiqué« unterzeichnet: Beide Staaten strebten eine Normalisierung ihrer Beziehungen und eine friedliche Lösung des Taiwankonflikts an, heißt es darin. Die USA äußerten außerdem die Absicht, ihre Truppen aus Taiwan und Vietnam zurückzuziehen. Henry Kissinger verkündete nach dem Treffen: »Die Zweiteilung der Nachkriegszeit ist zu Ende.«

Ganz so dramatisch aber waren die Veränderungen zunächst nicht. Taiwan blieb unter amerikanischem Schutz, und erst 1979 nahmen die beiden Staaten offiziell Beziehungen auf. »Chin-America«, die enge Verflechtung der beiden größten Volkswirtschaften der Welt nahm ohnehin erst um die Jahrtausendwende an Fahrt auf.

Geschichte reimt sich bekanntlich, und so manches von damals erinnert an die heutige Situation. Wieder scheint es darum zu gehen, im Konflikt mit Moskau China auf die Seite des Westens zu ziehen. Die Vermutung liegt also nahe, dass es bestimmten Kräften – vielleicht auf beiden Seiten des Pazifiks – ein Anliegen ist, symbolisch nochmals an dieses Ereignis vor 52 Jahren anzuknüpfen. Möglich ist auch, dass man ein Zeichen Richtung Moskau senden wollte. Nur: Dieses Mal ist China ein wesentlich mächtigerer Akteur als in den Siebzigerjahren. Die Volksrepublik unter Xi Jinping verfolgt eine eigene globale Agenda – und die ist trotz der Bemühungen, »Chin-America« zu revitalisieren, der amerikanischen Doktrin diametral entgegengesetzt.

Um die Bedeutung von Kissingers Besuchen und der geopolitischen Wende, die er brachte, zu verstehen, hilft ein Blick auf eine Doktrin, die ebenfalls auf einen Berater mehrerer US-Präsidenten zurückgeht: Zbigniew Brzeziński.

1997 erschien Brzezińskis Hauptwerk *The Grand Chessboard*, auf Deutsch erschien es unter dem Titel *Die einzige Weltmacht*. Das Buch ist bald 30 Jahre alt und wirkt doch angesichts der Ereignisse in der Ukraine aktueller denn je. Der 1927 geborene Sohn polnischer Einwanderer prägte bis zu seinem Tod 2017 über Jahrzehnte Teile der amerikanischen Außenpolitik, stand aber politisch anders als Kissinger eher den Demokraten nahe. Brzeziński geht in seinem Werk von einer Hegemonie der USA aus, die letztlich auf der Kontrolle des eurasischen Kontinents beruht. »Eine Macht, die Eurasien beherrscht, würde über zwei der drei höchstentwickelten und wirtschaftlich produktivsten Regionen der Welt gebieten. Amerikas potenzielle Herausforderer auf politischem und/oder wirtschaftlichem Gebiet sind ausnahmslos eurasische Staaten«, schreibt er in *Die einzige Weltmacht*. Einigen Staaten kämen in diesem Weltbild strategische Schlüsselrollen zu: Aserbaidschan beispielsweise kontrolliere den Zugang zu den Rohstoffen Zentralasiens. Die Türkei begrenze die Expansion Russlands, während Vietnam eine Art Bollwerk gegen die Expansion Chinas in Südostasien ist. Ohne die Ukraine verliere Russland seinen Anker in Europa und werde von einem Imperium zu einer asiatischen Regionalmacht. Aber drei Teile, beziehungsweise Staaten, haben das Potenzial, zu einem ernsthaften Rivalen der USA zu werden: China im Osten, Russland im Zentrum und die EU im Westen des eurasischen Kontinents. Einen Zusammenschluss zweier oder sogar aller drei Blöcke gelte es deswegen unbedingt zu vermeiden.

Mit der Brzeziński-Brille auf der Nase erscheinen der Krieg in der Ukraine und die Ereignisse seit 2022 in einem anderen Licht, als es viele Leitmedien in den vergangenen Monaten darstellten. Demnach wären die USA und ihre Verbündeten nicht ganz unschuldig an dem Blutvergießen in der Ukraine. Es gebe sogar ein westliches Interesse, den innerlich gespaltenen Staat eng ins westliche Bündnissystem zu integrieren. Die offiziell ungeklärte, aber von US-Präsident Joe Biden angekündigte Sprengung der Nordstream-Pipelines im Sommer 2022 wäre demnach auch ein Schlag, um einen Keil zwischen Russland und die energiehungrige drittgrößte Volkswirtschaft der Welt zu treiben. Die EU und insbesondere Deutschland kaufen ihr Flüssiggas nun nicht mehr von Russland. Stattdessen liefern es amerikanische Tanker an – zu deutlich höheren Preisen.

Trumps strategisches Vorgehen wäre demnach ein »Reverse Nixon«. Donald Trump macht keinen Hehl aus seinen angeblich wunderbaren Beziehungen zum russischen Präsidenten Putin. Sein Wahlkampf 2016 dagegen war von antichinesischen Ressentiments getragen. Ein »Reverse Nixon« wäre also eine Umkehr dessen, was Kissinger einst begonnen und Brzeziński in leicht veränderter Form fortgeführt hatte: eine Annäherung an Peking auf Kosten Moskaus.

Ob es so kommt, ist im Sommer 2024, während ich diese Zeilen schreibe, noch völlig offen. Es sei hier aber noch auf ein drittes Konzept hingewiesen: »Die Falle des Thukydides« ist ein Konzept, welches der amerikanische Politikwissenschaftler Graham T. Allison prägte. Thukydides lebte im

Athen des 5. Jahrhunderts vor Christus und gilt mit Herodot als der bedeutendste Geschichtsschreiber der Antike. Zu seinen Lebzeiten wurde er Zeuge des größten Konflikts seiner Zeit: des Peloponnesischen Krieges.

Athen dominierte nach den siegreichen Kriegen gegen die Perser die Handelswege innerhalb der griechischen Welt, die sich damals von Kyrene in Libyen bis zur Krim und von Sizilien bis Zypern erstreckte. Die Macht der Stadt stützte sich auf die Flotte und den Attischen Seebund, der zahlreiche Stadtstaaten zu Tributzahlungen verpflichtete und die Stadt zunehmend reicher machte. Sparta dagegen war die militärisch dominante Landmacht, die sich durch den wachsenden Einfluss Athens bedroht fühlte. Thukydides gilt als Kronzeuge des zerstörerischen Krieges zwischen den beiden griechischen Stadtstaaten, der mit der Niederlage Athens endet. Rückblickend betrachtete er den Peloponnesischen Krieg als unvermeidlich. Ihm wird das Zitat zugeschrieben: »Es waren der Aufstieg Athens und die Furcht, die das in Sparta auslöste, was den Krieg unausweichlich machte.«

Politikwissenschaftler Allison führt in seinem Werk zahlreiche Beispiele der Geschichte an, in denen die gefühlte Bedrohung eines Hegemons durch eine aufstrebende Macht zu einem großen Krieg führte. Eines der bekanntesten dürfte die deutsche Flottenrüstung vor dem Ersten Weltkrieg sein, die das Deutsche Reich in Opposition zum Vereinigten Königreich brachte und so Mitauslöser für die große Katastrophe der Neuzeit wurde. 16 solcher historischer Situationen nennt Allison, bis auf vier endeten sie alle im Krieg.

Explizit zählt er auch das aktuelle Verhältnis zwischen China und den USA zu diesen Konstellationen. Die Pax Americana herrscht im Westen seit 1949 und mit gewissen Ausnahmen auf der gesamten Welt seit 1991. Washington dominiert internationale Organisationen, setzt so global Regeln und kontrolliert monetäre Ströme mit seiner Leitwährung. Die US-Navy wacht über die freie Handelsschifffahrt. Die USA sind bislang unbestritten die größte Volkswirtschaft der Welt.

China dagegen gilt als aufstrebende Macht. Noch kann Peking dem Hegemon zwar weder wirtschaftlich noch militärisch und schon gar nicht als »Soft Power« das Wasser reichen. Doch gibt es kaum einen Indikator, der, wenn man ihn 20 oder 30 Jahre in die Zukunft extrapoliert, nicht darauf hindeutet, dass China die USA überholen wird. Im März 2024 auf dem Nationalen Volkskongress wurde das Militärbudget Pekings um sieben Prozent erhöht. Das ist nichts Neues, jedes Jahr werden die Verteidigungsausgaben überproportional angehoben. Jetzt gibt Peking aktuell gerade mal ein Drittel dessen aus, was die USA jedes Jahr ins Militär investieren. Insofern ließe sich argumentieren, das Aufholpotenzial der zweitgrößten Volkswirtschaft sei gerechtfertigt und entspreche der Rolle des Landes im Weltgefüge. Andererseits übernimmt China aber auch nicht die Aufgaben des »Weltpolizisten USA«. Die Versuche, Peking besser in internationale Aufgaben einzubinden, blieben weitgehend erfolglos. China unterhält in Djibouti eine Militärbasis zusammen mit französischen und amerikanischen Soldaten. Die Idee war, dort gemeinsam die internationalen Schifffahrtswege gegen Piraten aus Somalia zu schützen. Als die jemenitischen Huthi-Rebellen Ende 2023 damit begannen, internationale Frachtschiffe mit Raketen zu beschießen, beteiligte sich China jedoch nicht an einer gemeinsamen Aktion.

Pekings Militärausgaben konzentrieren sich in erster Linie auf die Marine und Raketentechnik. Ob man, wie Peking behauptet, nur in der Lage sein will, einen amerikanischen Angriff abzuwehren, ist fraglich. Mit Dong Jun wurde am 29. Dezember 2023 erstmals ein Admiral zum Verteidigungsminister ernannt. Auch das deutet darauf hin, dass man zumindest in der Lage sein will, die Insel Taiwan militärisch zu erobern.

Taiwan ist die offensichtlich wahrscheinlichste Bruchstelle, an der die Thukydides-Falle zuschnappen könnte – allerdings nicht die einzige. Die innerkoreanische Grenze ist nach wie vor eine Front, an der sich auch die beiden Supermächte gegenüberstehen. Und Pekings Ambitionen im Südchinesischen Meer könnten zu Konflikten mit amerikanischen Verbündeten wie den Philippinen führen.

Der Politikwissenschaftler Allison gibt sich in seinem Buch viel Mühe, mögliche Konfliktlösungen zu finden, die einen Ausweg aus der Falle bieten. Sie reichen von Abschreckung durch Aufrüstung über Einbindung in internationale Organisationen wie die UNO bis hin zum Appeasement: Die USA könnten Taiwan preisgeben, um dafür Zugeständnisse Pekings auf der koreanischen Halbinsel oder in Südostasien zu erhalten.

Allein, so richtig überzeugend ist keiner der genannten Auswege. Am ehesten ist da noch die wechselseitige wirtschaftliche Abhängigkeit. China und die USA tauschten

2023 Güter im Wert von 575 Milliarden US-Dollar, wobei die USA weitaus mehr Waren importierten als exportierten. Sollte sich ein Konflikt in der Straße von Taiwan entspinnen, bekämen dies beide Parteien zunächst wirtschaftlich zu spüren. Eine chinesische Blockade der Insel würde die Welt von modernsten Halbleitern abschneiden, was zu Disruptionen in der Produktion von zahlreichen Technologieprodukten führen würde. Die USA würden sich mit einem Ölembargo revanchieren. Noch bevor es also zu kriegerischen Auseinandersetzungen käme, würden die Bevölkerungen beider Staaten die wirtschaftlichen Auswirkungen eines Konflikts hautnah erleben. Gerade für die auf innere Stabilität fixierte Kommunistische Partei wäre dies ein großes Wagnis.

Allerdings ist Peking ebenfalls im Besitz nicht militärischer Abschreckungswaffen: Nach wie vor sitzt das Land auf rund 900 Milliarden Dollar in Form von US-Staatsanleihen. Sollte die KP sich dazu entscheiden, diese auf den Markt zu werfen, müssten die USA mit starken Zinserhöhungen reagieren, was ein harter Schlag für die wirtschaftliche Aktivität wäre. Die Bifurkation des Finanzsystems, die Aufspaltung der Welt in zwei Währungssphären, wäre Realität und der Status des US-Dollars als Leitwährung beendet. Man muss also gar nicht militärische Szenarien mit Tausenden von toten Soldaten durchspielen, um zu erkennen: Weder für China noch für die USA wäre ein offener Konflikt ein Waffengang mit begrenztem Risiko. Auch eine nicht militärische Auseinandersetzung würde beide Volkswirtschaften bis ins Mark treffen und schädigen. Positiv wiegt zudem die Tatsache, dass man es trotz all der berechtigten Kritik an der Kommunistischen Partei Chinas und ihrer nationalistischen Ideologie mit einem pragmatischen und rationalen Gegenüber zu tun hat. Auch Chinas geografische Ambitionen sind zwar expansiv, aber doch begrenzt. Das schafft immerhin eine Gesprächsgrundlage.

Etwas unsicherer erscheint dagegen der globale Hegemonieanspruch der USA. Auf wie viel Einfluss – sei es wirtschaftlicher, militärischer, oder politischer Art – Washington zu verzichten bereit wäre, ist unklar. Das militärische Engagement in der Ukraine verdeutlicht ja viel mehr, dass man den Orbit der liberalen Weltordnung vergrößern möchte, denn nichts anderes würde eine NATO- oder EU-Mitgliedschaft der Ukraine bedeuten. Entweder wird also Xi Jinping von seinem »Chinesischen Traum« der nationalen Renaissance abrücken müssen, oder die USA müssen anerkennen, dass die »Pax Americana« ihren Zenit überschritten hat.

Deutschlands mögliche Rolle in diesem »Konflikt der Großen« dürfte seit 2020 geschrumpft sein. Vor der Corona-Pandemie, aber vor allem vor der russischen Invasion der Ukraine wäre eine Art Vermittlerrolle denkbar gewesen. Vermutlich wurde diese unter der Kanzlerschaft von Angela Merkel sogar angestrebt. Die drittgrößte Volkswirtschaft der Welt, jedoch militärisch völlig unbedeutend, bezog ihre Energie vor allem aus Russland. Aufgrund des hohen Ausbildungsstandards war es möglich, hoch technologisierte Produkte zu fertigen, die dann vornehmlich nach China exportiert werden konnten.

Dies brachte Berlin in eine doppelte Abhängigkeit von gleich zwei autoritären Systemen. Unabhängig davon, wie man aus ethisch-moralischer Perspektive dazu stehen mag – in Washington wurde diese Entwicklung mit Sorge und Argwohn beobachtet. So chaotisch die Präsidentschaft von Donald Trump von 2016 bis 2020 auch gewesen sein mag, wurde in dieser Zeit immerhin doch deutlich, dass man der Bildung einer eurasischen Allianz nicht tatenlos zusehen würde. Im Extremfall hätte sie von Duisburg, einem der Endpunkte der Neuen Seidenstraße, über Moskau nach Shanghai gereicht und die Vormachtstellung der USA gefährdet. Trumps Forderung nach höheren Verteidigungsausgaben der NATO-Mitgliedstaaten wurde anfangs in Deutschland noch verlacht. Mittlerweile ist dies Konsens.

Die Biden-Regierung hat Trumps »America First«-Slogan konsequent fortgeführt. Die europäischen NATO-Staaten sind heute viel enger an Washington gebunden, als dies noch 2018 der Fall war. Das deutsche Geschäftsmodell »billige Energie aus Russland kaufen, teure Produkte nach Asien verkaufen« wurde massiv zurechtgestutzt.

Das »grüne Wirtschaftswunder« ist ebenfalls ausgeblieben, und es ist fraglich, ob es noch eintreten wird. Deutschland, so lässt sich argumentieren, gehört zu den Verlierern der von Bundeskanzler Olaf Scholz propagierten »Zeitenwende«.

Damit lässt sich auch die Frage beantworten, ob Berlin in einem möglichen militärischen Konflikt zwischen China und den USA vermitteln könnte. Höchstwahrscheinlich nicht. Vielleicht, so mag man hoffen, löst sich der sich zusammenbrauende Sturm doch noch in einem kleinen Gewitter auf.

17.

DAS JAPANISCHE SCHICKSAL

»Der bevorstehende Krieg mit Japan – warum ein zweiter Pazifik-Krieg unvermeidbar ist«
TITEL EINES BUCHES VON GEORGE FRIEDMAN
AUS DEM JAHR 1981

1985 erschien im amerikanischen *Time-Magazine* ein Essay mit dem Titel »The Danger from Japan«. Der Autor wies darauf hin, dass der wirtschaftliche Aufstieg Japans anders als der Deutschlands zu einer echten Bedrohung für die USA und den gesamten Westen geworden sei. Mit Deutschland teile man gemeinsame Werte, und amerikanische Unternehmen unterlägen dort keinen Investitionsbeschränkungen. In Japan dagegen koordiniere das mächtige MITI (Ministry of International Trade and Industry) die nationale Wirtschaftspolitik. Allein in Los Angeles habe »The Big Dragon«, wie man Japan damals nannte, 1500 Unternehmen erworben. Während die USA fertige Produkte aus Japan importierten, kauften die Japaner umgekehrt lediglich Rohstoffe und verkauften die Endprodukte dann zurück an die USA. Ein gewaltiges Handelsdefizit sei so entstanden.

»Heute wird nicht ein einziges Endverbraucher-Radio in den USA hergestellt, obwohl das Radio einst in Amerika erfunden wurde«, heißt es in dem Artikel. Genauso verhalte es sich mit Farbfernsehern, Motorrädern und sogar Klavieren. Jobs wanderten ab in Niedriglohnländer, während die amerikanischen Konsumenten sich verschuldeten, um im Ausland gefertigte Produkte zu kaufen. Japan warf man unfaire Handelspraktiken, asymmetrische Schutzzölle und staatliche Subventionen, die den Wettbewerb zugunsten Tokios verzerrten, vor. »Das Wichtigste, was wir nach dem Krieg getan haben, war die Neuorganisation; wir haben das Land demokratisiert; wir haben ihm die Waffenlast genommen, und sie haben Ressourcen in die Bildung gesteckt. Wir haben ihnen geholfen«, wird ein Kongress-Abgeordneter zitiert.

Die heute immer noch viertgrößte Volkswirtschaft der Welt wuchs in den Siebziger- und Achtzigerjahren rasant. Nach den Aufbaujahren im Anschluss an den Zweiten Weltkrieg, in denen Stahl-, Bau- und Chemieindustrie dominierten, begann Japan in den Siebzigerjahren vermehrt Hightech-Produkte zu produzieren und zu exportieren. Der erste Walkman von Sony war eine Revolution. Bald folgten Taschenrechner, Kameras und Spielkonsolen von Nintendo. Und nicht nur das: Auch die Autoindustrie blühte auf. Toyota revolutionierte mit dem Just-in-time-Konzept die Fertigung von Autos und stieg zum größten Autobauer der Welt auf. All das blieb in den USA und in geringerem Maße in Westeuropa nicht unbeobachtet.

In diesen Jahren erschienen Bücher, die ähnliche Titel trugen, wie jenes, das Sie gerade in den Händen halten,

The World Challenge etwa oder *The Rise and Fall of the Great Powers*. Sie alle sagten den unmittelbar bevorstehenden Untergang des amerikanischen Imperiums vorher. Der amerikanische Geostratege George Friedman veröffentlichte zusammen mit Meredith LeBard 1991 sogar ein Werk mit Titel *The Coming War with Japan – Der bevorstehende Krieg mit Japan – warum ein zweiter Pazifik-Krieg unvermeidbar ist*. Wir wissen heute, dass es anders kam.

Auf dem Höhepunkt der »Japan-Phobie« kollabierte der japanische Aktienmarkt. Der Leitindex Nikkei hatte am 29. Dezember 1989 mit 38 915 Punkten den bis dahin höchsten Stand überhaupt erreicht. Fast 35 Jahre vergingen danach, bis diese Marke überschritten werden sollte (im Februar 2024 nämlich). Vorausgegangen war eine Aktienrally, in deren Verlauf sich der japanische Leitindex von 17 000 Punkten 1987 mehr als verdoppelt hatte.

Ähnlich stark war der Anstieg der Immobilienpreise: Von 1980 bis 1989 stiegen die Preise für Wohnungen in den großen japanischen Städten um fast das Vierfache. Immer wieder wird in diesem Zusammenhang das Beispiel des Kaiserpalastes in Tokio genannt: Der Wert des Grundstücks mit einer Fläche von 3,41 Quadratkilometern soll damals so hoch gewesen sein wie der des gesamten US-Bundesstaats Kalifornien mit 423 970 Quadratkilometern.

Die japanische Wirtschaft, die in den Achtzigern noch mit fast fünf Prozent pro Jahr gewachsen war, rutschte in die Rezession. Die »Japan-Blase« war geplatzt, und die demografische Entwicklung verschärfte die Lage zusätzlich. Japan erlaubt bis heute Arbeitsmigration nur in sehr begrenztem Ausmaß, gleichzeitig schrumpft die japanische

Bevölkerung. Die Neunzigerjahre in Japan werden heute als »verlorenes Jahrzehnt« bezeichnet. Von einer »japanischen Gefahr« oder gar von einem bevorstehenden militärischen Konflikt mit Japan redet heute niemand mehr. Im Gegenteil: Japan ist heute fester denn je im liberalen Staatensystem verankert.

Steht China womöglich ein ähnliches Schicksal bevor? Könnte das chinesische System an seinen eigenen Widersprüchen scheitern? Das müsste nicht einmal den Kollaps des Regimes beinhalten. Ein militärischer Konflikt zwischen China und dem Westen könnte einfach auch deshalb ausbleiben, weil die Wirtschaft der Volksrepublik in eine längere Phase des Null- oder sogar des Negativwachstums eintritt.

In der südchinesischen Metropole Guangzhou erinnert nicht mehr viel an das alte Kanton, wie die Stadt früher genannt wurde. Nur auf der Insel Shamian stehen noch ein paar alte Häuser aus der Kolonialzeit. Sie dienen heute vor allem als Kulisse für die Hochzeitsfotos frisch verheirateter Paare. Bis zu den Opiumkriegen war Kanton der einzige Hafen, in dem Europäer mit dem Kaiserreich China Handel treiben durften. Mittlerweile leben in der südchinesischen Metropole mehr als 18 Millionen Menschen.

Der 2009 fertiggestellte Canton Tower hielt mit seinen 604 Metern Höhe für kurze Zeit den Superlativ des höchsten Gebäudes der Welt, bevor er den Titel 2011 an den Tokyo Skytree abgeben musste. Eigentlich hätte zehn Jahre später ein neuer Superlativ folgen sollen: Am 16. April 2020 feierte die Stadt den Spatenstich für das größte Fußballstadion der Welt. Die Entwürfe des in Shanghai lebenden Architekten Hasan Syed für das Guangzhou Evergrande Football Stadion zeigen eine gigantische, in verschiedenen Farben leuchtende Lotos-Blüte. 1,7 Milliarden US-Dollar veranschlagte das amerikanische Architekten-Büro Gensler für den Bau des Stadions. Zum geplanten Zeitpunkt seiner Fertigstellung im Dezember 2022 sollte es Platz für 100 000 Fußballfans bieten. Allein, dazu kam es nie. Denn im Sommer 2021 geriet der Bauträger, der zweitgrößte Immobilienkonzern des Landes, in Zahlungsschwierigkeiten. Evergrande, so der Name des Unternehmens, löste eine der größten Wirtschaftskrisen aus, die China je erlebt hat. Bis heute ist sie nicht völlig ausgestanden. Was ist passiert?

Es ist ein Megatrend, der dahintersteckt und der in den vergangenen Jahren im Westen weitgehend ausgeblendet wurde: die chinesische Urbanisierung. Seit 1990 etwa sind innerhalb Chinas rund 500 Millionen Menschen von Bauern zu Stadtbewohnern geworden. Diese Menschen brauchten Wohnraum. Anders als in vielen Schwellenländern sieht man Slums in China kaum – dafür schier unendliche Weiten von Betongebirgen. Konzerne wie Evergrande oder Country Garden bauten Wolkenkratzer um Wolkenkratzer. So entstanden nicht nur die Megametropolen an der Ostküste wie Shanghai, Shenzhen und Peking, sondern auch die sogenannten Tier-2- und Tier-3-Städte*: Shijiazhuang, Fuzhou oder Nanning. In jeder dieser im Westen kaum be-

---

* Das Tier-System ist eine chinesische Klassifizierung von Städten. Zu den Tier-1-Städten zählen Shanghai, Peking und Shenzhen. Darauf folgen weitere Metropolen im Inland mit weniger Einwohnern.

kannten Städte leben mindestens dreimal so viele Menschen wie in Berlin oder Paris – und zwar in Häusern, die allesamt in den vergangenen 20 Jahren gebaut wurden.

Für die Konzerne, die zwar offiziell keine Staatsunternehmen sind, aber ohne Placet aus Peking kaum operieren können, war diese Urbanisierung ein Segen. Evergrande und Co. bauten und bauten und wuchsen zu gigantischen Milliarden-Unternehmen heran. Da die Nachfrage nie zu versiegen schien, sammelten sie schneller Geld ein, als sie bauen konnten. Und dieses Geld investierten sie auch mal in den Fußball. So kam Evergrande 2010 zum Fußballclub Guangzhou.

Dass der Bauboom auf tönernen Füßen stand – oder zumindest höchst wilde Blüten trieb –, konnte man auch schon in diesen Jahren beobachten. In gewisser Weise lässt sich der Boom sogar als eine Folge der Immobilienkrise in den USA lesen. Als 2008 die Lehman-Bank pleiteging und sich die amerikanische Regierung gegen eine Rettung mit Steuergeldern entschied, rutschte die gesamte Weltwirtschaft in die Krise. Es war China, das dann ein gigantisches Konjunkturpaket auflegte: Rund 700 Milliarden US-Dollar investierte Peking damals in den Aufbau der eigenen Infrastruktur, baute Brücken, Straßen, Flughäfen und auch ein paar Geisterstädte (dazu unten mehr). Das Paket »rettete« damals die Weltwirtschaft. Die von China ausgehenden Konjunkturimpulse stimulierten das Wachstum weltweit.

Für viele kam nun eine Aufwärtsspirale in Gang: Da waren zunächst die eingangs erwähnten Millionen Menschen, die vom Land in die Stadt drängten. Eine Wohnimmobilie mit fließend warmem Wasser, Strom und zahlreichen anderen Bequemlichkeiten war auch in den 2010er-Jahren für viele Chinesen ein Wohlstandsgewinn. Hinzu kam: Wer etwas Geld gespart hatte, dem blieben oft nicht viele andere Möglichkeiten, sein Geld zu investieren. Die Aktienkultur ist in China unterentwickelt, die Börse gilt eher als Casino denn als Marktplatz für Unternehmensbeteiligungen. Zudem wachen Kapitalverkehrskontrollen darüber, dass die chinesischen Bürger ihr Geld nicht im Ausland anlegen. All dies heizte die Nachfrage nach Immobilien immer weiter an.

Für die Kommunen war der Verkauf von Land oft die einzige Möglichkeit, an Geld zu kommen. Immobilienkonzerne, die ihnen das Land abkauften, um dort Hochhäuser aus dem Boden zu stampfen, waren also gern gesehene Besucher.

Bauaktivitäten sind zudem die schnellste und effektivste Art, das BIP-Wachstum zu erhöhen. Eine Kaskade von Unternehmen erhält Aufträge, Millionen von Menschen finden Arbeit – dies wiederum war gern gesehen bei den Provinzgouverneuren, deren Arbeit daran gemessen wurde, wie viel Wirtschaftswachstum sie in ihrem Zuständigkeitsbereich vorweisen konnten. Kein Wunder, dass die Immobilienbranche bald ein Drittel der chinesischen Wirtschaftsleistung ausmachte.

Und natürlich profitierten die Immobilienkonzerne von diesem Megatrend am stärksten. Die gewaltigen Erlöse investierte Evergrande in, nun ja, alles Mögliche: 2014 kaufte man für fast eine Milliarde US-Dollar einen Mineralwasserhersteller und heuerte Kampfsport-Legende Jackie Chan als Werbeträger an. 2015 stieg man bei einem Lebensversicherer ein. 2018 erwarb der Konzern eine Beteiligung an einem

Elektroautobauer. Die Liste ist lang. Hervor sticht noch eine künstliche Insel nahe des chinesischen Ferienparadieses Hainan. »Ocean Flower Island«, eine gewaltige Sandaufschüttung in Form einer Blume, kostete 24 Milliarden US-Dollar. Die bekannteste Investition aber dürfte 2010 der Erwerb des Fußballteams Guangzhou FC gewesen sein, das alsbald in »Guangzhou Evergrande FC« umbenannt wurde.

Unterdessen drehte sich das Kerngeschäft immer schneller. Längst wurde von Immobilienkäufern Vorauskasse gefordert für noch nicht gebaute Wohnungen. Das allein wäre nicht so ungewöhnlich, wenn die Gelder nicht für den Bau bereits verkaufter Wohnungen an anderer Stelle benötigt worden wären. Damit erfüllte das Evergrande-System gewisse Kriterien für ein Ponzi-Schema: Immer mehr neue Kunden mussten gewonnen werden, um bestehende Verpflichtungen zu erfüllen.

Auch makroökonomisch war der Bauboom zum Ende der Zehnerjahre zu einem Problem geworden. Das Infrastrukturpaket aus dem Jahr 2010 hatte die Verschuldung zahlreicher Unternehmen in die Höhe getrieben. Zwar hat China im Vergleich zu westlichen Ländern einen relativ geringen Verschuldungsgrad: Er liegt gerade einmal bei 55 Prozent. Dafür aber haben die Unternehmen einen gewaltigen Schuldenberg angehäuft. Insgesamt war die chinesische Wirtschaft somit Anfang 2024 mit 286 Prozent zur Wirtschaftsleistung verschuldet. Damit teilt sich das Land einen der Spitzenplätze mit Japan.

Eine hohe Schuldenquote ist nicht per se ein Problem, schränkt aber den Handlungsspielraum der Regierung ein. Ein weiteres Stimulus-Paket wie 2010 ist für Peking derzeit zwar theoretisch umsetzbar, würde aber Verschuldung und Inflation weiter in die Höhe treiben. Deswegen priorisiert die Stadt seit einiger Zeit den Schuldenabbau. Ein Instrument dafür waren die sogenannten Drei Linien, die im August 2020 verkündet wurden. Fortan mussten Immobilienunternehmen drei Kriterien einhalten: Ihre Verbindlichkeiten sollten nicht höher als 70 Prozent ihrer Vermögenswerte liegen, Schuldenstände durften nicht mehr als das Doppelte des Eigenkapitals betragen, und schließlich sollten die Geldreserven bei 100 Prozent der kurzfristigen Verbindlichkeiten liegen.

Was zunächst nach komplexem Buchhaltersprech klingt, sollte vor allem eines verhindern: noch mehr neue Schulden. Neues (geliehenes) Geld aber war genau das, was die Konzerne, allen voran Evergrande, am Leben hielt. Im Sommer 2021 mehrten sich die Gerüchte über die Zahlungsunfähigkeit des Megakonzerns. Während man dies auf dem chinesischen Festland noch relativ gut verschleiern konnte, wurden die Probleme erst bei den ausländischen Verbindlichkeiten des Konzerns sichtbar. Im Juni senkte die Rating-Agentur Fitch die Kreditwürdigkeit Evergrandes. S&P und Moody's zogen bald nach. Im August 2021 kursierte ein angeblicher Brief des CEOs an die Stadtregierung von Guangzhou, wonach Evergrande das Geld ausgehe. Im September nahmen die Stadtregierungen von Shenzhen und Zhuhai die Verkaufserlöse des Konzerns als Pfand für ausstehende Zahlungen. Im selben Monat konnte Evergrande die Zinszahlungen für Auslandsanleihen in Höhe von 83,5 Millionen US-Dollar nicht mehr leisten. Damit war der Konzern offiziell zahlungsunfähig beziehungsweise insolvent.

Ein Jahr später hatte knapp die Hälfte der chinesischen Immobilienkonzerne die drei Linien gerissen. Seither schwelt die Immobilienkrise in China vor sich hin. Evergrande befindet sich in einem »halb toten« Stadium, die Konjunktur lahmt, und die Verschuldung zahlreicher Unternehmen ist mit 160 Prozent der Wirtschaftsleistung nach wie vor zu hoch. Zum großen Crash aber ist es auch zwei Jahre später nicht gekommen. Und so bleibt die Frage unbeantwortet, ob China nun dem japanischen Beispiel folgt und für Jahrzehnte in eine Stagflation rutscht, die außenpolitische Wagnisse für die chinesische Regierung erheblich erschweren würde.

Manche Faktoren wie die starke Überschuldung und jahrelange Politik des billigen Geldes sprechen dafür. Viele Schwellenländer geraten nach einer Phase des schnellen Wachstums in die sogenannte *Middle Income Trap*, die Falle des mittleren Einkommens.[*] Es ist fast immer die Baubranche, die einen Boom entfacht und zu Übertreibungen und Fehlinvestitionen führt. Auf die Boomphase folgt ein Kater, eine lange Zeit der wirtschaftlichen Misere. Vieles spricht dafür, dass China nach der rasanten Aufschwungphase in den 2000er- und 2010er-Jahren nun am Ende seines Potenzials angekommen ist. Die autoritäre Wende unter Xi Jinping und die daraus resultierenden

---

[*] Nach anfänglich starkem Wachstum stagnieren Schwellenländer oft nach einigen Jahren: Nachdem das Lohnniveau gestiegen ist, ziehen ausländische Investoren in andere Billiglohnländer weiter. Um diese »Falle des mittleren Einkommens« zu vermeiden, müssen Volkswirtschaften während des Aufstiegs in Bildung, Infrastruktur und Technologie investieren, um weiter Wachstum zu generieren.

außenpolitischen Spannungen kommen als erschwerende Faktoren hinzu.

Auf der anderen Seite ist man sich in Peking der japanischen Entwicklungen von vor 40 Jahren durchaus bewusst. Und der chinesische Staatskapitalismus könnte sich an dieser Stelle als überlegen erweisen.

Der Begriff »Moral Hazard«, zu Deutsch »moralisches Risiko«, erlebte eine Hochkonjunktur während der Subprime-Krise 2008. Der Begriff bezeichnet eine Situation, in der sich Wirtschaftssubjekte aufgrund ökonomischer Fehlanreize verantwortungslos oder leichtsinnig verhalten und damit ein Risiko auslösen oder verstärken. Am 15. September 2008 hatte der damalige US-Präsident George W. Bush die Investment-Bank Lehman Brothers pleitegehen lassen. Dem vorausgegangen war eine jahrelang von zahlreichen Wallstreet-Banken genährte Spekulationsblase auf dem Immobilienmarkt.

Natürlich hätte man Lehman Brothers auch mit Steuergeldern retten können, im Finanzjargon wäre von einem »Bailout« die Rede gewesen. Der Preis aber wäre ein »Moral Hazard« gewesen – ein im Kapitalismus verheerendes Signal an alle Akteure, sich in Zukunft noch riskanter zu verhalten.

Genau in diesem Dilemma steckt Peking nicht. Das chinesische Wirtschaftssystem ist eben keines, das nur auf Anreizen beruht, sondern lässt großen Raum für dirigistische Politik. Die Frage eines Moral Hazards stellt sich damit in einem viel geringeren Maße als in den kapitalistischen USA. Zynisch gesagt: Auf das, was mit ihren Steuergeldern passiert, haben die chinesischen Bürger ohnehin keinen Einfluss.

Bevor also eine Kaskade der Zahlungsunfähigkeit die chinesische Wirtschaft erfasst, wird Peking umfangreiche Maßnahmen ergreifen, um gegenzusteuern. Das Geld dazu ist da: Die Führung in Peking sitzt noch immer auf einem gigantischen Berg von US-Dollar-Devisen, um notfalls Turbulenzen auf dem Währungsmarkt abzufedern. Ein semi- oder staatskapitalistisches System ist auch weniger auf private Anreizmechanismen angewiesen.

Zudem hat die Führung in Peking ihre Schlüsse aus der Asienkrise von 1997/98 gezogen, die zahlreiche ostasiatische Staaten in ihrer wirtschaftlichen Entwicklung um Jahre zurückwarf: Das chinesische Bankensystem ist weitgehend isoliert. Turbulenzen auf dem Finanzmarkt haben daher anders als in den USA kaum globale Auswirkungen.

Ob der siechende Immobilienmarkt nochmals ein wirtschaftliches Beben in China auslösen kann, ist also ungewiss. Vielleicht entkommt Peking dem drohenden Crash. Klar ist allerdings auch, dass die goldenen Zeiten der Nullerjahre, in denen die chinesische Wirtschaft um teils zehn Prozent im Jahr wuchs, vorbei sind.

Die zweite große Parallele zu Japan ist der Fluch der Demografie. Das chinesische Statistikamt meldete im Januar 2023 erstmals seit Jahrzehnten einen Rückgang der Bevölkerung, genauer gesagt, um 850000 Menschen. Die Ursachen sind zunächst leicht auszumachen: Deng Xiaoping führte 1980 die Ein-Kind-Politik ein. Damit sollte der rasante Bevölkerungszuwachs des Landes gestoppt werden. Was in manchen malthusianisch geprägten Kreisen im Westen, die zu viele Menschen auf dem Planeten fürchten, auf Beifall stieß, war in der Realität eine unmenschliche und grausame Politik. Noch vor wenigen Jahren wurden besonders auf dem Land Frauen zur Abtreibung gezwungen, wenn sie unerlaubt ein zweites Mal schwanger geworden waren. Ausnahmen gab es dennoch immer: In den großen Städten an der Ostküste war ein zweites Kind schlicht eine Frage des Geldes. Wer sich die Geldstrafe leisten konnte, durfte auch zwei oder drei Kinder bekommen. Auch die 57 ethnischen Minderheiten des Landes waren von der Ein-Kind-Politik ausgenommen. Ab den Nullerjahren kamen immer neue Lockerungen hinzu, zum Beispiel für Geschiedene, die neu heirateten. 2016 schließlich wurde die Ein-Kind-Politik offiziell beendet.

Nur: In der Zwischenzeit ist den Chinesen die Lust aufs Kinderkriegen vergangen. Kinder sind auch als Absicherung im Alter kein Anreiz mehr – dafür sind die Chinesen mittlerweile zu reich. Hinzu kommt, dass sich viele junge Paare gerade in den boomenden Städten überlastet und überarbeitet fühlen. Zur Familienplanung fehlt ihnen schlicht die Zeit.

Eine zweite nicht intendierte Folge der Ein-Kind-Politik ist der Überschuss an jungen Männern. Denn die Regelung führte in Kombination mit pränataler Diagnostik dazu, dass auf dem Land wesentlich mehr weibliche Föten abgetrieben wurden. In den patriarchal-konfuzianisch geprägten Agrargesellschaften im Inland wollten viele Bauern unbedingt einen männlichen Nachkommen. Viele chinesische Paare trieben so lange ab, bis ein Junge gezeugt worden war. Das schiefe Mann-Frau-Verhältnis führt zu einem harten Heiratsmarkt. Bis zu 30 Millionen Männer dürften deswegen in den kommenden Jahren »leer ausgehen«. Da viele junge Männer um wenige Frauen buhlen, verlangen die Schwiegereltern in spe vom Bewerber möglichst Wohneigentum, ein Auto und eine gut bezahlte Stelle, bevor sie ihr Einverständnis geben.

Vor allem aber hat die Ein-Kind-Politik ein Problem verschärft, das nahezu alle Industriestaaten kennen: die Überalterung der Gesellschaft. Jedes Jahr sterben mehr Menschen als geboren werden. Westliche Industriestaaten lösen dieses Problem mit Migration. Ostasiatische Staaten dagegen kennen meist nur vorübergehende Arbeitsmigration. Japan setzt sogar auf Roboter, um fehlende menschliche Arbeitskräfte zu ersetzen. In China kommt noch ein wirtschaftliches Problem hinzu: Das Land droht »alt zu werden, bevor es reich wird«. Soziale Sicherungs- und Rentensysteme sind in China nur rudimentär vorhanden. Eine niedrigere Zahl junger Menschen bedeutet ein niedrigeres Wirtschaftswachstum. Wie China in den kommenden Jahren dieser Herausforderung begegnet, ist noch ungewiss. Beamte und Wissenschaftler schlagen bereits vor, Prämien für das Kinderkriegen zu vergeben.

Doch auch wenn immer wieder die Worte des französischen Philosophen Auguste Comte »Demografie ist Schicksal« in der Debatte zitiert werden, ist die Zukunft weitaus weniger deterministisch, als sie zunächst scheint. Zur Hysterie neigende Meldungen in der Tagespresse, wonach »die Deutschen aussterben« oder »Israelis bald zur Minderheit im eigenen Land werden«, sind immer Momentaufnahmen einer dynamischen Entwicklung. Das reine Wirtschaftswachstum in Form des jährlichen Prozentzuwachses des

Bruttoinlandsprodukts sagt zudem wenig über Qualität, Verteilung und Pro-Kopf-Einkommen des Wohlstands in einem Land aus. Der Trend zu künstlicher Intelligenz und Robotik stellt ohnehin die Frage, wie viel Arbeit in Zukunft noch von Menschen verrichtet werden muss und kann.

Und schließlich gibt es noch einige Schrauben, an denen die Partei drehen kann, um die demografisch bedingte Wachstumsdelle auszubügeln. Manche davon sind auch bei uns bekannt. Eine schrittweise Anhebung des Renteneintrittsalters zum Beispiel könnte bis zu 200 Millionen zusätzliche Erwerbstätige bringen. Aktuell liegt dieses für Frauen bei 55 und für Männer bei 60 Jahren – also deutlich unter dem westlicher Industrieländer.

All dies zeigt, dass Chinas Entwicklung tatsächlich einige Parallelen zur japanischen Wirtschaftsgeschichte aufweist. Sollte sich die Immobilienkrise doch noch zu einem Brand ausweiten und eine Kaskade von Unternehmenspleiten die chinesische Wirtschaft lähmen, dürfte sich auch das Bedrohungsszenario, das heute von Peking ausgeht, etwas entschärfen. Zwar ließe sich einwenden, dass wirtschaftliche Unzufriedenheit erst recht die »angry young men«, wütende junge Männer, hervorbringt, die ein Regime für militärische Abenteuer braucht. Nur spielt dabei eben die Demografie nicht mit. Es gibt schlicht zu wenige junge Chinesen. Folgt man den Theorien des im Februar 2023 verstorbenen Soziologen Gunnar Heinsohn, wonach Staaten immer dann Kriege beginnen, wenn ein bestimmtes Verhältnis von jungen (karrieresuchenden) Männern zu alten Männern in Machtpositionen gegeben ist, müsste China friedlich bleiben.

Und trotzdem wird China sich nicht freundlich in die von den USA dominierte Staatengemeinschaft einfügen. Japan war in seiner Hochzeit in den Achtzigerjahren zwar wirtschaftlich aggressiv, hatte aber nach dem verlorenen Zweiten Weltkrieg und der amerikanischen Besatzung weitgehend die Werte des Siegers übernommen. Auf dem Inselstaat war eine lebendige Demokratie mit einer starken Zivilgesellschaft entstanden. All das fehlt heute in China als Puffer gegenüber den Machtambitionen einer Elite, die davon träumt, China wieder jenen Großmachtstatus zu verschaffen, den das Land Ende des 18. Jahrhunderts hatte.

18.

DAS ENDE VOM TRAUM EINER UNIPOLAREN WELT

»Wer mit Ungeheuern kämpft, mag zusehn,
dass er nicht dabei zum Ungeheuer wird.
Und wenn du lange in einen Abgrund blickst,
blickt der Abgrund auch in dich hinein.«

FRIEDRICH NIETZSCHE

Meist lässt sich nur im Nachhinein erkennen, wann eine Epoche zu Ende gegangen ist. Doch je weiter wir uns vom Jahr 2020 entfernen, desto deutlicher wird, dass irgendwann um den Ausbruch der Pandemie herum eine Ära ihren Abschluss fand: die Zeit der »unipolaren Weltordnung«, die zwischen 1989 und 1991 begonnen hatte. Der Liberalismus hatte vermeintlich den Systemkampf gewonnen, und von nun an traten freie Marktwirtschaft und Demokratie ihren Siegeszug rund um die Welt an. Waren 1976 nur 26 Prozent aller Staaten demokratisch regiert, stieg dieser Wert bis 2017 auf 57 Prozent an.

Nachdem der Eiserne Vorhang gefallen war, wuchs der Welthandel von fünf Billionen US-Dollar im Jahr 1990 auf

28 Billionen im Jahr 2022. Die globale Wirtschaftsleistung verfünffachte sich in diesem Zeitraum von 20 auf 100 Billionen US-Dollar. Rohstoffe aus Russland und immer hochwertigere Waren aus China sorgten dafür, dass der globale Güterstrom stetig wuchs. Hunderten Millionen Menschen in China, aber auch im restlichen Asien gelang der Aufstieg aus Armut in die Mittelschicht. Das Pro-Kopf-Einkommen der Chinesen hat sich in dieser Zeit verdoppelt (auch wenn es seit 2020 stagniert).

Westliche Konsumenten wiederum kamen in den Genuss günstigerer Produkte: Lieferketten und »Just-in-time«-Produktion wurden immer perfekter aufeinander abgestimmt. Der Unterhalt großer Armeen erschien überflüssig, die amerikanische Marine wachte auf den Ozeanen über den freien Handel. Die Welt wuchs zusammen, und militärische Aktionen waren da höchstens zur Feinabstimmung nötig, um die Hegemonie der USA zu erhalten. Solange aber der Kuchen wuchs und alle Teilstücke größer wurden, gab es wenig Grund für tiefere Konflikte.

Die Zeit zwischen 1990 und 2020 war nicht nur von Frieden geprägt, sie setzte auch Ressourcen in Form von Geld frei. Man kann auch sagen: Die Warenmenge aus Fernost war »disinflationär«. Mehr Güter bei gleichbleibender Geldmenge heißt, dass der Preis der Güter sinkt. Die westlichen Zentralbanken, allen voran die amerikanische FED, konnten angesichts dieser Entwicklungen die Geldmenge erhöhen und sich weiter verschulden.

All dies funktionierte wunderbar, solange die Entwicklungen anhielten, solange immer neue Wachstumsmärkte erschlossen wurden und neue Staaten dem großen Projekt des globalen Freihandels beitraten. Auf den freien Handel, so die Überzeugung in vielen westlichen Hauptstädten, würde schon die Regierungsform folgen, die sich am besten damit verträgt: Wirtschaftliche Freiheit des Individuums müsse ganz zwangsläufig auch zu dessen gesellschaftlicher Befreiung führen, und für freie, selbstbewusste Subjekte ist die demokratische Teilhabe am eigenen Staat notwendig.

Es kam anders, wie wir heute wissen. Der chinesischen Mittelschicht ist es nicht gelungen, sich mehr politische Mitsprache zu erkämpfen und auf diese Weise mäßigend auf Chinas Machtstreben einzuwirken. (Ähnliches ließe sich wahrscheinlich über die Entwicklungen in Russland sagen.) Die Devise »Handel durch Wandel« ist gescheitert – und dafür steht nicht nur, aber vor allem China.

Wenn aber alle profitierten, warum endete diese Epoche der globalen Prosperität dann? Diese Frage zu beantworten, ist aktuell kaum möglich und wird in ein paar Jahrzehnten Sache der Historiker sein. Trotzdem lassen sich ein paar Ursachen benennen, von denen manche offensichtlich sind, wie das Erstarken von autoritär herrschenden Personen wie Wladimir Putin und Xi Jinping. Andere aber betreffen auch die blinden Flecken des Westens, sprich der liberalen Demokratien. China ist heute ein mächtigeres Land als vor zehn Jahren, als Xi Jinping erstmals den »Chinesischen Traum« propagierte. Militärisch, wirtschaftlich und in immer größeren Teilen der Welt auch gesellschaftlich bestimmt es maßgeblich globale Entwicklungen und Trends.

In den vergangenen Jahren hat sich das Land weiter vom Westen abgeschottet und eine unsichtbare Mauer errichtet.

Die Zahl der ausländischen Journalisten hat sich drastisch verringert. Die rigorosen Anti-Corona-Maßnahmen haben Geschäftsleute verschreckt und aus dem Land getrieben. China gilt heute nicht mehr als wichtige Station im Lebenslauf für all diejenigen, die in Konzernen Karriere machen wollen, sondern als Härteposten. Wir wissen weniger darüber, wie die Chinesen ihr eigenes Land und ihre Führung sehen. Die Zensurmaßnahmen haben sich drastisch verschärft. Unabhängige Umfragen gibt es nicht. Selbst Marktstudien laufen mittlerweile Gefahr, unter das »Anti-Spionage-Gesetz« zu fallen. Auch die Chinesen selbst reisen weniger ins Ausland. Anfang 2024, mehr als ein Jahr nach der Wiedereröffnung des Landes, gab es noch immer 30 Prozent weniger Flüge ins Ausland als bei Ausbruch der Pandemie 2019. Eine Art internationale Boheme, wie es sie in Shanghai 2012 noch gab, existiert nicht mehr.

Das chinesische System ist begrenzt geografisch expansiv, wie die Beispiele Hongkong und Taiwan deutlich machen. Darüber hinaus geht es Peking weniger um eine direkte territoriale Expansion. Angestrebt wird eher eine Hegemonie in Ostasien, und hier liefert die Historie tatsächlich gute Anhaltspunkte, wohin Xi Jinping in den kommenden Jahren mit China strebt. Das Land soll wieder im wahrsten Sinne des Wortes zum »Reich der Mitte« werden. Es geht aus chinesischer Sicht darum, eine historische Anomalie zu beseitigen: die Schwäche des Landes, welche Mitte des 19. Jahrhunderts mit den Opiumkriegen einsetzte. Diese »Delle« in den Zeitläuften ist nach Pekinger Lesart noch immer nicht beseitigt.

Genau diese Sicht auf die vergangenen zwei Jahrhunderte bringt China in eine Art Führungsrolle für zahlreiche Staaten, die einen Kurs verfolgen, der aus westlicher Sicht oft als »Revanchismus« gilt. Allen voran ist hier Russland zu nennen. Wladimir Putins Äußerungen und Taten zeigen, dass er die Zeit zwischen 1990 und 2020 als Jahrzehnte der Demütigung sieht. (Man mag das für eine völlige Verkennung der historischen Realität halten, aber ob diese Sicht der Dinge richtig oder falsch ist, tut an dieser Stelle nichts zur Sache.) Auch Putin will eine vermeintliche historische Anomalie beseitigen, die Schwäche Russlands und die totale Überlegenheit des Westens. Zum Symbol für diesen Kampf ist der Überfall auf die Ukraine geworden. Aus russischer Sicht geht es darum, zumindest einen Teil des Landes im historischen Orbit Moskaus zu belassen. Der Westen pocht auf eine demokratische Ukraine, die sich »freiwillig« Richtung NATO und EU orientiert. Der Zusammenprall dieser Ideologien ist so explosiv, dass beide Parteien bereit sind, mehrere Hunderttausend Menschenleben und Milliarden von US-Dollar dafür zu opfern.

Kleinere, aber in der Summe nicht unwichtige Spieler in diesem Theater sind die BRICS+-Staaten, von denen die meisten eine koloniale Vergangenheit haben, die im kollektiven Bewusstsein als »demütigend« eingespeichert ist. Vieles davon ist mehr als eine Kränkung – die Massaker, die europäische und japanische Kolonialmächte während ihrer Herrschaft und in den darauffolgenden Befreiungskriegen angerichtet haben, sind mannigfaltig. Wer hat außerhalb der Inselwelt Indonesiens je davon gehört, dass beim Unabhängigkeitskrieg gegen die niederländische Kolonialherrschaft 100 000 Zivilisten getötet wurden? Und wer hat die Zeit und Muße, sich damit zu beschäftigen, dass die Briten in den Fünfzigerjahren während des Mau-Mau-Kriegs Zehntausende Kenianer in einem System von Konzentrationslagern gefangen hielten? In Frankreich sind der Algerienkrieg und die Million Zivilisten, die dabei ums Leben gekommen sind, noch ein gesellschaftliches Thema. Doch schon im Nachbarland Deutschland hat kaum einer davon je gehört.

In den betroffenen Staaten aber wirken diese Ereignisse nach – manchmal sind sie derart zentral für die nationale Identität wie der Zweite Weltkrieg für die deutsche. Für die meisten Menschen im globalen Süden aber wurde weder 1945 noch 1990 alles besser, friedlicher und prosperierender. Im Gegenteil: Die Zahl bewaffneter Konflikte hat zugenommen. Für viele ist die »Pax Americana« lediglich ein sanfter Ersatz für die Kolonialherrschaft der Europäer. Die »regelbasierte Ordnung«, welche gerade in der Ukraine verteidigt wird, ist die Ordnung der Reichen. Das im Westen verehrte Völkerrecht wird dort als das »Recht des Stärkeren« gesehen. Die Formulierung, »Changes Unseen in a Century«, die »Veränderungen, wie sie die Welt seit hundert Jahren nicht gesehen hat«, welche so oft in den Reden von Xi Jinping auftaucht, ist dort mehr als das Geraune eines Autokraten: Es ist das Versprechen auf eine gerechtere Welt, in der der Westen in seiner Bedeutung für den Globus wieder auf seine historische Rolle zurückfällt – und diese war abgesehen vom 19. und 20. Jahrhundert geringer als heute.

Für viele dieser Staaten ist der »chinesische Traum« attraktiv. Er verspricht wirtschaftliche Prosperität ohne Abhängigkeiten. Wie schnell daraus ein Albtraum aus Überwachung und autoritärer Herrschaft werden kann, ist weder den Eliten noch der breiten Masse in diesen Ländern bewusst. Aus Frustration gegenüber den gebrochenen Versprechen des liberalen Westens scheint der autoritäre Osten attraktiver. Das ist einer der Gründe, weshalb die meisten Staaten südlich des Äquators zwar die russische Invasion der Ukraine verurteilen, sich aber den Sanktionen gegen Moskau nicht anschließen wollen.

Nicht nur, aber besonders innerhalb der islamischen Welt wird die vermeintliche Bigotterie des Westens im Palästina-Konflikt deutlich. Putin soll vor den Internationalen Strafgerichtshof – dabei haben die USA die Statuten dieser Institution noch immer nicht ratifiziert. Russland hält Gebiete in der Ukraine besetzt, aber Israel »darf« seit Jahrzehnten palästinensische Gebiete okkupieren. Russland wird für sein brutales Vorgehen gegen die ukrainische Zivilbevölkerung gescholten, aber Israel »darf« den dicht besiedelten Gazastreifen monatelang bombardieren. Frankreich darf die Rohstoffe seiner alten Kolonien in Westafrika über das CFA-Franc-System* billig einkaufen, aber Peking wird Währungsmanipulation vorgeworfen.

Und schließlich haben auch die Privatisierungen und Marktöffnungen in vielen Staaten des Globalen Südens keine guten Erfahrungen hinterlassen. Freie Märkte, freier Wettbewerb, weniger Bürokratie und geringere Steuern

---

* Frankreichs ehemalige Kolonien in Westafrika unterliegen noch immer der französischen beziehungsweise nun europäischen Geldpolitik. Dies führt dazu, dass Rohstoffe vergleichsweise günstig von Frankreich eingekauft werden können.

wurden als Wohlstandsmotoren verkauft. Doch die Schocktherapie, die westlich dominierte Institutionen, wie die Weltbank und der IWF, vielen Staaten Afrikas und Lateinamerikas verordneten, mehrte oft nur den Reichtum internationaler Konzerne und ihrer Anteilseigner. In den betroffenen Ländern dagegen blieb ein Heer von Arbeitslosen zurück. Die Volksrepublik China wird von vielen auch dafür bewundert, dass sie sich der Schocktherapie widersetzte und ihre Märkte nicht einfach für westliche Produkte öffnete.

China teilt mit vielen dieser Länder eine koloniale Vergangenheit und ein »Jahrhundert der Demütigungen«. Gleichzeitig ist es aber auch aufgrund seiner schieren Größe, seiner Geschichte und seiner »Renaissance« seit den Neunzigerjahren zu einer Führungsrolle prädestiniert. Zu glauben, Peking gehe dabei uneigennützig vor, ist naiv. Trotzdem muss man konstatieren, dass China diese Rolle in den Konflikten der Gegenwart ausfüllt. Es gibt sich als »ehrlicher Makler«, der sowohl im Ukrainekrieg als auch im Nahen Osten vermitteln will. Mit der Neuen Seidenstraße hat China zwar zahlreiche Länder in eine Schuldenkrise gestürzt, gleichzeitig aber die Infrastruktur bereitgestellt, die der Westen nie zu finanzieren bereit war. Dass viele der Staaten autoritär oder semiautoritär regiert werden und deren herrschende Klasse von Erdogan über Modi bis Putin eher wenig von solch liberalen Ideen hält, liegt auf der Hand. Es steht aber nicht im Widerspruch zu der Tatsache, dass Wandel nur bis zu einem gewissen Grad von außen an eine Gesellschaft herangetragen werden kann.

Ich halte diese Äquidistanz zwischen den Machtblöcken – hier die mächtigen USA und ihre »Vasallen«, dort das aufstrebende China und die unterdrückten Länder des Globalen Südens – im Übrigen für falsch. Offene, liberale Gesellschaften unterscheiden sich strukturell von unfreien Systemen. Der Grund für ihre relative Prosperität liegt nicht in der militärischen Macht oder ihrer Nähe zum Hegemon – dies sind eher sekundäre Effekte einer liberalen Ordnung. Der grundlegend strukturelle Unterschied liberaler Demokratien zu autoritären oder semiautoritären Staaten wie China, Russland oder Saudi-Arabien ist, dass sie die Rechte des Individuums garantieren. Der Schutz des Einzelnen hat Priorität gegenüber Mehrheitsentscheidungen. Genau hierin liegt tatsächlich ein universales Modell, das für alle Menschen, gleich welcher Herkunft, Ethnie und Geschichte, attraktiv sein muss.

Anlass zur Sorge gibt, dass dieses Grundprinzip in den vergangenen Jahren in vielen westlichen Staaten selbst unterminiert wurde. Am deutlichsten wird das am Beispiel des Freihandels. Ein TikTok-Verbot, wie es Anfang 2024 in den USA diskutiert wurde, ist auch für viele Liberale noch nachvollziehbar: Es ist offensichtlich, dass das dahinter stehende Unternehmen Bytedance die Social-Media-Plattform für Propagandazwecke nutzen kann und es wahrscheinlich auch schon tut. Hinzu kommt, dass die App Nutzerdaten sammelt. In China wiederum sind amerikanische Social-Media-Plattformen wie Instagram, Facebook und X gesperrt, und das schon seit über einem Jahrzehnt. Wer will es den USA vergelten, diese Asymmetrie zu beseitigen und TikTok zu verbieten beziehungsweise in eine amerikanische Holding überzuführen?

Dieses Schema lässt sich auf nahezu alle anderen Industrien und Sektoren übertragen. China spielt unfair – daran änderte auch der Beitritt zur Welthandelsorganisation 2001 nichts.

Die deutsche Handelskammer in China führt regelmäßig Umfragen unter ihren Mitgliedern durch. Im April 2024, als der deutsche Bundeskanzler Olaf Scholz auf Staatsbesuch in China war, klagten über zwei Drittel der deutschen Unternehmen im Land über Benachteiligungen und unfaire Handelspraktiken. Peking subventioniert zahlreiche Industrien von der Stahlproduktion über Solarzellen bis zu Elektroautos. Peking vergibt günstigere Kredite an Staatsunternehmen. Und Peking bevorzugt chinesische Unternehmen bei der Vergabe von öffentlichen Aufträgen.

Vor allem aber manipuliert die Kommunistische Partei Chinas die Landeswährung zu ihren Gunsten. Der chinesische Yuan ist inoffiziell an den US-Dollar gekoppelt. Damit bleiben chinesische Exporte auf dem Weltmarkt billiger, als sie es eigentlich wären. Diese Tatsache hat im Westen schon zahlreiche Industrien in den Ruin getrieben. Ein bekanntes Beispiel ist die deutsche Solarbranche. Das Spiel scheint sich aktuell mit Elektrofahrzeugen zu wiederholen.

All das ist aber seit Jahren und Jahrzehnten bekannt. Neu ist, dass der Westen nun anders darauf reagiert. US-Präsident Donald Trump wurde während seiner ersten Amtszeit erst belächelt und dann gefürchtet, weil er die unfairen Handelspraktiken Pekings benannte und mit Zöllen auf chinesische Waren zurückschlug. Mittlerweile sind seine Methoden Konsens im amerikanischen Establishment. Während des amerikanischen Wahlkampfes im Frühjahr 2024 forderte

Biden eine Verdreifachung der Zölle auf chinesischen Stahl. Darauf folgten »Schutzzölle«, um sich gegen »chinesische Überkapazitäten« zu wehren. Die EU schloss sich Washington wenige Wochen später an. All das ist zu einem großen Teil nachvollziehbar. Und doch hat sich in den vergangenen Jahren etwas grundlegend verschoben: In der alten Zeit versuchte man, wettbewerbsfähiger zu werden, obwohl man wusste, dass der Rivale unfair spielt. Der Westen versuchte, China davon zu überzeugen, dass Freihandel und der Abbau von Handelshemmnissen zum besten Ergebnis für alle führen. In der neuen Zeit bedient man sich der Mittel des Gegners und reagiert mit Schutzzöllen und protektionistischen Maßnahmen. Und so werden die liberalen Demokratien, die sich doch eigentlich dem Freihandel verpflichtet fühlen, dem von ihnen kritisierten Gegner immer ähnlicher.

Ähnliche Tendenzen lassen sich auch bei Individualrechten beobachten, dem Grundpfeiler westlicher Werte: Immer öfter werden Gefahrensituationen wie der Klimawandel, Kriege oder Pandemien von Politikern und vielen Medien als Rechtfertigung für die Einschränkung der Freiheit des Einzelnen zum Wohle aller angeführt. Der Klimawandel erfordere von allen Verzicht und eine Begrenzung der persönlichen Reise- und Konsumfreiheit. Um der Propaganda autoritärer Systeme etwas entgegenzuhalten, meint man, die Meinungsfreiheit einschränken zu müssen. Getarnt wird dies als notwendiges Vorgehen gegen »Desinformation« und »Hate Speech«. Und während der Corona-Pandemie war das grundlegende Argument für die größten Grundrechtseinschränkungen seit dem Zweiten Weltkrieg – sei es das Tragen von

Masken, Lockdowns oder Impfungen – stets: Der Einzelne müsse seinen Beitrag zum Wohle des Kollektivs leisten. Meinungs-, Versammlungs- und Reisefreiheit sowie weitere Grundrechte müssten deswegen eingeschränkt werden.

Oder das Thema Geld: Weil China einen digitalen Yuan entwickelt, sieht sich die Europäische Zentralbank unter Zugzwang. Doch über die Gefahren, die ein digitaler Euro für die Privatsphäre und Transaktionsfreiheit mit sich bringt, wird kaum gesprochen. Machbarkeit nach chinesischem Vorbild hat Priorität.

Um an dieser Stelle keine Missverständnisse aufkommen zu lassen: Keine dieser vorübergehenden Grundrechtseinschränkungen lässt sich mit der Situation in China, Russland oder dem Iran vergleichen. Aber doch muss man im Westen eine gefährliche Tendenz konstatieren: Man droht, ebenjene Werte zu verwässern, für die man eigentlich in den Kampf gezogen ist. In vielen Staaten des Globalen Südens wird dies mittlerweile so wahrgenommen. Auch zahlreiche Chinesen denken so, sei es, weil sie mit Regierungspropaganda beschallt wurden, sei es, weil es ihre eigene originäre Perspektive auf die Sicht der Welt ist. Gelingt es den USA und Europa nicht, aufgrund ihrer eigenen Strahlkraft attraktiver zu sein, werden die »Changes Unseen in a Century«, von denen Xi Jinping so oft spricht, zu einer selbsterfüllenden Prophezeiung.

Die größte denkbare Zumutung und Freiheitseinschränkung für jedes Individuum aber ist, von staatlichen Institutionen gezwungen zu werden, das eigene Leben aufs Spiel zu setzen und andere Menschen zu töten. Demnach wäre es oberste Pflicht von demokratisch gewählten Repräsentanten, ihr Land aus einem Krieg herauszuhalten. Ein militärischer Konflikt in der Taiwan-Straße würde nicht nur die Weltwirtschaft an den Rand des Abgrunds stoßen, sondern brächte ein immenses Risiko der atomaren Eskalation mit sich. Nur Besonnenheit und ein gewisses Maß an Demut und Einsicht in die eigenen strategischen Fehler können helfen, diesen Konflikt zu entschärfen.

Denn auch wenn sich dieses Buch überaus kritisch mit der chinesischen Regierung auseinandersetzt, sind es am Ende Milliarden von einzelnen Menschen, deren Leben von einer kleinen Gruppe von Politikern bestimmt wird. Die Tatsache, dass wir im Westen diese kleine Gruppe alle vier oder fünf Jahre austauschen können, ist eine Errungenschaft, sollte uns aber nicht müde werden lassen, wachsam gegenüber jeglicher Machtkonzentration auch im eigenen Land zu bleiben. Im Systemkonflikt läuft man sonst Gefahr, just zu dem zu werden, was man einst bekämpfen wollte. Frei nach Nietzsche: »*Wer mit Ungeheuern kämpft, mag zusehn, dass er nicht dabei zum Ungeheuer wird.*«

Denn das, wofür der Westen bisher einstand – universale Menschenrechte, Freiheit des Individuums, Freihandel und freie Marktwirtschaft – kann der »chinesische Traum« nicht ersetzen. Dieser Traum ist nämlich der einer Elite, die der Meinung ist zu wissen, was das Beste für die Menschen des Landes ist. Weil ihm die Universalität und Verankerung in tieferen Werten fehlt, droht er jederzeit zum Albtraum zu werden.

Alle, die 2011 regelmäßige Gäste im YY waren, haben China längst verlassen. JB, der Zauberer, ging nach Frankreich zurück. Kathryn zog nach Berlin und später nach Leipzig. Paul lebt nicht mehr. Lazar, der Bulgare, war eh nur für wenige Wochen gekommen. Heimisch wurde dort niemand. Immigration ist im chinesischen Traum nicht vorgesehen. Man kann nicht Chinese werden, wie man Amerikaner, Franzose oder Deutscher werden kann. Wir alle waren Gäste, die früher oder später wieder gehen würden und die das Glück hatten, das Land während einer relativ offenen Periode erleben zu können.

Kenny traf ich zum letzten Mal im November 2020 in seiner Shanghaier Bar. Er saß im Keller des YY, sah so elegant aus wie eh und je und begrüßte jeden Gast persönlich (viele waren es nicht). Wenige Monate zuvor war über Hongkong das »Nationale Sicherheitsgesetz« verhängt worden, das die Autonomie der Stadt offiziell beendete. Es war der Sieg Pekings über die Demokratiebewegung der Stadt. Kenny sang eine Ode auf die Kommunistische Partei und die Wiedervereinigung Chinas. Jede Parallele zur Demokratiebewegung am Tiananmen-Platz 1989 verbat er sich. Was mit Kenny in den Jahren zuvor geschehen war und wie es zu diesem Sinneswandel kam, weiß ich nicht.

DANK

Zahlreiche Geschichten in diesem Buch hätte ich nicht erzählen können ohne die Hilfe von ortskundigen Journalisten und Übersetzern. Ihre Namen tauchen zwar selten in Publikationen auf, für Korrespondenten aber ist ihre Arbeit essenziell. Im indonesischen Morowali waren das Ifa und Ewin, deren Nachnamen ich nicht kenne, sowie die Brüder Rama und Kresna Astraatmadja. In Sambia halfen mir Glory Mishunge und unser Fahrer Mohammed. In Japan unterstützte mich Yoko Iwama. Hinzu kommen einige chinesische Übersetzer, deren Namen ich unfairerweise vergessen habe. Nur an David Dong, der uns durch Xingtai, die damals dreckigste Stadt Chinas, führte, erinnere ich mich noch gut. In Wuhan und Shanghai 2020 half Elyn, die ihren vollen Namen nie gedruckt sehen wollte.

Bedanken möchte ich mich auch bei zahlreichen Kollegen, die mir mit Ratschlägen, Expertise und Kontakten weiterhalfen, darunter Jonas Gerding, Mathias Peer, Christina zur Nedden und Klaus Bardenhagen vom Weltreporter-Netzwerk sowie Patrick Zoll, Lukas Messmer und vielen anderen, die ich vergessen habe.

Auch dieses Buch wäre ohne die Vermittlung durch meine großartige Literaturagentin, Lianne Kolf, nicht zustande gekommen. Dank gebührt abermals Volker Kühn für das Lektorat sowie Isabella Jaross vom Goldmann Verlag – und natürlich auch wieder Camille.

QUELLENVERZEICHNIS

Literatur

Adrian Geiges, Stefan Aust: »Xi Jinping – der mächtigste Mann der Welt«, Piper, 2021

Alex Gladstein: »Hidden Repression: How the IMF and World Bank Sell Exploitation as Development«, Bitcoin Magazine Books, 2023

Andrew Small: »The Rupture: China and the Global Race for the Future«, C Hurst & Co Publisher, 2022

Anthony Mukwita: »China in Africa – The Sambia Story«, Write-On Publishing, 2023

Atlas der Globalisierung, Le Monde Diplomatique, 2022

Chris Miller: »Chip War. The fight for the World's Most Critical Technology«, Simon & Schuster, 2022

Clive Hamilton, Mareike Ohlberg: »Die lautlose Eroberung: Wie China westliche Demokratien unterwandert und die Welt neu ordnet«, Deutsche Verlagsanstalt, 2020

Daniel McDowell: »Bucking the Buck: US Financial Sanctions and the International Backlash against the Dollar«, Oxford University Press, 2020

Daniel Yergin: »The Prize. The Epic Quest for Oil, Money & Power«, Simon & Schuster, 1990

Daniel Yergin: »The New Map: Energy, Climate, and the Clash of Nations«, Penguin Publishing Group, 2021

Desmond Shum: »Red Roulette. An Insider's Story of Wealth, Power, Corruption and Vengeance in Today's China«, Simon & Schuster, 2021

Ed Conway: »Material World: Wie sechs Rohstoffe die Geschichte der Menschheit prägen«, Hoffmann & Campe, 2023

Ernest Scheyder: »The War Below: Lithium, Copper, and the Global Battle to Power Our Lives«, Atria/One Signal Publishers, 2024

Evan Osnos: »Age of Ambition. Chasing Fortune, Truth, and Faith in the New China«, Farrar, Straus and Giroux, 2015

Felix Lee: »China, mein Vater und ich«, Ch.Links, 2023

GEO Epoche: »Die Seidenstraße. Handel, Glanz und der Kampf um das Herz Asiens«, G&J, 2022

Graham Allison: »Destined for War. Can America and China Escape Thucydides's Trap?«, First Mariner Books, 2017

Guillaume Pitron: »The Rare Metals War: The Dark Side of Clean Energy and Digital Technologies«, Scribe, 2020

Helen Thompson: »Disorder: Hard Times in the 21st Century«, Oxford University Press, 2023

Ian Easton: »The Final Struggle. Inside China's Global Strategy«, Eastbridge Books, 2022

Isabella Weber: »Das Gespenst der Inflation: Wie China der Schocktherapie entkam«, Suhrkamp, 2023

Janka Oertel: »Ende der China-Illusion: Wie wir mit Pekings Machtanspruch umgehen müssen«, Piper, 2023

Javier Blas, Jack Farchy: »The World for Sale. Money, Power and the Traders who Barter the Earth's Resources«, Penguin, 2021

Joe Studwell: »How Asia Works«, Grove Press, 2014

Jonathan E. Hillman: »The Emperor's New Road. China and the Project of the Century«, Yale University Press, 2020

Jung Chang: »Empress Dowager Cixi: The Concubine Who Launched Modern China«, Vintage, 2014

Lee Kuan Yew: »The Grand Master's Insights on China, the United States, and the World«, MIT Press, 2013

Peter Frankopan: »Licht aus dem Osten. Eine neue Geschichte der Welt«, Rowohlt, 2015

Peter Schweizer: »Red Handed. How American Elites Get Rich Helping China«, HarperCollins, 2022

Ray Dalio: »Principles for Navigating Big Debt Crisis«, Greenleaf Books, 2018

Richard McGregor: »The Party: The Secret World of China's Communist Rulers«, HarperCollins, 2010

Richard McGregor: »Xi Jinping: The Backlash«, Lowy Institute Paper, 2018

Rush Doshi: »The Long Game China's Grand Strategy to Displace American Order (Bridging the Gap)«, Oxford University Press, 2021

Ryan Hass: »U.S.-Taiwan Relations: Will China's Challenge Lead to a Crisis?«, Brookings Institution Press, 2023
Saifedean Ammouz: »The Bitcoin Standard. The Decentralized Alternative to Central Banking«, Wiley, 2018
Siddharth Kara: »Cobalt Red: How the Blood of the Congo Powers Our Lives«, Macmillan, 2023
Susan L. Shirk: »Overreach. How China Derailed its Peaceful Rise«, Oxford University Press, 2023
Steve Tsang, Olivia Cheung: »The Political Thought of Xi Jinping«, Oxford University Press, 2024
Tania Branigan: »Red Memory: Living, Remembering and Forgetting China's Cultural Revolution«, Faber & Faber, 2023
Tom Miller: »China's Urban Billion: The Story behind the Biggest Migration in Human History«, Zed Books, 2012
Wolfgang Reinhard: »Die Unterwerfung der Welt. Globalgeschichte der europäischen Expansion 1415–2015«, C.H. Beck, 2016
Xi Jinping: »The Governance of China«, Verlag für fremdsprachige Literatur, 2014
Ying-Kit Chan: »Zheng He Remains in Africa: China's Belt and Road Initiative as an Anti-Imperialist Discourse«, The Copenhagen Journal of Asian Studies, 2019
Zbigniew Brzezinski: »The Grand Chessboard: American Primacy and Its Geostrategic Imperatives«, Basic Books, 1996

Websites

Energie und Seltene Erden

Eva Sternfeld: Chinas Klimapolitik. Bundeszentrale für politische Bildung, 2022
www.bpb.de/themen/asien/china/512519/chinas-klimapolitik
Chinas Energie-Verbrauch
https://ourworldindata.org/energy/country/china
Kohleverbrauch der Provinz Hebei
www.ceicdata.com/en/china/coal-consumption/cn-coal-consumption-hebei
EROI – A Tool To Predict The Best Energy Mix

www.forbes.com/sites/jamesconca/2015/02/11/eroi-a-tool-to-predict-the-best-energy-mix

Bundesakademie für Sicherheit: »Unter dem Radar: Die strategische Bedeutung Seltener Erden für die wirtschaftliche und militärische Sicherheit des Westens«, 2019

www.baks.bund.de/de/arbeitspapiere/2019/unter-dem-radar-die-strategische-bedeutung-seltener-erden-fuer-die

Elektroautos und Batterien

The Visual Capitalist, 2023: Chinas Dominance in Battery Manufacturing

www.visualcapitalist.com/chinas-dominance-in-battery-manufacturing

The Visual Capitalist, 2024: The Top 10 EV Battery Manufacturers in 2023

https://elements.visualcapitalist.com/ranked-the-top-10-ev-battery-manufacturers-in-2023

Zeyi Yang: »How did China come to dominate the world of electric cars?«, Technology Review, 2023

www.technologyreview.com/2023/02/21/1068880/how-did-china-dominate-electric-cars-policy

Alejandro González & Esther de Haan: »The Battery Paradox«, Somo, 2020.

www.somo.nl/wp-content/uploads/2020/12/SOMO-The-battery-paradox.pdf

Huiyi Chen: China and Zambia: A New Chapter Beyond Debt? The Diplomat, 2023. https://thediplomat.com/2023/09/china-and-zambia-a-new-chapter-beyond-debt

Geld und Finanzen

Amerikanische Verschuldung:
www.investopedia.com/us-national-debt-by-year-7499291

The Visual Capitalist: »Visualizing All of China's Trade Partners«, 2023. www.visualcapitalist.com/cp/china-trade-partners

Top 10 manufacturing countries in the world in 2023

www.safeguardglobal.com/resources/top-10-manufacturing-countries-in-the-world-2023

Christopher S. Chivvis, Beatrix Geaghan-Breiner: »Brazil in the Emerging World Order«, 2023
https://carnegieendowment.org/research/2023/12/brazil-in-the-emerging-world-order?lang=en

Mohammed Al-Sudairi, Steven Jiawei Hai, Kameal Alahmad: »How Saudi Arabia Bent China to Its Technoscientific Ambitions«
https://carnegieendowment.org/research/2023/08/how-saudi-arabia-bent-china-to-its-technoscientific-ambitions?lang=en

Michael G Plummer: »Is the US dollar on its way out?«, 2023. https://eastasiaforum.org/2023/08/21/is-the-us-dollar-on-its-way-out

Human Rights Foundation: CBDC Tracker
https://cbdctracker.hrf.org/home

Geschichte, Verteidigung, Politik

PEW, Drew Silver: »Despite global concerns about democracy, more than half of countries are democratic«
www.pewresearch.org/short-reads/2019/05/14/more-than-half-of-countries-are-democratic

Mac Parry: Uncovering the brutal truth about the British empire
www.theguardian.com/news/2016/aug/18/uncovering-truth-british-empire-caroline-elkins-mau-mau

Sipri: »World military expenditure reaches new record high as European spending surges«
www.sipri.org/media/press-release/2023/world-military-expenditure-reaches-new-record-high-european-spending-surges

Elena Holodny: »The rise, fall, and comeback of the Chinese economy over the past 800 years«
www.businessinsider.com/history-of-chinese-economy-1200-2017-2017-1

Mike Mochizuki and Michael E. O'Hanlon: »The Marines Should Come Home: Adapting the U.S.-Japan alliance to a new security era«, Foreign Policy, 1996
www.brookings.edu/articles/the-marines-should-come-home-adapting-the-u-s-japan-alliance-to-a-new-security-era

Unsere Leseempfehlung

288 Seiten
Auch als E-Book
erhältlich

China hat enorm an wirtschaftlichem und politischem Einfluss gewonnen. Seit 2013 schafft die kommunistische Partei mit Krediten, Investitionen und Entwicklungsprojekten neue Absatzmärkte. So werden nicht nur chinesische Waren exportiert, sondern auch Ideologie, Dominanz und wirtschaftspolitische Abhängigkeiten. Die »neue Seidenstraße« ist ein schmutziges Projekt. Philipp Mattheis hat die Länder, durch die die neuen Seidenstraßen verlaufen, bereist: Von Kasachstan bis Ungarn, Sri Lanka bis Georgien oder Griechenland bis Deutschland entlarvt er die Mechanismen und fordert zu politischer Verantwortung und zum Umdenken auf.

goldmann-verlag.de